世界哲學家叢書

約 翰 彌 爾

張明貴 著

1986

東大圖書公司印行

行政院新聞局登記證局版臺業字第〇一九七號

中華民國七十五年十二月初版

© 約翰彌爾

基本定價陸元

作　者　張明貴
發行人　劉仲文
出版者　東大圖書股份有限公司
總經銷　三民書局股份有限公司
印刷所　東大圖書股份有限公司
　　　　臺北市重慶南路一段六十一號二樓
郵撥：〇一〇七一七五一〇號

「世界哲學家叢書」總序

　　本叢書的出版計劃原先出於三民書局董事長劉振強先生多年來的構想，曾先向政通提出，並希望我們兩人共同員責主編工作。一九八四年二月底，偉勳應邀訪問香港中文大學哲學系，三月中旬順道來臺，卽與政通拜訪劉先生，在三民書局二樓辦公室商談有關叢書出版的初步計劃。我們十分贊同劉先生的構想，認為此套叢書（預計百冊以上）如能順利完成，當是學術文化出版事業的一大創擧與突破，也就當場答應劉先生的誠懇邀請，共同擔任叢書主編。兩人私下也為叢書的計劃討論多次，擬定了「撰稿細則」，以求各書可循的統一規格，尤其在內容上特別要求各書必須包括(1)原哲學思想家的生平；(2)時代背景與社會環境；(3)思想傳承與改造；(4)思想特徵及其獨創性；(5)歷史地位；(6)對後世的影響（包括歷代對他的評價），以及(7)思想的現代意義。

　　作為叢書主編，我們都了解到，以目前極有限的財源、人力與時間，要去完成多達三、四百冊的大規模而齊全的叢書，根本是不可能的事。光就人力一點來說，少數教授學者由於個人的某些困難（如筆債太多之類），不克參加；因此我們曾對較有餘力的簽約作者，暗示過繼續邀請他們多撰一兩本書的可能性。遺憾

的是，此刻在政治上整個中國仍然處於「一分為二」的艱苦狀態，加上馬列教條的種種限制，我們不可能邀請大陸學者參與撰寫工作。不過到目前為止，我們已經獲得八十位以上海內外的學者精英全力支持，包括臺灣、香港、新加坡、澳洲、美國、西德與加拿大七個地區；難得的是，更包括了日本與大韓民國好多位名流學者加入叢書作者的陣容，增加不少叢書的國際光彩。韓國的國際退溪學會也在定期月刊「退溪學界消息」鄭重推薦叢書兩次，我們藉此機會表示謝意。

原則上，本叢書應該包括古今中外所有著名的哲學思想家，但是除了財源問題之外也有人才不足的實際困難。就西方哲學來說，一大半作者的專長與興趣都集中在現代哲學部門，反映著我們在近代哲學的專門人才不太充足。再就東方哲學而言，印度哲學部門很難找到適當的專家與作者；至於貫穿整個亞洲思想文化的佛教部門，在中、韓兩國的佛教思想家方面雖有十位左右的作者參加，日本佛教與印度佛教方面卻仍近乎空白。人才與作者最多的是在儒家思想家這個部門，包括中、韓、日三國的儒學發展在內，最能令人滿意。總之，我們尋找叢書作者所遭遇到的這些困難，對於我們有一學術研究的重要啟示（或不如說是警號）：我們在印度思想、日本佛教以及西方哲學方面至今仍無高度的研究成果，我們必須早日設法彌補這些方面的人才缺失，以便提高我們的學術水平。相比之下，鄰邦日本一百多年來已造就了東西方哲學幾乎每一部門的專家學者，足資借鏡，有待我們迎頭趕上。

以儒、道、佛三家為主的中國哲學，可以說是傳統中國思想與文化的本有根基，有待我們經過一番批判的繼承與創造的發

展，重新提高它在世界哲學應有的地位。為了解決此一時代課題，我們實有必要重新比較中國哲學與（包括西方與日、韓、印等東方國家在內的）外國哲學的優劣長短，從中設法開闢一條合乎未來中國所需求的哲學理路。我們衷心盼望，本叢書將有助於讀者對此時代課題的深切關注與反思，且有助於中外哲學之間更進一步的交流與會通。

最後，我們應該強調，中國目前雖仍處於「一分為二」的政治局面，但是海峽兩岸的每一知識份子都應具有「文化中國」的共識共認，為了祖國傳統思想與文化的繼往開來承擔一份責任，這也是我們主編「世界哲學家叢書」的一大旨趣。

傅偉勳　韋政通
一九八六年五月四日

自　序

　　約翰彌爾的銅像矗立於倫敦泰晤士河的岸邊，畫像懸掛於英國的國家畫廊。這位十九世紀英國偉大的哲學家，留給世人的不只是無盡的追思，與對個人自由不朽的論述，而且是承先啓後，影響深遠的卓越見解，至今仍有許多學者在探索其豐富的思想內涵與提出新的銓釋。在哲學、經濟學、理則學，乃至政治、社會與倫理思想上，約翰彌爾都有其深入而獨到的見解。尤其在自由主義的政治與經濟思想上，彌爾更是集古典自由主義思想之大成，而開啓了新自由主義。

　　勤於研究與著述的約翰彌爾，其個人一生的著作等身，已被加拿大多倫多大學有計劃的編成《全集》，至一九八四年已出版了二十一巨冊，令人嘆觀止矣。然而，彌爾不僅是理智而學問精博的思想家，而且是滿懷熱情，關心人類事務的改革家。「博學、審問、慎思、明辨、篤行」，便是其一生最佳的寫照。更可貴的是，約翰彌爾如他自稱的，的確具有「向任何人學習的能力和意願」；在他的時代中，他所能接觸的思想，都流注於他的思想中，而不像許多哲學家一樣圄於一偏之見。

　　然而，由於約翰彌爾的學識淵博，思想體系龐大而複雜，並且與時俱進，若要引介其思想之全貌給國人，實非單憑一人之力

所能及，亦非僅以一書就能概括，此可證諸許多學者都僅就彌爾思想之某一方面加以探究，而其《全集》亦是由各方面的專家學者分別撰寫導論與協助編輯。因此，透過一個主題來引介約翰彌爾的思想，或許就成了不可避免之舉與實際可行的第一步。

在主題的選擇上，一方面固然要考慮到此一主題在約翰彌爾思想中乃至學術思想上的重要性，另一方面也要考慮到國人與國情的需要。因此，鑑於民主是約翰彌爾思想重要的一環，也是其一生認真思考的主題乃至努力奮鬥的目標之一，而民主至今已是一世界性的價值觀念，也是我國朝野共同追求，勉力以赴的目標，筆者乃將攻讀博士時，矢志鑽研的約翰彌爾的民主思想，藉此「世界哲學家叢書」之出版，而公諸國人，與就教於有識之士。

就約翰彌爾而言，其民主思想實結合並超越了古典民主思想與現代民主理論，而且顯示出其志不僅是要在固定與有限的目標上，力圖矯正偏差的觀念，改進與革新既存的英國民主制度，而且是要促使較理想的民主形式之實現，樹立代議民主的典型與模式，終而達到參與民主的最高理想。雖然約翰彌爾的民主思想可以自成一個理論體系，但其思想的主要目標不在建立經驗或規範的民主理論，而是在興利除弊的解決民主政治所可能帶來的問題，與引導民主政治走向比較健全合理的途徑。而約翰彌爾最特出而強有力的論點，就是主張在民主政府的背後，必須有一自由的社會，此因自由民主制度對人民的性格與才智有良好的影響。同時，約翰彌爾的民主思想也還蘊含着許多重要而有價值的觀念，例如其「權能區分」的觀念與實施民主的階段論，就很可能影響了 國父孫中山先生的民權思想，而實值吾人加以參考與探討。

最後，無論如何必須表明的是，本書之完成，首先要感謝朱

堅章教授的多方啓發、鼓勵與悉心指導，還有連戰博士在百忙之中的撥冗指點。其次必須感謝的是謝延庚、逯扶東、吳庚、江金太與蔡啓清等教授的批評與指正。同時，必須感謝的是負笈美國的邱坤玄同學代為蒐集部分資料。當然，還須感謝內人之付出無比的愛心與耐心，化為寫作時之精神助力。此外，「鄒文海先生獎學基金會」的獎助，以及一些師長的鼓舞與勉勵，乃至朋友與同學的關懷與幫忙，也使筆者銘感五衷。至於本書得以出版，則要深深感謝韋政通與傅偉勳教授的審閱與推薦。而現在要等待的，就是讀者的批評與指正。

張明貴 謹識
民國七十五年六月

約翰彌爾　目次

——民主思想評析——

第一章 緒　論

　　對於民主的詮釋與評估，自古以來即爲政治思想討論中歷久不衰的主題之一。雖然民主政治與其觀念在歷史上的發展過程中，曾遭受到批評與攻擊，但是時至今日，民主已發展爲一神聖的符號或秘思 (myth)。例如：華爾澤 (Hebert Waltzer) 就指出：現在「幾乎沒有人不宣稱自己是民主主義者，幾乎沒有國家放棄民主的名銜，幾乎沒有政權不斷言民衆的支持是其合法性的基礎。」❶「由於假惺惺的訴諸感情的使用民主一詞，可以加強對統治者的支持，而且有助於達成國家目標，因此非民主的統治者都運用民主之名，至少亦運用民主做爲政治舞臺的道具」，❷甚至共產極權國家也不例外。根據「聯合國教育科學文化組織」(UNESCO) 的報告：「在世界歷史上前所未有的是：實際的政治家與政治理論家在他們所辯護的制度與倡導的理論中，如此同意強調民主的成分。」❸由此可見，民主觀念的勢力強大，並且

---

❶ Herbert Waltzer, "Political Democracy", in Reo M. Chritenson, et al., eds., *Ideologies and Modern Politics*, 2nd ed. (New York: Harper & Row publishers, Inc., 1975), p. 182.

❷ *Ibid.*, p. 183.

❸ Giovanni Sartori, "Democracy", *International Encyclopedia of the Social Sciences*, Vol. 4 (New York: Macmillan, 1968), p. 112.

深受重視。然而，儘管民主在二十世紀已獲得普遍的認同與接受，但是由於「民主」一詞被濫用，結果是民主的實質與意義變得混淆不清。因此，早在 1948 年，蕭伯納(G. J. Bernard Shaw, 1856-1950) 即曾提出一個建議：「爲了消除世人對於『民主』一詞的誤解與混淆，世界各國的思想家及學術界領袖，應該召開會議，把這個問題加以研究解決，期能一勞永逸。」❹ 蕭伯納的建議或許過於理想化，但是民主觀念至今的確仍亟待深入的探討與辨清。況且，稍微計算一下民主的定義，就有二百多個之多。

再者，現代學者柯尼德與尼伯爾 (C. F. Cnudde and D. E. Neubaur) 就認爲：「目前，研究民主正遭遇到一個循環性的難題。沒有民主理論，研究難以整合。然而，沒有某種程度的整合，即難以想像理論如何建立。……在可能解決這套循環性難題的策略中，有二種策略最可能解決此一難題。致力於界說的澄清，即爲其中之一……。」❺ 如此，在建立經驗民主理論上，民主的概念亦有待澄清。

約翰彌爾(John Stuart Mill, 1806-1873，以下簡稱彌爾)，是個崇理尚智務實而又具有理想主義色彩的民主主義者。其民主思想不執於一端,折衷而周全,具體的表現於其對民主政府的設計中。而彌爾的《論代議政府》(*Considerations on Representative*

---

❹ William Ebenstein, *Today's Isms: Communism, Fascism, Capitalism, Socialism*, 5th ed. (Taipei: Rainbow-Bridge Books Co., 1969), p. 139.

❺ Charles F. Cundde and Deane E. Neubaur, "New Trends in Democratic Theory", *Empirical Democratic Theory* (Chicago: Markham Publishing Company, 1969), p. 511.

Government）一書，堪稱衡量民主政府的鉅著。❻尤其，在民主思想史上，彌爾結合並超越了古典民主思想與現代民主理論，不但是民主自由主義的先鋒，理想主義的民主主義代表，發展性民主（Developmental Democracy）模式的建構者，❼而且是集自由民主思想之大成者。因此，彌爾的民主思想實具有其意義與價值，而值得吾人加以深入探討與剖析。同時，研究彌爾的民主思想，亦有助於民主觀念的澄清。

雖然有些學者認為彌爾的民主思想沒有系統，或不重要而不加以重視，❽但是彌爾在《論代議政府》與《自傳》中，都明白

---

❻ 鄒文海遺著，《西洋政治思想史稿》（臺北，鄒文海先生獎學基金會，民國六十一年），頁四○○。

❼ 參閱 J. Salwyn Schapiro, "John Stuart Mill, Pioneer of Democratic Liberalism in England", *Journal of the History of Ideas*, Vol. IV, No. 2 (April 1943), p. 160; Francis W. Coker, *Recent Political Thought* (New York: Appleton Century Crofts, Inc., 1934), pp. 291-294; and C. B. Macpherson, *The Life and Times of Liberal Democracy* (Oxford: Oxford University Press, 1977), pp. 44-50. 「理想主義的民主主義」是主張只有民主政治才能使人的潛在特性充分實現，亦即民主可以發展個人潛在的才智與思想特質。「發展性民主」意指民主可以增進人民的道德與才智。

❽ 如史蒂芬認為彌爾的《論代議政府》或許是含有「一些智慧」，但混合了「個人意見與實際的評論」，因此不能視為有系統的政治理論。參閱 Leslie Stephen, The *English Utilitarians*, Vol. III (London: Duckworth, 1900), pp. 273-274. 此外，還有些學者亦不重視彌爾的民主思想，參閱 A. D. Lindsay, "Introduction", in J. S. Mill, *Utilitarianism, Liberty and Representative Government* (London: J. M. Dent & Sons, Ltd., 1957), p. xxiii; Noel Annan, "John Stuart Mill, "in Hugh S. Davies and George Watson, eds., *The English Mind* (Cambridge, England: Cambridge University Press, 1964), p. 228; John Plamenatz, *The English Utilitarians* (Oxford: Basil Blackwell, 1949), p. 134; and Robert Cumming, *Human Nature and History*, Vol. I (Chicago: University of Chicago Press, 1969), p. 48.

表示他的代議政府觀念,是對於「最佳民治組織形式成熟的觀點」,
而且是其民主理論「相連結的陳述」。❾ 另一方面,依包爾(John
Bowle) 之見,彌爾之思想值得注意者有三: 其一為, 彌爾對於
十九世紀社會學的貢獻;其二為,《自由論》(*On Liberty*) 及《
論代議政府》中所表現的思想;其三為, 對於提倡女權的政治著
作。❿ 而據李士 (John C. Rees) 之見,彌爾之社會與政治思想
可從四個角度來探討: ①社會科學中方法論之問題, ②功利主義
原則新解, ③個人自由, 與④代議政府之理論。⓫ 顯然, 包爾與
李士都同意彌爾之論代議政府, 值得吾人加以研究與探討。而彌
爾所謂的「代議政府」, 實卽現代流行之「民主」 (受人民控制
的代議政府)。

再者, 由於彌爾是十九世紀中葉英國思想界的權威, 在政
治、經濟與社會等思想方面, 他都是總結了古典理論, 乃至成為
過渡到現代理論的代表人物, 「從彌爾可以看到一個時代, ⋯⋯
一個國家——自由的英國」, ⓬ 因此他的思想不僅對維多利亞時
代英國知識分子的思想深具影響力, 就是在現代也仍深受重視。
例如, 《彌爾全集》(*Collected Works of John Stuart Mill*) 自
1963 年開始陸續出版以來, 至 1984 年已出版至二十一冊。⓭ 而

❾ *CRG*, "Preface", *CW*, XIX, p. 373; and *Autob*, p. 157.

❿ John Bowle, *Politics and Opinion in the Nineteenth Century*: *A
Historical Introduction* (New York: Oxford University Press,
1954), p. 195.

⓫ John C. Rees, "Mill, John Stuart: Political Contributions",
International Encyclopedia of the Social Sciences, Vol. 10 (New
York: Macmillan, 1968), p. 341.

⓬ J. S. Schapiro, *op. cit.*, p. 120.

⓭ 參閱書目。

近年來探討彌爾生平與思想的著作也有增多的趨勢。❶但是，在探
討彌爾的思想著作方面，仍是多半集中於探討彌爾之自由主義。
在探討彌爾的民主思想方面，就吾人所知，僅以湯普森（Dennis
F. Thompson）所著的《約翰彌爾與代議政府》（*John Stuart
Mill and Representative Government*, 1976年）一本專書著稱。❶
由此可見，彌爾自由主義的思想光輝奪目，使其對於代議政府的
探討，相形之下，失色不少，乃至較不受重視。然而，鑒於彌爾的
民主思想畢竟是其一生，尤其是思想成熟期的主導觀念之一，❶

---

❶ 例如 J. M. Robson. *The Improvement of Mankind* (Toronto:
University of Toronto Press, 1968)；A. Ryan, *The Philosophy
of John Stuart Mill* (London: Macmillan, 1970)；A. Ryan, *J.
S. Mill* (London: Routledge and Kegan Paul, 1974)；G. Dun-
can, *Marx and Mill* (London: Cambridge University Press,
1973)；G. Himmelfarb, *On Liberty and Liberalism: the Case of
John Stuart Mill* (New York: Knopf, 1974)；J. Kamm, *John
Stuaru Mill in Love* (London: Gordon and Cremonesi, 1977)；
C. L. Ten, *Mill on Liberty* (London: Oxford University Press,
1980)；John Gray, *Mill on Liberty: A. Denfence* (London:
Routledge & Kegan Paul, 1983)；F. W. Garforth, *Educative
Democracy: John Stuart Mill on Education in Society* (New
York: Oxford University Press, 1980)；F. R. Berger, *Ha-
ppiness, Justice and Freedom: The Moral and Political Philosophy
of John Stuart Mill* (Berkeley: University of California Press,
1984)；and B. Semmel, *John Stuart Mill and the Pursuit of
Virtue* (New Haven, Coun., Yale University Press, 1984).

❶ 參閱 Dennis F. Thompson, *John Stuart Mill and Representative
Government* (Princeton, New Jersey: Princeton University Press,
1976).

❶ Alexander Brady, "Introduction", *CW*, XVIII, p. xxviii.

而其自由論與代議政府論，又實爲兩個相關且連屬的思想主題，
❼欲窺其思想之全貌，自亦不能視若無睹或厚彼薄此的使其民主
思想，在思想史上隱而不彰。

　　況且，彌爾生逢十九世紀英國貴族政治沒落，民主政治興起
的時代，目睹英國十九世紀三次選舉大改革中的首次改革（1832
年的選舉改革法）得以付諸實施，並且生效。因此，在彌爾的時
代，民主政治已非純屬一種遙不可及的理想，而是逐漸呈現的事
實。他本人曾在東印度公司工作，亦曾獲選爲國會議員，具有參
與實際行政與政治之經驗。在彌爾的觀念中，民主政治的來臨不
僅是應然，而且是實然，問題是在如何去除民主政治的缺點，使
得民主政治更有利於人類社會。如此，彌爾對民主的詮釋、評價
乃至設計，實値吾人加以參考與研究。

　　然而，彌爾恐懼民主政治帶來多數專制，而信賴知識精英之
統治才能，引起了彌爾究竟是否爲一民主主義者的爭論。例如：
謝爾玆（Currin Shields）即認爲彌爾之《論代議政府》，「主
要是呼籲英國之自由主義者，堅決反對那些允許『未能自制之民
衆』參與政府管理之民主政治改革。」❽彭斯（J. H. Burns）則
指出：「嚴格言之，彌爾並未具有民主主義者的觀點。」❾而布

❼ W. A. Dunning, *A History of Political Theories: From Rousseau
to Spencer* (New York: The Macmillan Company, 1955), p.
236.

❽ Currin Shields, "Introduction", in J. S. Mill, *Considerations
on Representative Government* (Indianapolis: Bobls-Merrill,
1958), p. xxv.

❾ J. H. Burns, "J. S. Mill and Democracy, 1829–61", *Political
Studies*, Vol. 5, Nos. 2–3 (June and October 1957), pp. 174–
175 and p. 294.

拉克斯東 (William T. Blackstone) 則認為: 即使彌爾在實際上
不是民主主義者, 但在理論上仍為民主主義者。[20] 另一方面, 西
伯里 (Mulford Q. Sibley) 認為: 彌爾是首先將自由主義與民主
政治的結合加以強化的思想家。[21] 史卡比羅 (J. S. Schapiro) 也
有同樣的觀點。[22] 馬卡樂 (R. B. McCallum) 甚至認為: 「彌爾
是民主政治最偉大的理性倡導者之一。」[23] 此外, 也有許多學者
採取折衷的觀點, 視彌爾為「勉為其難的民主主義者」(reluctant
democrat)。[24] 如此, 對於彌爾是否為一民主主義者, 可謂衆說
紛紜, 莫衷一是。再者, 由於彌爾的民主思想既強調參與又強調
才能, 以致有些學者視彌爾為古典民主理論的提倡者, [25] 有些學

[20] William T. Blackstone, *Political Philosophy: An Introduction*
(New York: Thomas Y. Crowell, 1973), p. III.

[21] Mulford Q. Sibley, *Political Ideas and Ideologies: History of
Political Thought* (New York: Harper & Row, 1970), pp. 488-
489.

[22] 參閱 J. Salwyn Schapiro, *op. cit.*, p. 160.

[23] R. B. McCallum, "John Stuart Mill", *Great Democrats*, ed. by
Alfred Barratt Brown (Freeport, N. Y. : Books for Libraries
Press, 1970), p. 473.

[24] 如布雷地 (A. Brady) 即是。參閱 A. Brady, *op. cit.*, p. lxvi.

[25] 如 Graeme Duncan and Steven Lukes, "The New Democracy",
Political Studies, Vol. 60 (June 1966), p. 288; and Peter Bach-
rach, *The Theory of Democratic Elitism* (Boston: Little, Brown
and Company, 1967), pp. 3-5, 丹肯 (G. Duncan) 後來承認在〈
新民主〉一文中, 過於強調彌爾思想中的參與觀念, 參閱 G.
Duncan, "John Stuart Mill and Democracy", *Politics*, Vol. IV.
No. 1 (May 1969), p. 80n.

者視彌爾爲精英主義者，❷ 另外有些學者則強調彌爾同時具有精英主義與參與民主觀念，而未具有一致的立場。❷ 由此可見，彌爾民主思想的複雜性質，使得許多學者各抒己見，各執一詞。❷ 因此，無論彌爾是否爲民主主義者，或是代表何種典型的民主主義者，都亟待辨清。

就彌爾民主思想的辨清而言，許多學者之所以未能掌握到彌爾民主思想的主要特性與全部內涵，主要是因大部分學者未專注於研究彌爾的民主思想，而只是以彌爾部分著作做籠統的詮釋與評估，甚或未注意到《論代議政府》一書所蘊含的理論架構。例如：羅伯森 (John M. Robson) 在《人類的改善》(*The Improvement of Mankind*) 一書中，雖對彌爾的民主思想提出比較中肯平衡的詮釋，但未分析《論代議政府》中的理論，亦未指出彌爾民主思想在現代的意義。❷ 而湯普森的《約翰彌爾與代議政府》

❷ 如Shirley Letwin, *The Pursuit of Certainty* (Cambridge, England: Cambridge University Press, 1965), p. 306; Gertrude Himmelfarb, *op. cit.*, pp. 303-304n; Willmoore Kendall and George W. Carey, "The 'Roster Device': J. S. Mill and Contemporary Elitism", *The Western Political Quarterly*, Vol. XXI, No. 1 (March 1968), p. 28; and Bruce Mazlish, *James and John Stuart Mill* (London: Hutchinson, 1975), p. 401.

❷ 如 R. P. Anschutz, *The Philosophy of J. S. Mill* (Oxford: Charendon Press, 1963), p. 32; Carole Pateman, *Participation and Democratic Theory* (New York: Cambridge University Press, 1970), p. 28; A. D. Lindsay, *op. cit.*, pp. xxviii-xxix; and G. Duncan, *Marx and Mill*, p. 259.

❷ 賴恩 (A. Ryan) 即認爲彌爾的代議政府觀念，非常龐雜，但是有其意義存在。參閱 A. Ryan *J. S. Mill*, pp. 190-217.

❷ John M. Robson, *op. cit.*, pp. 222-244.

一書，雖成功地論證彌爾的代議政府有其理論體系，並且賦予現代意義，但主要是取材於彌爾的《論代議政府》，另外參酌一些彌爾的文章與著作，而顯得對彌爾的民主思想闡釋與分析得不夠周全。⑳ 其他一些學者在探討彌爾論代議政府的思想時，則多半從事歷史性的敍述，指出彌爾早期的著作如何影響其後來的觀念，以及彌爾的思想淵源如何在其一生中的不同階段影響其思想。㉛ 因此，至今對彌爾民主思想的研究，不但少之又少，而且都顯得以偏概全，或缺乏整體性的觀點。《彌爾全集》的總編輯羅伯森即指出：「研究彌爾的政治與社會思想的學者，特別要參考他論經濟，論特殊政治與社會事件，以及論法律與平等的文章和在報紙上的論述。」㉜ 而彌爾本人亦曾指出：「政治經濟學是與社會哲學的許多其他部門，分不開的交集在一起。」㉝ 如此，吾人要了解與辨清彌爾整體的民主思想，顯然亦非僅憑《論代議政府》一書或幾篇有關民主的文章就能成事。而歷史性的論述雖較不會斷章取義，但不易窺見彌爾民主思想之理論體系。因此，吾人擬以較具整體性的觀念來剖析、辨清乃至評估彌爾的民主思想。

---

⑳ 參閱 D. F. Thompson, *op. cit.*, p. 4 and passim. 湯普森並未述及彌爾民主思想的理論基礎，亦未論及彌爾所提的實行民主的條件等。

㉛ 如 Joseph Hamburger, *Intellectuals in Politics*: *John Stuart Mill and the Philosophic Radicals* (New Haven: Yale University Press, 1965); R. P. Anschutz, *op. cit.*, pp. 30-60; and J. H. Burns, *op. cit.*, pp. 158-175, 281-294.

㉜ John M. Robson, "Textual Introduction", *CW*, XVIII, p. lxxi.

㉝ *PPE, CW*, II, p. xci.

至於本書資料的蒐集、處理與內容的建構與撰述，吾人是根據下列的假設來進行。

假設一：彌爾民主思想的形成是受到其時代背景、生活經驗與思想淵源的影響，尤其是十九世紀英國民主政治進展的反應與反映。

假設二：彌爾的民主思想是其政治思想的核心，而且有其理論基礎；其理論基礎為人性論、功利主義新解、進步論與自由論。

假設三：彌爾的民主思想是對民主時代來臨所帶來的問題的思考與解決。換言之，彌爾由於擔心民主政治下的多數統治會帶來多數專制的問題，而想以精英統治來節制多數專制，並且思考實施民主政治的條件。

假設四：彌爾的民主思想是具體地表現於其對民主（代議）政府的設計中。

假設五：彌爾的民主思想具有理想層面，其邁向民主理想的基本原則為參與原則與才能原則。而其民主政府的設計卽是想調和這兩個原則，並為由精英民主邁向參與民主的過渡，同時也想以之做為全世界邁向民主的典型。

基於以上的假設，吾人於第二章，敍述彌爾民主思想的形成；第三章，探討彌爾的理論基礎；第四章，闡述彌爾論民主的意義與條件；第五章，剖析彌爾論民主政治中的羣衆與精英問題（多數專制與精英統治）；第六章與第七章評析彌爾對於民主政府的設計（基本原則，代表制度的改革與政府結構的改變）；第八章，分析彌爾民主思想的特性，指出其與現代民主理論的關係並加比較，終而提出一些評估，作為結論。

　　至於資料之選擇與分析，吾人主要是從《彌爾全集》、彌爾《論文集》(*Dissertations and Discussions*) 與《自傳》(*Autobiography*) 中，廣泛攫取其有關民主思想之部分，予以比較深入的剖析與論述。其次是以泛論與專論彌爾民主思想與有關民主理論之著作，做爲論述與評估彌爾民主思想的參考。

第二章　思想的形成

　　彌爾的民主思想，是他的時代、國家與生活環境的產物；具體言之，是對十九世紀英國民主政治進展的反映與反應。其民主思想與時代背景可謂交互影響，同時也深受其個人生活經驗與吸收他人思想的綜合影響。

第一節　時代背景

　　彌爾所處的時代是個變遷很大的時代。❶ 由於工業革命的影響，不僅使得英國走上工業化的道路，也有助於英國邁向民主化。此因工業革命的進行，促使資本主義發展，資產階級逐漸興起，到了十九世紀，不僅英國，整個歐洲都由君主專制或貴族政治走向民主化。而英國在維多利亞時代 (1837-1901) 有兩個主要的政治特點，就是民主政治的成長與帝國的擴張。

---

❶ J. S. Mill, "The Spirit of the Age", in G. L. Williams ed., *J. S. Mill on Politics and Society* (Sussex, England: The Harvester Press, 1976), p. 170; and J. Stillinger, "Introduction," *Autob*, p. viii.

一、十九世紀英國的政治社會結構

要了解十九世紀英國民主政治的進展，必先了解其政治社會結構的變遷。根據統計學家金恩（Gregory King）的估計，從1700年到1800年，英國以農維生的人口增加得相當有限，但工業人口則從二十四萬增加到三百萬。一般言之，人口已開始由農地移向工廠，以農維生的經濟型態已轉變爲以製造業維生的經濟型態。❷ 雖然由十八至十九世紀，英國的社會經濟結構已如上所述有很大的改變，但政治結構却仍未有相應的變革。政府的實際權力，均由少數貴族把持。以十八世紀末爲例，英國的政治就控制在七十個相關連的家族中。❸ 因此，「1832年以前的英國政府可以說是『人民所有』、『貴族統治』、『貴族享受』的政府」。❹

在十九世紀初，上院仍爲地主貴族的權力據點，下院則由鄉紳階級所把持。然而，當中產階級在1832年取得選舉權後，鄉紳階級的代表地位就不再能靠貴族的提名推薦，而必須仰賴選票方能當選，因此鄉紳乃向中產階級靠攏，支持中產階級的權益和願望，以期獲得足夠的選票，進入下院爲議員。而1832年後，中產階級便成爲英國政治社會結構中的主要勢力。

人數最多的下層階級和勞工，一直到1867年始大部分獲得參政權。在十九世紀當中，他們不斷要求改革選舉制度和有關其

---

❷ Frederick C. Dietz, *A Political and Social History of England*, 3rd ed. (New York: The Macmillan Company, 1937), p. 434.

❸ *Ibid.*, p. 493.

❹ 沙比羅著，世界書局編譯所譯，《歐洲近代現代史》上冊（臺北，世界書局，民國四十九年），頁一二七。

本身利益的立法。當他們取得參政權後，旋即使自由黨產生變化。在葛拉斯頓 (Gladstone, 1809-1898) 的領導下，自由黨變成了一個眞正從事於政治與社會改革的政黨。1867年的「第二次改革法案」(Second Reform Bill) 尙未通過以前，在議會中代表他們的利益的是一批激進分子。這些激進分子，本身並不組成任何政黨，但視當時之政治需要，或則加入托利黨 (Tory)，或則加入惠格黨 (Whig)。❺ 他們由於工作認眞，準備充分，主張鮮明，使他們在議會當中產生了遠超過人數比例的影響力。這也使得英國勞工由於在下院中有激進分子爲代言人，不致走上法國城市無產階級所走的暴動路線。

　　另一方面，英國的鄉村無產階級，一直到 1884 年方始取得議會的投票權。但因他們在議會席位中仍佔少數，所以還是不能發揮強大的力量。況且，十九世紀下半期，由於英國農業的衰微，迫使多數鄉村工人湧入城市，變成了城市無產階級，利害也

---

❺ 在一八三二年英國第一次選舉大改革之前，托利黨和惠格黨只是國會中競相爭取政權的兩大派系，旣無嚴格的紀律，在國會外，亦無組織，因此並非具現代政黨形式與組織的政黨。自一八三二年選舉大改革法案通過後，托利黨與惠格黨才開始發展政黨組織，而大約在一八五〇與六〇年代，保守黨和自由黨便從托利及惠格黨脫胎出來，有了正式的政黨組織和名稱。參閱 M. Ostrogorski, *Democracy and The Organization of Political Parties*, Vol. I: *England*, ed. and Abridged by S. M. Lipset (Garden City, New York: Doubleday & Campany, Inc., 1964), pp. 70-79; R. T. McKenzie, *British Political Parties*, 2nd ed. (London: Heinemann, 1967), pp. 101-103; and Ivor Jennings, *Party Politics*, Vol. II (Cambridge: Cambridge University Press, 1961), pp. 76 -77.

和城市工人趨於一致。整體言之，十九世紀前半期是中產階級興起的時期，十九世紀後半期，則是勞工階級興起的時期。

包爾 (John Bowle) 就曾指出：決定十九世紀社會結構和政治問題的有三個重大因素，而西方自由革命解放了專業和經理階級，給資本主義企業注入了自由的新血液，以及無產階級政治意識的覺醒，就是其中兩大因素。❻ 因此，包爾說：「在西方，當工業革命開始轉變社會結構時，自由觀念的勝利，即預見憲政主義將主宰十九世紀。」❼ 而十九世紀英國的政治發展，就是一個階級繼一個階級之後取得參政權的民主進展史。

二、十九世紀英國民主政治的進展

根據歷史學者海斯的見解，十九世紀初，英國之政治與民主政治之原則衝突者有三：「第一，大部分之民眾因宗教之故，均無參政權。第二，大多數之民眾對於議會議員之選舉，皆無投票權。第三，議會亟需改革。」❽ 更不合理的是，有些人口稠密的新興城市，毫無代表，而有些人煙稀少的城市，竟保存原有的代表額。大城市如曼徹斯特 (Manchester)、伯明罕 (Birmingham) 及里茲 (Leeds) 等都沒有代表。蘇格蘭有四十五席，而僅有蘇格蘭人口八分之一的康瓦爾 (Cornwall) 郡却佔四十四席。又如蘭開夏 (Lancashire) 人口已經從 1700 年的十六萬六千二百人增至 1801 年的八十五萬六千人，代表席位却沒有增加，而已沉於北

---

❻ John Bowle, *Politics and Opinion in the 19th Century*, p. 16.

❼ *Ibid.*, p. 19.

❽ 海斯著，曹紹濂譯，《近代歐洲社會政治史》，下卷之一（臺北，臺灣商務印書館，民國四十九年），頁一四〇。

海之底的杜威赤 (Dunwich) 仍可選舉二名議員。❾

　　因此，英國的國會代議制在 1832 年以前，一般稱爲「衰頹市鎭制度」(Rotten Borough System)❿。在這種不合理的選舉制度下，英國和愛爾蘭僅百分之五的成年男子有選舉權，蘇格蘭的人口約二百萬，僅三千人有選舉權。彪特 (Bute) 一郡人口一萬四千人中，僅二十一人有選舉權。還有許多選舉區僅候選人一個人有選舉權。此外，選舉時，舞弊叢生，賄賂公行。而十九世紀的二十至四十年代，英國國內便存在着國會改革的爭議。

　　同時，在 1830 年時，英國是由托利黨執政。托利黨認定要依據 1689 年以來有關憲政的解決辦法，對內完全採取保守立場，反對任何對於議會改革的要求。但是在 1815 年之後，這種新需求日益增加。激進分子們大聲疾呼，廣事宣傳。中產階級的工廠主人，大都成爲支持自由主義最強大的力量。1820 年左右，有些托利黨執政者，不得不倡導若干傾向自由的法案。但是，大體說來，托利黨仍然反對一般性的議會改革。托利黨領袖威靈頓 (Wellington, 1769-1852) 曾在 1830 年宣稱：「目前存在的制度，可以認爲完全令人滿意。」⓫ 但在國會之外，要求改革的呼聲不

---

❾ F. C. Dietz, *op. cit.*, p. 495.

❿ 「衰頹市鎭」就是人口衰退的選舉區，而其代表仍由鄉村地主指派，因爲選民甚少，且大多是地主的佃戶，地主不難強迫他們選舉，因爲地主候選人是確定的，有許多席次都不容爭議。有幾個選舉區叫做「私囊市鎭」(Pocket borough) 的，地主有絕對的權力『指派』代表，就是直接由自己委任代表。參閱沙比羅著，世界書局編譯所譯，前揭書，頁一二五。

⓫ 引自吳景宏著，《西洋近代史略》（臺北，雲天出版社，民國六十年），頁一五五。

絕於耳，愈來愈激烈，終於迫使威靈頓辭職，改由屬於惠格黨的格雷（Grey, 1764-1845）上臺。格雷本想擬定一改革案，惟經過許多波折，始終無法順利實現。最後，托利黨方面為顧及本身利害關係起見，不得不讓步，第一次改革法案乃於 1832 年成立。

　　1832 年的「第一次改革法案」象徵英國民主政治的真正開始。此一改革法案在英國議會選舉制度上，造成兩大重要變化：①國會議席重新分配，②選舉權資格的放寬。❷居民未達二千之城市，被完全取消選舉下議院代表之權，居民在二千與四千之間者，在原有之二議席中減去其一。因此空出之一百四十三席，則以六十五席授與英格蘭之大郡區，八席授與蘇格蘭，五席授與愛爾蘭，六十五席授與各大城市，尤其是人煙稠密、工業發達而在以前絕無代表者，如曼徹斯特、伯明罕與里玆等。在選舉權的修改方面，在郡區中凡領有與租有年入十鎊之地產者，及自由佃種年入五十鎊之田地者，皆得投票。在市區中則舊有之弊概行廢除而另定劃一之資格，以自有或租有年入十鎊之房產為準。因此，郡區與市區具有選舉權的總人數增加，而所增加的選民幾乎都是中產階級。惟據估計，當時僅百分之十五的成年男子有選舉權，農工階級和許多中下階級仍然沒有選舉權。雖然選舉權之修改距離普遍選舉權尚遠，財產額的降低也不多，但是新興的、受工業化影響的中產階級，已經增加了不少權力。這不啻可說是自 1689 年以來，由新舊貴族、地主一手把持的政治專利權，開始分一部分給新興力量。工廠主人以及其他中產階級人士，從此時起，也可享有參政權。簡言之，1832 年的選舉改革法案通過以後，中產

---

❷ 參閱前揭書，頁一五五；與沙比羅著，世界書局編譯所譯，前揭書，頁一四二。

階級繼貴族之後在公共生活中具有主要的影響力。

　　此外，1832 年的改革法案還建立了兩個非常重要的原則：第一，人民在大選中如已表明支持內閣的政策，國王就必須接受內閣閣員的建議，亦即國王的政治措施今後不再受其個人意見的影響；第二，建立了民選的下院高於世襲的上院的政治優勢地位。⓭就法律觀點來說，上院並未喪失表決權，但是上院對於下院和全國人民所希望通過的法案，實際上只有拖延權，而無阻止權。⓮此次改革法案之得以通過，主要是由於公衆所表現的政治壓力，也就是說，公衆的意志可以選出政府，而政府必需能夠保證實行人民所同意的政策，雖然還沒有一套合法的辦法來表現所有的民意，但是現在已經沒有任何力量可以阻止民選的政府來執行公衆所同意的政策了。「只要有民衆向統治階級的強硬要求，偉大的改革可以不經革命而產生，這種思想深入英人政治生活中。英國貴族從來不想破壞已成功的改革，這是他們的優點。」⓯對此，一位英國史學家評論說：「1832 年的改革案中，不論惠格黨有無具體指出改革案的最後階段究該如何，有關的原則一旦被接受，卽將貫徹始終，直至民主政治完全實現而後已。」⓰

　　大體說來，托利黨和惠格黨起初都認爲 1832 年的改革法案，堪稱最圓滿的政治制度，而這種局面自 1832 年迄 1867 年，

⓭　伊士頓著，李邁先譯，《西洋近世史》（二）（臺北，幼獅書局，民國五十八年），頁一六五。

⓮　這也就是說若兩院不和時，假若解散下院，重行選舉以探測民意，而民衆表示贊成下議院時，上院必須屈服。

⓯　沙比羅著，世界書局編譯所譯，前揭書，頁一四三。

⓰　引自吳景宏著，前揭書，頁一五八。

長久不變，佔了維多利亞女王長期統治的上半段時間，所以史家稱之為「維多利亞時代的妥協」（Victorian Compromise）❼。在這段期間，執政者都墨守成法，極力保持現狀，避免新的改革。

可是不滿以 1832 年改革案為限的人士，如議會中的前進分子、都市工人等，都認為需要繼續朝向真正民主政治之鵠的邁進。尤其是工人發覺到許多切身福利問題，急待解決。因此 1838 年，工人在中產階級前進分子支持之下，發起「憲章運動」（Chartist Movement），要求①成年男子的普選，②國會每年選舉一次，③各選區權益同等，④秘密投票，⑤取消有關議員財產限制的條件，與⑥議員受薪。❽

1842 年後，熱心憲章運動的人數日少，熱烈呼聲僅僅延至 1848 年左右。然而，這個運動雖無具體成就，但對於後來英國憲政民主改革的進展，却產生間接的影響。倡導憲章運動者所提出的六大要求，經過長久時間的爭取，大多陸續實現。

同時，在十九世紀前半期，勞工問題之嚴重性，實為中產階級勃興之事所遮掩。工業革命之直接結果，即為下層階級之失勢而貧與中產階級之得勢而富。由於工業資本家之政治勢力漸盛，於是經濟自由之要求遂實現於多數國家之中。英國在十九世紀初期三、四十年內，工商業幾乎不受政府的干涉與限制，而為經濟最自由之國家。❾然而，自由對資本家固然有利，對工人則有慘不忍睹之結果。此因工廠工作條件與環境惡劣，屋宇卑陋，空氣

---

❼ 同❻，頁一五五。

❽ 同❻，頁一五六。

❾ 海斯著，曹紹濂譯，前揭書，頁一一一。

不良，光線不足，不但不衞生，而且英國之勞工卽在此等陰沉之
工廠中，咽喉爲灰塵所塞，身體因過勞而受損。甚至在礦山之
中，婦孺亦隨壯丁工作，婦人與女孩恒曳煤車，終日匍匐來往於
矮小之坑道中。有些貧苦兒童，甚至在五、六歲之時，卽被迫工
作，工作時間長達十六小時，而所得僅有極惡劣之食物，因此死
傷累累。雖然英國在十九世紀前半期，亦制定有少數法案，用以
限制童工及改良工廠之狀況，然此種立法收效甚微，各處之勞工
階級在資本家或僱主之壓榨下，日益陷於赤貧之境。1832 年及
1842 年，英國國會對工廠及礦場調查研究之後，所提出的報告，
卽透露出關於資本家搾取工人的黑暗事實，以及工人的悲慘生
活。[20]

　　對於資本主義工廠制度的弊病，十九世紀初的經濟學家如馬
爾撒斯(Thomas Malthus, 1766-1834)與李加圖(David Ricardo,
1772-1823) 等，都認爲無藥可救，並且指出貧窮爲經濟定律必
然之結果。[21]然而，自 1815 年左右起，有一羣所謂的「烏托邦
社會主義者」(Utopian Socialists) 致力於社會改革，勸導世人注
重社會公益，而勿自私自利，使得社會主義在十九世紀的前幾十
年間蓬勃起來。這些早期的社會主義者包括英國的歐文 (Robert
Owen, 1771-1858)，以及法國的聖西門 (Saint-Simon, 1760-
1825)、傅利葉(Charles Fourier, 1772-1837)、布蘭(Louis Blanc,

---

[20]　逯扶東著，《西洋政治思想史》（臺北，著者自刊，民國五十九年
　　　增訂三版），頁四九一。

[21]　Reo M. Christenson, "Economic Democracy: Capitalism and
　　　Socialism, " in R. M. Christenson, et. al., eds., *Ideology and
　　　Modern Politics*, pp. 219-220; 並請參閱海斯著，曹紹濂譯，前揭
　　　書，頁一一二。

1813-1882）與蒲魯東（Pierre Joseph Proudhon, 1809-1865）
等。㉒其中有些是世俗的人道主義者，他們有感於他們的同胞所
受的苦難，渴望由教導國會與企業界認識與履行社會責任，以改
善他們同胞的不幸。其他人的人道主義動機，則是受到基督教義
的增強與激發。還有一些人是空想家，他們認為依集體主義的路
線全面重建社會，可以造成健全的、井然有序的與和諧的社會環
境，而有助於人類發展更高的品格。與早期的社會主義者持不同
立場的馬克思（Karl Marx, 1818-1883）則是以提倡革命或科學
社會主義，逐一指名批判烏托邦社會主義、社會改革主義與一般
的資本主義社會而突出者。到了十九世紀中葉，工業革命的祖國
──英國，仍有基督教社會主義的興起，提倡工廠改革與保護勞
工的立法。

　　早期社會主義者雖未能組織永久之社會主義黨，亦未能實現
其夢想，但至少已使一般人，尤其是中產階級知識分子注意於社
會問題，而對於放任主義之哲學發生反動或修正自由主義。彌爾
就是一個明顯的實例。㉓而多數工人亦深信資本家之獲利，乃剝

───────────

㉒ 關於早期社會主義者的社會改革主張與措施，可參閱 Albert S.
Lindemann, *A History of European Socialism* (New Haven and
London: Yale University Press, 1983), chap. 2.

㉓ 在十九世紀中葉，彌爾是英國思想界的權威。他是從放任主義轉變
到主張社會主義改革的哲學家與政治經濟學家。早在一八四八年，
彌爾在其《政治經濟學原理》一書中，承認分配是人為安排的問
題，國家可加以管制，並且提倡對非以勞力賺取的土地利益加以課
稅。就在這點上，他標明了個人主義經濟學的界限。雖然在這本書
中，他強調社會主義的困難，並且對社會主義的論調大體上是否定
的，但該書漸次再版，他的學說也漸次改變，終而傾向社會主義。
他自己承認他之日愈願意限制私人企業，支持社會服務事業，以及

削勞力所致。工人欲得其平，乃趨向工會、民主運動及種種空想之計劃。城市中之下層階級因要求民主與經濟平等而日益不寧，影響十九世紀後半期之歷史至深且鉅。

因此，到了 1860 年代後期，參政權必須再予擴大的趨勢日益明顯。議會此時均在現代化的政黨和具有新觀念的領袖主持之下，兩黨對於勞工方面的需求，均不敢過於忽視，尤其擔心縱使本黨反對也不能阻止改革的成功，反而因此得罪了下屆選舉的大部分選民，可能喪失再掌政權的機會。1866 年，自由黨執政，羅素(Lord John Russell, 後來稱爲 Earl Russell, 1792-1878) 爲首相，但當時領導自由黨的核心人物實際上爲葛拉斯頓。屬於自由黨激進派的葛拉斯頓，表明對選舉改革的意見說：「除了個人自身條件不適當，或在政治上被認爲危險者外，一律皆有資格容納於憲法範圍內。」㉔ 因此，葛拉斯頓向下院提出選舉改革方案，擴大選民範圍及於少數勞工階級。但保守黨與一部分自由黨員深怕此改革方案引起庸俗的民主政治，乃合力反對，把這提案否決了。羅素內閣因此垮臺，代之而起者爲保守黨的德爾比（Lord

---

（續）以公共事業計劃重新分配所得，是漸漸趨向社會主義。同時，由於社會主義的興起，使他注意勞工問題，並同情勞工階級，而主張擴大選舉權於勞工階級，與注重社會公益。一八五九年《自由論》一書出版時，彌爾的確反對立法或社會輿論限制思想的自由與創新，但他並未終止社會主義傾向。在一八六三年出版的《功利主義》一書中，他放棄了自利原則，而採取了自我犧牲原則，並且指出「完全犧牲自己來使他人快樂」，在目前世界的各種安排不完美的狀況下，「是在人身上所能發現的最高美德。」*Utili, CW*, X. p. 217) 到了晚年，彌爾的社會主義理想，且比民主思想激進。

㉔ 陳水逢編著，《近代歐洲政治社會簡史》（臺北，金鼎出版社，民國六十一年），頁一八九。

Derby) 內閣。然而，當時保守黨眞正的領袖亦非任首相的德爾
比，而是狄斯累利 (Disraeli, 1804-1881)。狄斯累利於 1867 年，
耳聞全國重要工業中心之勞工階級舉行羣衆大會，要求普遍成人
選舉權，而且目睹勞工情緒激昂，羣集於海德公園 (Hyde Park)
舉行反政府示威運動，他認爲擴充選舉權已不能免，於是獲得德
爾比首相同意，乃不顧少數守舊閣員之辭職抗議，提出改革案。
此舉引起保守黨大多數人的震驚，誠如德爾比首相所言，實爲
「暗中一躍」。㉕另一方面，自由黨對此提案，認爲是該黨多年
來的政綱被竊奪而大爲憤怒，但爲了爭取人民的信任，乃巧妙地
加以修正。而此提案終於在同年七月爲國會所通過。因此，該改
革法案的內涵，實超出保守黨與自由黨原來的構想。

　　1867 年的改革法案 (Reform Act of 1867) 規定：（一）
將下議院議席中之五十八席由較小之市區轉授人口較多之市區；
（二）郡區中有年值十二鎊財產之自由佃戶，以及租有或領有年
值五鎊之土地者，概得享有選舉權；（三）1867 年以前，市區中
擁有住宅年值租金十鎊者始有選舉權，此後則凡有單獨住宅者，
不論其價值多少，概得享有選舉權，甚至市屋租戶，其租金年值
十鎊而期滿一年者，亦得享有選舉權。㉖據此規定，選舉權擴及
於一百零八萬城市工人階級，選民增加了一倍，㉗英國又向民主
政治邁進了一步。但是此次改革法案，主要只是選舉權財產資格
的限制減輕了，選舉仍非所有成人皆有之權。在近三千二百萬人

㉕ 同㉔，頁一九○。

㉖ 海斯著，曹紹濂譯，前揭書，頁三八五。

㉗ 陳水逢編著，前揭書，頁一九○。

口中， 有選舉權者仍不過二百五十萬， 所佔比例亦不到十分之一。[28] 許多貧農、礦工與收入較少之勞工等都無選舉權，此仍有待進一步的改革。

　　1868 年，根據新法案獲得參政權的勞工，投票選舉自由黨執政。在葛拉斯頓內閣執政期間，開始實行免費國民教育等改革，以鞏固民主政治的基礎。1870 年，葛拉斯頓立法建立了公開競爭考試以錄取文官的制度，同時爲了配合地方機關日益增加的工作並與之合作，也設立了地方政府部 (Local Government Board)。1871年，工會成爲合法的組織，於是工人有了實際的權力與組織。1872 年，葛拉斯頓爲反應工人階級中激烈分子之要求與改革選舉之弊，又有「投票法案」(Ballot Act) 之成立。根據此法案，選民只須將其屬意之候選人之姓名記於選票上，而不再以口述方式進行選舉。由是至少在理論上，選民選舉的對象不易被發現，更可獨立行使投票權，終而確立了秘密投票制。更重要的是，葛拉斯頓在 1880 年再度執政後，又將議會席位予以徹底的重新分配，透過 1884 年的第三次改革法案， 鄉村之選舉權與城市者同， 於是鄉村勞工獲得選舉權者達二百萬，選民頓增百分之四十。[29]

　　根據 1884 年的選舉改革法案，年滿二十一歲之男子已大多獲得了選舉權。至於女子的參政權，則至 1918 年和 1928 年時方始獲得。從下表可以看出在十九世紀中，英國由於有三次選舉大改革，因此投票權不斷在擴大，民主政治不斷在和平中進展。

---

[28] 海斯著，曹紹濂譯，前揭書，頁三八五。

[29] Ernest Barker 等著，鍾建閎譯，《近代歐洲文化史》（臺北，教育部，民國四十八年），頁四五；並參閱海斯著，曹紹濂譯，前揭書，頁三八六。

十九世紀英國投票權擴大表⑳
1832～1900

年份	登記選民 （千）	選民佔全 民百分比
1832	813	3.3
1868	2298	7.5
1874	2810	8.6
1880	3032	8.8
1886	5734	15.8
1895	6412	16.4
1900	6731	16.4

三、十九世紀美、法憲政的發展

自移民時代起，愛好自治的情感在美國已甚強烈。十七世紀中新英倫殖民地在憲政的實施中已經產生了自治的原則，培養着愛好自由與民主的平等精神。美國人反對歐洲權威的傳統，與獨立革命的成功似乎是顯示出人民的力量超過專制的權力。美國人民對政治與社會的展望不可避免的在該新國家的政治機構中反映出來。1787年完成的與兩年後批准的憲法，係基於主權在民的原則。行政與立法機關的權力都是直接源自人民的選舉。而美國選舉的頻繁是在促使代表服從人民的意旨，使得各種公民自由都

---

⑳ 資料來源引自華力進著，《政治學》（臺北，中華出版社，民國六十九年再版），頁二一八。

獲得保障，政府不能越權迫害。㉛

　　1791 年採行的十條憲法修正案，列舉了人民的基本權利，使民權的力量較過去更爲鞏固。1801 年，傑佛遜 (Thomas Jefferson, 1743-1826) 當選美國第三任總統。他的就任象徵保守派或聯邦派的式微，也象徵民主派的勝利。傑佛遜提倡一種政策，旨在維持各州的主權與支持普選權的原則。他是個支持自由民主的政治家，對民主政治具有堅定不移的信念，同時也是個理性主義者，認爲人「具有天賦的權利與正義感」。㉜當漢彌爾頓(Hamilton, 1757-1804) 及其他聯邦派人士詆譭民主政治之時，傑佛遜力排衆議，爲民主政治辯護，主張出版與言論自由，推行地方自治，普及教育，使民主政治大爲進步。

　　1829 年傑克遜 (Andrew Jackson, 1767-1845) 當選總統。在政治上，他主張多數統治及個人主義。尤其此時，西部漸次開發，西部人民熱烈擁護個人主義、平等主義及獨立精神，人民要求擴大參政權，取消選舉權的財產限制及教育限制，對聯邦及地方政治要求直接參與。而傑克遜自己也認爲是代表人民，因此受到人民的擁戴與愛護，使美國的民主政治又有進一步的發展。㉝

　　在 1820 年與 1850 年之間，美國人民的民主情緒繼續高漲，1845 年已實行男子普選。到了十九世紀下半期，有許多州並建立了直接民權制度。法國大思想家托克維勒（De Tocqueville,

---

㉛　參閱余英時著，《民主制度之發展》（香港，亞洲出版社，民國四十四年），頁一一八。

㉜　引自王勇成著，《民主政治的起源與發展》（臺北，嘉新文化基金會，民國六十五年），頁九六。

㉝　張金鑑著，《西洋政治思想史》（臺北，三民書局，民國五十九年），頁三四五～三四七。

1805-1859) 就曾指出: 這種社會平等和個人自由, 就是美國在十九世紀期間所得到的顯著成就。❸ 也正是由於這一點成就, 才能使不滿歐洲政治社會制度的大批人民紛紛西來, 把美國當作他們的避難所, 甚或天堂。

至於法國, 1789 年的革命所促成的變遷, 使法國社會守舊分子受到重大的傷害, 他們由懷恨而更爲反動。所以, 十九世紀法國的歷史是激進者與反動者鬥爭的故事, 前者求實現法國革命所揭櫫的主義, 後者則求恢復舊制度, 至少是要使革命精神, 故步自封, 不能前進。❸ 在這種情況下, 法國 1830 年的七月革命與 1848 年的二月革命, 更具有特殊的歷史意義, 甚至對歐洲其他國家產生了直接或間接的影響。

1815 年法國的發展雖然是朝着民主共和的方向, 行政權却是高度的集中。1789 年的革命已經掃除了舊有的分省制度, 而新的行政區的建立又不能形成眞正的地方自治, 重掌政權的波旁王朝的中央政府仍然控制着地方。另一方面, 人民對立法機關與對內閣逐漸取得直接或間接的控制權。路易十八則以限制選舉權爲基礎, 重建國會制度, 他所頒布的憲章是國王對於人民的一種讓步, 不過他仍不失爲權力的泉源。這種情況在 1830 年這一年的革命中被推翻了, 革命性的主權在民的原則又恢復起來。這次革命否定了國王與其大臣具有立法的建議權, 而且力圖建立起一種責任內閣制。但是選舉權的基礎仍是很狹隘的, 直到 1848 年, 普選權才再度建立起來。

---

❸ 伊士頓著, 李邁先譯, 前揭書, 頁一八九; 並參閱 Alexis de Tocqueville, *Democracy in America*, Vols. I-II.

❸ 參閱沙比羅著, 世界書局編譯所譯, 前揭書, 頁七二。

　　同時，七月革命的代表人物多半是與英國聲氣相通的中產階級，因此有「中產階級的君主政體」之稱。被革命分子擁立的路易腓力 (Louis Philippe) 且以「法國人民之國王」(King of the French) 自命，以資號召。㊱由於法王腓力即位之後，逐漸表現出保守與反動的傾向，十年之間，倒閣了八、九次。1848 年，激進的團體逕起而要求政治民主，平均分配工業利益，建立國家工廠，保障工作權利。

　　在二月革命當中，法王腓力遜位，於是中產階級與勞動階級合組臨時政府，推行民主政治，並給予工人勞動與生存權利。4 月 23 日，依普選產生國民會議，制定共和憲法，明確規定主權在民，並聲明採用權力分立的原則。但是，一般人民對此憲法並不感到興趣，而且第一次依據憲法產生的議會竟有三分之二的議員贊成君主政體，於是選舉了路易拿破崙 (Louis Napoleon, 1808-1873) 為總統，使共和政體名存實亡。1852 年，法國由共和國再度改為帝國，但不影響其社會組織。

　　然而，在城市中革命精神雖受阻遏，但並未被鎮壓下去。1848年激進的社會主義者曾於一段很短的期間在巴黎露面。而拿破崙三世（即路易拿破崙）於普法戰爭中的失敗使得革命的狂熱又獲得一表現的機會。第三共和於 1870 年倉猝的宣布成立，巴黎曾於數月之間操在一種革命份子的公社手裏，但一般言之，法國人仍是保守的與守法的，他們根據普選權選出了一個議會，其中大部分仍是保王黨份子。因此，法國的共和政權，有數年之間，幾乎不易維持，它幸而能存在的原因，乃是由於反對它的份子本身的立場與意見不能一致。

―――――――――

　㊱　參閱吳景宏著，前揭書，頁一三三。

直到 1875 年的法國憲法頒布以後，法國的國會與民主政治才獲得若干程度的穩定。此憲法雖不如過去憲法之完美，却維持了六、七十年，足見法國人的民主思想也進步了。❸

四、自由民主思想的演進：英國的功利主義

彌爾所處的時代，正是維多利亞的時代，該時代反應了啓蒙時代的希望及熱忱。十八世紀的啓蒙運動曾經對人的自然權利特別重視，認爲這些權利或是與生俱來，或是上帝賦予。過去雖然有很多人提出了各種不同的社會改革主張，但是一直到法國大革命發生爲止，還不曾出現過能適用於工業時代的具體學說。最能接觸到這些問題的學說，首先由英國思想家邊沁（Jeremy Bentham, 1748-1832）提出。由於他的創意，產生了一套新的理論──功利主義──使得維多利亞時代在政治觀念方面的紀錄，頗爲可觀，這也構成彌爾民主思想的環境與背景。

同時，到了十九世紀中葉，英國早已在各方面均被認爲是主要的自由主義國家。英國是工業化程度最高的國家，也是最貫徹到底支持自由貿易與維護個人自由的國家。此一聲譽大多是源自一羣人數雖少，但相當具有影響力的自由主義意識型態家。自亞當史密斯（Adam Smith, 1723-1790）的時代以來，英國的古典經濟學派就一直是經濟自由主義的棟樑；自由主義學說的其他方面，則可以邊沁和他的功利主義夥伴爲代表。邊沁主義者受到典型的意識型態上對於人類理性力量的信仰所激發，倡導許多激進的改革措施。然而，英國憲政傳統的力量強大，因此邊沁主義者

❸ 參閱崔書琴著，《民主政治》（臺北，國立編譯館，民國四十三年），頁三六～四〇。

一直滿足於以國會行動，而非革命行動來實現他們的計劃。而這使得他們對於國會談判習以爲常的妥協，有所了解與尊重，因此也就使得他們比較容易修正意識型態上的承諾，並且對政治探取比較實際的態度。㊳

邊沁一生對於當時構成英國法律許多不合理的習慣和前例，不斷加以抨擊。當其早年，卽對布拉克斯東 (Sir William Black-stone, 1723-1780) 關於英國法律的註釋加以指責，撰寫了一部鉅著，提出自己的觀點。㊴ 邊沁認爲英國舊有的法律是爲了適應當年的社會環境而設計出來的條文；在這些法律當中，並沒有什麼神聖和特別值得稱羨的內容，其中大部分全不合理，且已不合時宜，布拉克斯東對於英國法律的稱讚是出於無知的錯愛。邊沁於是進一步提出建議，主張應該在一套新的理論基礎上修改英國法律，而這一套新的理論就是「功利主義」(Utilitarianism)。按照功利的標準，衡量所有原有的法律和將來的立法，要看它們是否對被統治的大多數人民有用有利。邊沁建議把人民所遭受的喜怒哀樂事蹟加以科學統計，列出積分。一條對社會有用的法律，應該把最大限度的快樂帶給最大多數人民。甚至過去一向被認爲是來自自然的權利，也應該認爲是由社會所賦予的權利；旣然是屬於社會的權利，那麼當社會發現它對多數人的利益有害時，就應該而且能夠將它廢除。

㊳ I. Kramnick and F. M. Watkins, *The Age of Ideology-Political Thought, 1750 to the Present*, 2nd ed. (Englewood Cliffs, New Jersey: Prentice-Hall, Inc., 1979), p. 51.

㊴ 邊沁的此本鉅著，爲其第一部著作，名爲《政府論》（*Fragment on Government*）。

邊沁和他的一羣十九世紀英國信徒，當然不能對於快樂與痛苦的事實與量作出精確的統計，但是立法應該顧及社會利益這個一般性的原則，則已漸被接受爲不證自明的定律。況且，十九世紀初的英國哲學激進派人士，全受到功利主義思想的影響，因此被稱爲「功利主義學派」。這一套思想雖然還不能建立自己的完整體系，但對於迫切需要的英國法律現代化運動，則已鋪下了一條道路。同時，功利主義也把知識分子的注意力集中到特殊的具體問題，不再對於政府的性質及其任務這一類的純粹抽象問題，像以前那樣喋喋不休，過分專注。尤有進者，功利主義對於政府的主要工作應該儘量爲最大多數的人民謀取福利的這種新觀念，也奠定了理論基礎。

到了十九世紀三十年代，自由主義似乎已成爲時代的口號，而英國政府也在走向邊沁主義法律維新的途徑。邊沁主義者懷着堅定的社會改革信念； 他們攻擊當時托利和惠格兩大黨派的勇氣，他們對許多普通公認的意見的駁斥，和他們對其它變更傳統的意見採取懷疑的態度， 乃至詹姆斯彌爾 (James Mill, 1773-1836，約翰彌爾之父) 論文的魄力和精神，以及他背後一批能夠扶助評論發展的青年生力軍，在在均使所謂邊沁派的哲學與政治學，對大衆造成廣泛的影響。這不但是前所未有的現象，甚至以後在英國產生的其他思想學派，也不再具有如此興盛的勢力。❹狄塞 (Dicey, 1835-1922) 在他的《十九世紀英國的法律與民意》(*Law and Public Opinion in England during the Nineteenth Century*) 一書中， 便明白指出：功利主義的個人主義自 1832 年

---

❹ *Autob*, p. 61.

至十九世紀末集體主義興起前，在英國具有支配力。[41]

　　彌爾的思想深受其功利主義前輩的影響，但在與他的前輩相比之下，彌爾實具有後見之明的有利地位。他的父親與其他早期的自由主義者所努力追求的許多改革，到他的時代都已成了事實，因此可以從這些改革的後果來加以評斷。對一位像彌爾這樣具有才智的人來說，實在不乏用來檢定與修正早期意識型態的資料，而彌爾的民主思想便是受到功利主義學派的影響，又加以修正後的產物。

　　具體言之，在民主思想方面，十七、十八世紀的民主思想，雖然蓬勃發展，規範性的價值色彩却太濃，而十九世紀民主思想的發展，已較具經驗意含。依麥克佛森 (C. B. Macpherson, b. 1911)的觀點，自十九世紀民主政治落實以來，西方社會至今已先後出現了三種自由民主模式——保障性民主 (Protective Democracy)、發展性民主 (Developmental Democracy)、平衡性民主 (Equilibrium Democracy)，較後出現的模式都是對前一模式的修正或改進。[42]而十九世紀初英國功利主義學派的開山祖師邊沁與詹姆斯彌爾的民主思想，即建構了第一個自由民主模式——保

---

[41] Cited from R. S. Dower, "John Stuart Mill and the Philosophical Radicals," in *The Social and Political Ideas of Some Representative Thinkers of the Age of Reaction and Reconstruction*, ed. by F. J. C. Hearnshaw (New York: Barnes & Noble, Inc, 1967), p. 124.

[42] 保障性民主是指民主具有保障人民利益的功能，平衡性民主是指民主的功能是在平衡各公民團體所積極爭取的利益。參閱 C. B. Macpherson, *The Life and Times of Liberal Democracy*, ch. II-IV.

障性民主。[43]

　　基於對資本主義市場社會與古典政治經濟法則的認同，邊沁與詹姆斯彌爾認為：人是追求擴大私利者，而社會則是利益相衝突的個人所構成的集合。由這種視人與社會為具有競爭性的市場模式，加上功利主義的基本原則——「最大多數人的最大快樂」是道德與法律的最高準繩，也是政治與社會的指導原則——他們主張人民必須具有投票權。但是，他們並未徹底地主張普遍選舉權與全民政治。反之，他們是主張有財產等限制的投票權，並且視財富與權利的不平等是不可避免的社會現象。換言之，他們關切的是改革貴族政治，以及透過投票權來確保政府保障私人利益與資本主義市場社會的功能，而非完全熱衷於民主政治。因此，邊沁與詹姆斯彌爾所創立的自由民主模式，也只是設計來改進資產階級擔任統治者的作為，以及保障公民不受政府壓迫與提高國民總生產額而已。

　　由於此一模式任由競爭性的市場與階級分立不受任何干擾的發展，因此終究是不能滿足，甚或偏離了民主政治對於平等的熱望與要求。於是，到了十九世紀中葉，約翰彌爾乃指引出人類進一步向自由平等社會發展的可能性，以做為對時代的回應，並且試圖創造民主的新紀元。保障性民主遂讓位給發展性民主，而彌爾正是發展性民主模式的創立者與代表人。[44]

---

[43] *Ibid.*, pp. 22–25.

[44] *Ibid.*, p. 45.

第二節　生活經驗

彌爾生長於民主政治方興未艾的時代，以及功利主義盛行的思想氣候中，對英、美、法的憲政發展頗爲注意，而這與他民主思想的形成實有莫大的關係。另一方面，彌爾一生個人的生活經驗，對他的民主思想也有直接或間接的關聯。

一、功利主義傳人的教育

在彌爾的一生中，自幼即接受功利主義傳人的教育，使他在年輕時，成爲一個激進的民主主義者。

1806 年 5 月20日，彌爾生於倫敦的班頓維爾 (Pentonville)，是《印度史》(*History of British India*) 作者及功利主義學派健將詹姆斯彌爾的長子。詹姆斯彌爾自 1808 年認識邊沁以後，即和邊沁成爲極友好之朋友，並採取邊沁的功利主義主張，而拋棄神學及基督教學說，其經濟學即立於功利主義之基礎上。

由於詹姆斯彌爾熱衷於功利主義，遂與邊沁決定將其長子彌爾教育成功利主義的傳人，使得功利主義盛行不墜。根據彌爾《自傳》和其他人所寫的彌爾傳記記載，彌爾從小就接受父親嚴格的教育。三歲讀希臘文，八歲開始學拉丁文、代數和幾何，並且還教弟妹功課。九歲讀歷史，對當時大學所教希臘作家的重要著作，如希羅多德(Herodotus, 約爲西元前 484-前 425)的著作《追憶蘇格拉底》(*Memorials of Socrates*)，拉提斯 (Diogenes Laerius)的哲學家傳，柏拉圖(Plato, 約爲西元前 428-前 348)的前六篇對話錄 (the first six dialogues, *Euthyphron, Apology, Crito,*

Phaedo, Theaetetus) 等，就都已全部讀過；而到十歲時，他已能毫不費力讀完柏拉圖和狄摩西尼 (Demothenes, 約爲西元前 384-前 322) 的原文著作。彌爾父親喜歡彌爾讀的書，是敍述在非常環境中克服危難的書，而彌爾也愛讀生動的敍事文，尤其喜歡讀上古史方面的書籍。他在讀米佛特 (Mitford, 1787-1855) 的《希臘史》(*Greece*) 時，受其父親影響，反對作者的祖護暴君與污蔑民治制度 (popular institutions)。**⑤**

從十一歲至十二歲，彌爾整天忙着寫一本自命爲重要的作品，這可說是一本《羅馬政府史》(*A History of the Roman Government*)。此書實際上是在敍述貴族與平民之爭，且對憲法問題，亦詳加討論，而彌爾寫作的立場是竭力祖護羅馬的民主派。**⑥** 由此可知，彌爾自幼即有了偏向民主的情感。大概從十二歲起，彌爾的教育可說更上層樓，這時教育的目的不在運用思想，而在研究思想本身；主要是學習邏輯三段論及其效用，熟讀亞里斯多德 (Aristotle, 西元前 384-前 322)、經院派與霍布斯 (Hobbes, 1588-1679) 的邏輯學論文，以訓練智能，增進思考力與智力。

同時，彌爾在閱讀狄摩西尼的演說辭時，認識到雅典制度及立法與政治原理。**⑦** 而在閱讀昆體良 (Quintilian, 35-95) 敍述古人對於全人類教育及文化的種種思想之作品時，獲得了很多有價值的觀念。**⑧** 此外，彌爾於此時閱讀柏拉圖幾篇最重要的對話

---

⑤ *Autob*, p. 9.

⑥ *Ibid*., p. 10.

⑦ *Ibid*., p. 14.

⑧ *Idem*.

錄，如《高奇亞》(*Gorgias*)、《普羅塔格拉斯》(*Protagoras*) 與
《理想國》 (*Republic*)，在心靈的培養上，與其父親一樣深受柏
拉圖的影響。⑭

　　在道德方面，彌爾深受其父親的身教與言教影響。在彌爾的
心靈裏面，「蘇格拉底 (Socrates，約爲西元前469-前399) 是一個
理想的道德模範」，這就是因爲其父親的道德教訓大半都是「蘇
格拉底的美德」，而且特別注意公道 (Justice) 與節制 (temper-
ance) 兩種德性。⑮　由於彌爾的父親認爲宗教是道德最大的仇
敵，因此彌爾自幼不曾受過任何宗教信仰的薰陶。然而，彌爾在
幼年時，其父親即教他讀教會史，極力促使彌爾同情宗教革命，
認爲這是追求思想自由而反對僧侶專制偉大而堅定的爭鬥。⑯ 由
此可知，彌爾自幼即被有意教育爲反專制、爭自由的鬥士。

　　十三歲時，彌爾又在其父親的教導下，研習亞當史密斯和李
加圖的經濟學說，奠定了其政治經濟學的基礎。如此，彌爾在
少年時期之始即被極力灌輸高等教育的知識，而以知識爲精神食
糧，在心智上比一般人要早熟得多。

　　除了接受父親的教育外，彌爾在幼年時亦常接觸邊沁。尤其
是在邊沁的協助下，彌爾從旅遊與舒適的居住環境中，獲得身心
的陶冶而有助於養成高尚的情操。⑰ 1820 年，彌爾在教育上又得
到一良好的際遇；他被送到法國，住在邊沁弟弟的家中。其後一
年，彌爾聽取化學、動物學與邏輯等科學講座，並學習數學與法

---

⑭　*Idem.*

⑮　*Ibid.*, pp. 29–30.

⑯　*Ibid.*, p. 27.

⑰　*Ibid.*, p. 35.

國文學，而且還隨時注意法國的風俗習慣。然而，在法一年，對彌爾之教育最有裨益的是，「吸收到歐洲大陸生活中一種自由與和藹的空氣」。[53] 彌爾認爲：「在法國，……只要彼此沒有確實反對的理由，每個人都以友好的感情相對待。英國人就不是這樣，只有上等階級或中上階級中教養最好的人才能談到這一點。」[54]

在法國生活期間，彌爾曾至沙伊先生 (M. Say, 1767-1832) 家中小住，而對這位法蘭西共和黨黨員，頗有好感，並且得以會見聖西門，不過當時的聖西門還不是一種哲學或宗教的創立者。因此，彌爾遊歷法國所得的主要結果，不在於汲取學問，而是從此對歐洲大陸的自由主義一直有着強烈興趣。這種自由主義使得彌爾增廣見聞，而不專以英國的標準來判斷一般問題。[55]

遊法後一、二年，彌爾閱讀了有關法國革命史的著作。此後民主與法國革命的觀念，佔據了彌爾的全部感情，並與他的抱負結合起來，使彌爾渴望做個爲民主主義奮鬥的鬥士，認爲最大的光榮，就是不問成敗，在英國的議會 (an English Convention) 中，扮演法國大革命時的吉隆地派 (Girondist) 角色。[56]

1821 年到 22 年的冬季，彌爾在父親的安排下，從奧斯丁 (Mr. John Austin, 1790-1859) 學習羅馬法。在開始研究奧斯丁所開列的法律書籍時，彌爾的父親交給彌爾一本杜蒙 (Dumont) 編譯，邊沁所著的《立法論》 (*Traité de Législation*)。讀這本

---

[53] *Ibid.,* p. 37.

[54] *Ibid.,* p. 38.

[55] *Ibid.,* p. 39.

[56] *Ibid.,* p. 40. 吉隆地派是法國大革命時期溫和的共和份子所組成的黨派。

書是彌爾生命史上的一個新紀元，也是他思想轉變的一個重要階段。**⑤** 此後，彌爾即以宣揚邊沁主義（Benthamism）為職志，並且常讀邊沁其他重要的作品。

另一方面，彌爾在父親指導下，亦已開始閱讀分析心理學方面的著作，特別是對哈德烈（Hartley, 1705-1757）以「聯想律」（Law of Association）解釋複雜的精神現象，不僅贊同而且印象深刻。在 1822 年中，對彌爾的影響僅次於《立法論》的，有一本名為《自然宗教影響人類今世幸福之分析》（*Analysis of the Influence of Natural Religion on the Temporal Happiness of Mankind*）的書籍。這本書主要是基於道德理由，反對自然宗教的信仰。

1822 年夏季，彌爾第一次寫成一篇辯論文，攻擊貴族成見，也就是攻擊富者在品格上高於貧者的說法。**⑤** 由此可見，彌爾在少年時期即好打不平，為反對貴族與富人的統治而發言立論。此後，彌爾在智能的修養上，寫作比閱讀多些。

1824 年，邊沁創辦《西敏寺評論》（*Westminster Review*），年輕而思想早熟的彌爾成為最常撰文的作者。對於人生，他充滿了雄心和希望，不但專心致力於研究思想，想模仿十八世紀的法蘭西哲學派成立一個學派，而且想「做一個全世界的改革者」**⑤**。

從 1806 至 1820 年，彌爾可謂主要在接受功利主義傳人的教育，沒有玩伴，沒有嬉戲，陪伴他的只是父親和書籍，因此智慧

---

⑤ *Ibid.*, p. 41.

⑤ *Ibid.*, p. 45.

⑤ *Ibid.*, p. 80.

開發的早，知識接受得比別人多。1821 年後，彌爾皈依功利主義，以「功利原則」做爲信仰的礎石，而 1822 年後卽開始站在功利主義的立場撰稿發表。

由於熱情洋溢，彌爾開始雄心萬丈地要改革人類事務，以順應功利主義規範。受到父親與邊沁的激發，彌爾把理性主義改革運動的火炬，帶進英國人生活的每一方面。在奉獻上，他有不亞於馬克思的歷史使命感。他最明顯的工具是報章雜誌；依他的見解，報章雜誌之於現代歐洲，就像政治辯論之於雅典與羅馬。在十七歲時，他就開始拼命地急於寫信與文章，投給報社與期刊，爲當時功利主義者所追求的特殊改革提出辯護，如改革民法與刑法、限制人口、出版自由、廢除殖民地奴隸制度、改革國會，與安撫愛爾蘭人的不滿。他自始主要卽爲實現使命與改變民衆而寫，而非爲謀生而寫。

1822 年至 23 年的多季，彌爾計劃成立一個團體，成員是一些贊成功利主義基本原則的青年。彌爾將這個團體定名爲「功利主義學社」(Utilitarian Society)⑥。這個學社每兩星期集會一次，依照大家同意的前提，選讀論文，討論問題，鼓吹討論自由，而且對當時國會和法院的措施失當，攻擊不遺餘力。但是這個學社社員從未達十人之數，開始時社員只有三人，並且在 1826 年便解散，只有三年半的壽命。對彌爾來說這個經驗是第一次結

---

⑥ 正式使用「功利主義」一詞來稱呼邊沁主義的團體與觀念，是由彌爾於此時開始。但據彌爾指出，他並不是「功利主義」(Utilitarian) 這個名詞的創造者，他說：「我在蓋爾特 (Galt) 的一本小說《敎區年鑑》(*Annuals of the Parish*) 內看見過。書中敍述一個蘇格蘭敎士勸誡他敎區內的人們，不要違棄福音，而要做一個功利主義者 (Utilitarians)。」參閱 *Ibid.*, pp. 49-50.

識了志同道合的年輕朋友，並且成為他們之間思想的領袖。在「功利主義學社」成立期間，彌爾亦經常在開明與自由派的《旅行者晚報》(*The Traveller*)、《早晨紀事報》(*Morning Chronicle*)與《西敏寺評論》發表意見。❻同時，他經常和拜訪他父親的人進行辯論，而在 1825 年，他又先後成立「讀書會」(Reading Society) 和「思辨社」(Speculative Society)，和許多人做專題研究和辯論。

在此期間，彌爾及其父親與哲學激進派「在政治方面，差不多完全相信兩件事情的功效，亦即代議政府與討論的完全自由。」❻但是，彌爾在智育擴充到相當程度以前，在心理的發展上，也有了崇拜英雄的人格與生活的情愫，特別景仰偉大的哲學人物。他在《自傳》中指出：「柏拉圖描寫的蘇格拉底，和幾部近代傳記，尤其是康多塞 (Condorcet, 1743-1794) 的《杜哥傳》(*Life of Turgot*) 給予我一種激勵性的影響，許多為人類造福的人即是因為在普魯塔克（約為西元 46-120 ）的《名人傳》(Plutarch's *Lives*)中感受了同樣的影響而留芳載籍的；康多塞所寫的

---

❻　《旅行者》晚報是當時政治上的自由派最重要的機關報，《早晨紀事報》則在當時對司法方面特有貢獻，後來不僅成為惠格黨的機關報，並且成為功利主義激進派的言論機關；《西敏寺評論》則自始即是功利主義學派的喉舌，由此可見彌爾的立場是屬自由民主，而從他在《西敏寺評論》所發表的最後一篇文章，亦可看出他支持法國的民主革命。在這篇文章中，彌爾比以往花費更多心力為法國革命初期的革命黨員辯護，而駁斥史考特 (Sir Walter Scott) 的《拿破崙傳》(*Life of Napoleon*) 中保守的議論。彌爾甚至進一步想寫一部法國革命史，只是後來將他蒐集的參考書籍交給具有同樣目的的卡萊爾 (Carlyle)，對卡萊爾有莫大的助益。

❻　*Autob*, p. 64.

傳記極可引起最高尙的熱誠……。我所同情的一些思想家的偉大美德使我深深感動。當我需要進入更高尙的情感與思想領域時，我時常求助於他們，正如他人求助於他所愛慕的詩人一樣。」[63] 由此可見，彌爾對知識精英與偉大人物存有一分感情，而與他的民主信念並存於他的思想中。此外，彌爾由於閱讀《杜哥傳》還治好了他的「學派主義」癡病，因爲杜哥（1727-1781）認爲「各種學派都是有害的」，而且常常和一般博學之士完全隔絕。於是，彌爾從此不再稱自己和別人爲功利主義者，也不再用「我們」這代名詞或其他任何集體名詞來表現「學派主義」。[64] 只是彌爾內心眞正的學派思想並未從此消失，而是到了後來才逐漸拋棄。

二、服務東印度公司的經驗

1823 年 5 月， 彌爾的父親在東印度公司爲彌爾找到一個直接在他手下辦事的職位，自此決定了彌爾以後三十五年的職業，對他的民主思想亦有直接間接的影響。彌爾進入東印度公司一開始便被派去起草公文，接受訓練，準備將來擔任公司高級職員。不到幾年，彌爾的表現便有資格做，而且實際上是土邦部（Native State）中主管印度通訊事宜者。1856 年， 彌爾升任至檢查處處長，年薪高達二千鎊。但後來由於他反對由英國皇室與國會直接統治印度，因此在 1858 年東印度公司改組由政府接管後即退休。

---

[63] *Ibid.*, p. 69. 康多塞爲法國思想家。

[64] *Idem.* 杜哥是法國經濟學家與政治家 。 他在法國大革命前二十年時，任法國財政部長，對於財政與社會制度有不少改革。同時，他也是一個百科全書派的學者，在哲學上近似孔德的實證主義，在經濟學上近於重農學派。

彌爾在東印度公司的工作，使他有穩定的收入與閒暇，可以繼續讀書與寫作。但更重要的是，他在東印度公司任職的特殊經驗，可以使他「憑個人的觀察去研究公共事務實行上的必要條件」，「習於見到每種計劃的困難和解決困難的方法」，「觀察到各種希望成功的公共事務的計劃與政策在什麼時候和什麼原因之下發生效果」；並了解到自己「這部分的活動僅僅是一部機器上的轉輪，而機器的整體必須共同運作」，以及深深體會到「驅策人之軀體的困難，妥協的必要，犧牲非必要的以保存必要的藝術」，從而「學習到在不能獲取一切事物時，如何獲取所能獲取的事物中最好的事物。」⑥

同時，由於東印度公司是英國管理其印度殖民地的機構，因此，在東印度公司的服務經驗，難免使殖民行政的觀念深入彌爾的腦海中，進而影響了彌爾民主思想中的訓政或精英統治色彩。

三、精神危機及與泰勒夫人的交往

1826 年的秋季，由於身心長期過分勞累與缺乏情感的滋潤，彌爾的神經變得呆滯不靈，陷入一種精神危機狀態。在精神危機時期，彌爾閱讀華茲華斯（Wordsworth, 1770-1850）的《回憶錄》（*Memories*）詩篇時受到感動，而覺得自己並非木石，仍有情感存在，精神才開始好轉，但仍未痊癒。⑥ 從此，彌爾的意

---

⑥ *Ibid.*, pp. 52-53.

⑥ 彌爾是看到馬夢德爾敍述他父親死亡，家人憂傷的情形，而馬夢德爾童年驟然的感悟，使他和家人都覺得他將來是他們最摯愛的人，將會補償他們曾經失去的一切後，有所感而動了真情。由此可見，彌爾具有關懷別人的深深情感。參閱 *Ibid.*, p. 85.

見、個性與思想模式有了重大的轉變。同時，彌爾亦開始結交具
有不同觀點的人士，如唯心論者史特林(John Sterling)與毛里士
(F. D. Maurice, 1805-1872, 英國基督教社會主義者)，以及英國
浪漫派哲學家柯立芝 (Coleridge, 1772-1834) 的門徒。他閱讀柯
立芝與歌德 (Goethe, 1749-1832) 的詩文，認爲這兩個人是當時
最具有發展性的偉大人物。**⑥** 此外， 他還閱讀孔德 (Comte,
1798-1857, 法國實證主義哲學的創立者) 與聖西門學派的著作。
因此，他開始認淸有必要培養情感、想像力以及領悟力，也深深
體會到個人心靈內在教養的價值與重要性，而不再僅重視外在條
件的安排。**⑥**

　　就在這一個心靈發展的時期，彌爾於 1830 年週見泰勒夫人
(Harriet Taylor)，成了知交；二人並且在交往二十年後，於1851
年結婚。

　　彌爾對於泰勒夫人推崇備至，而且被認爲是近於言過其實，
但泰勒夫人對彌爾的影響的確很大。泰勒夫人促使彌爾更具人道
主義，更有想像力，而她對社會中不幸的人與勞工階級的同情，
亦使得彌爾更堅持婦女平等與社會福利的主張，乃至傾向於社會
主義。在彌爾的心目中，泰勒夫人的才智與能力不亞於一個傑出
的男人，因此更使得彌爾原有的男女平等觀念，有了一個活生生
的論據，甚至爲泰勒夫人撰寫了一篇主張婦女應有參政權的論文
("Essay on the Enfranchisement of Women")，並且受她的啓

---

⑥ R. S. Dower, *op. cit.*, p. 120.

⑥ Dr. R. Metz, *A Hundred Years of British Philosophy*, translated
　　by J. W. Harvey, T. E. Jessop, Henry Sturt, ed. by J. H.
　　Maishead (New York: The Macmillan Company, 1950), p. 64.

發，後來又寫成《婦女的屈從》(*The Subjection of Women*) 一書。而在1858年賀麗葉泰勒死後，彌爾仍不能忘懷於與她共同思考與討論的心智結晶，因此陸續將之整理出版。1859年出版的《自由論》(*On Liberty*) 即爲彌爾與其妻切磋琢磨後的作品。

然而，彌爾在與泰勒夫人交往期間，雖然得到泰勒先生的諒解，但是得不到家人以及友人的諒解，因此，彌爾對維多利亞時期中產階級嚴苛道德律的壓力感受深刻，而且爲之憤恨不平，因此對「社會專制」(social tyranny) 深惡痛絕，對「個人自由」的爭取則不遺餘力。

四、法國革命的影響

在彌爾的生活中，1830年結識泰勒夫人是一個轉捩點，從此感受到個人情感與幸福的落實，也更能發揮爲人類謀改進的想法與作法。1830年法國七月革命，正迎合彌爾的心意，立刻激起他高度的熱誠，並且好像使他換了一種新的生活。彌爾得到消息馬上奔赴巴黎，被介紹到拉法葉 (Lafayette, 1757-1834， 法國自由派的領袖) 那裏，並且爲此後與法國最得民心的黨派的幾位領袖來往奠定了基礎。同時，彌爾在巴黎時與年輕的革命分子及聖西門信徒自由地相處在一起，分享其法國朋友反抗貴族政治與敎皇專制權力之革命勝利的興奮與歡樂，而以更新的改革熱誠囘到英國。然而，1830年的七月革命並未使法國走向民主政治或改革路線，這使彌爾感到沮喪與失望，不過他仍自倫敦密切與焦急地注意法國革命以後的發展。由此可見，彌爾不僅關心英國的民主化，也關心法國乃至歐洲的民主化。

當彌爾對法國1830年革命的幻夢覺醒後，在整個1830年代

乃至後來的政治思想中留下了痕跡。雖然他未失去自由主義的信念或對代議政府的信仰，但他開始懷疑衆多的選民如果沒有開明少數的領導，能否做成合理的決定。

再者，1848 年法國的二月革命就像先前 1830 年的革命事件一樣，對彌爾也有相當大的影響。在法蘭西共和國於 1848 年 2 月宣佈成立不到一個禮拜時，彌爾就興奮地寫信給夏普曼 (Henry S. Chapman) 說：「……很可能再沒有比這事情對世界更爲重要的事情，或比其成功所關係的巨大利益更爲重大的事情。」⑥⑨

1848 年的法國革命使得彌爾印象最爲深刻的是，社會主義者有力地提出政府在經濟與社會生活中的角色問題，尤其是消除經濟不平等，以免助長激烈的鬥爭與破壞國家的穩定與安全。他深信：在英國與法國，私產都受到嚴重的威脅，因此有必要找尋補救旣存弊病的方法。彌爾在這方面的改革觀念，是表現於他連續幾版的《政治經濟學原理》一書，最明顯的是在 1852 年該書的第三版。雖然彌爾拒斥社會主義者的某些論點，但他日愈同情社會主義。1848 年 11 月，他寫信給一位美國通訊員約翰傑 (John Jay) 說：「……我反對社會主義者爲消除私產所提出的那些計劃，但是我同意他們的許多其他論點，而我對他們除了尊敬之外，別無他意，…… 我認爲他們是現在的人類狀態中最偉大的改革者。」⑦⓪

羅賓士爵士 (Lord Robbins, b. 1898) 認爲：彌爾的思想有一部分是同情社會主義，另一部分是批判社會主義。他論稱：彌爾「對於社會基礎的意見搖擺不定，儘管他信仰進步，但他恐懼

⑥⑨ *EL, CW*, XIII, p. 731.

⑦⓪ *EL, CW*, XIII, pp. 740–741.

未來；他對於他是否知道吾人要往何處去，未具信心，甚至於對他是否知道他要吾人往何處去，亦未具信心。」❼ 無論羅賓士爵士對彌爾的批評是否正確，彌爾對社會主義問題的思考的確是游移不定。1849 年，彌爾曾寫說：「社會主義是現代的抗議形式，這是任何時代反對社會利益分配不當的思想活動，多少會提出的抗議形式。」❼ 他一直認為社會主義是可貴的抗議運動，但是他懷疑社會情況是否已適於以社會主義來取代私產制度，而且為人所接受。彌爾認為在實行社會主義之前，道德與教育必須有相當大的進步。1852 年，他向一位德國教授抱怨說：「勞工階級並未準備妥當，而他們目前的道德水準，極不適合社會主義授予他們的權利與職責。」❼ 由此可見，法國 1848 年的革命，使彌爾對社會主義印象深刻，但他認為社會主義或許是一理想的鵠的，但絕不是立即可實現的目標。而彌爾即一方面同情勞工，另一方面又不信任勞工，認為只有在勞工受過良好教育後，社會主義與民主政治才能實行成功。

五、參與哲學激進派的活動

當 1830 年從巴黎回國後，彌爾為《檢查者》(*The Examiner*) 所寫的許多信，使他認識了很多年輕的自由主義者，也激起了他活躍的心情，寫了不少有關時代精神的文章，在翌年繼續登載在

---

❼ Lionel Robbins, *The Theory of Economic Policy in English Classical Political Economy* (London: Macmillan, 1952), p. 143.

❼ Cited from A. Brady, "Introduction", *CW*, XVIII, p. lx.

❼ *LL*, *CW*, XIX, p. 85.

《檢查者》雜誌中。在其後兩年中，彌爾也有很多文章登在《泰德雜誌》(*Tait's Magazine*)、《法學家》(*The Jurist*) 和《每月知識》(*Monthly Repository*)中。彌爾自稱，他自 1832 至 1834 年的著作可裝成一大冊。在政治上，他是與其父親及功利主義激進派中的其他人結合在一起，稱為「哲學激進派」(Philosophical Radicals)。他們繼承激進派的觀念與活動，在 1832 年英國國會第一次改革中，形成一小黨派，彌爾當時是他們在新聞雜誌中的代言人。此團體在 1832 年的國會中發揮了超越其人數比例的影響力；他們是信仰堅定的功利主義者，以普遍的快樂——最大多數人的最大快樂——為立法的真正目的，強烈信仰自由與個人主義，而完全訴諸理性。他們激起了惠格黨去進行除弊與廢除不必要的限制。他們開啓了選舉改革 (1832)，國家的首度補助教育 (1833)、新濟貧法 (1834) 與市自治法 (The Municipal Corporations Act, 1835)。他們與福音派 (Evangelicals) 合作於 1833 年廢除奴隸制，因為他們愛好自由，但他們反對 1833 年的「工廠法」(Factory Act)，因為他們信仰放任原則。然而，1834 年的新濟貧法，雖受他們的原則所激發，但不受勞工階級歡迎。哲學激進派由於太學術與理論化，在英國是沒有後援的倫敦知識分子團體，因此後來加上在國會缺乏領導人，瓦解而不能成為一個政黨，但他們深深影響了民意，激發了自由黨，並使得立法有利於自由與放任達五十年。**⑦④**

1835 年，彌爾成為新辦的《倫敦評論》(*London Review*) 的主編。該刊第二年和《西敏寺評論》合併，改稱為《倫敦和西敏

---

⑦④ R. S. Dower, *op. cit.*, pp. 123–124.

寺評論》，還是由他主編。1836 年，彌爾父親死後，哲學激進派言論機關的領導權即落於彌爾手中。彌爾原想使哲學激進主義不致陷入邊沁主義學派的窠臼，「希望給予激進主義的思想一種更廣大的基礎和一種更自由更懇切的特質，希望表示這裏有一種激進主義的哲學，比邊沁的哲學更加優美，更加完備，同時又承認而且容納邊沁哲學中一切具有永久價值的思想」；而且還想「激起國會內外受過教育的激進派人士，組成一個能掌理全國政治，或至少能與惠格黨共同指揮國事強而有力的政黨。」⑮ 但是，這些想法與希望都落空，彌爾於 1840 年脫離《倫敦與西敏寺評論》。此一脫離對彌爾來說，具有重大意義，因爲這象徵着彌爾年輕時直接依附黨派政治的結束。⑯

六、思想的成熟及國會經驗

從 1840 年至其妻過世，彌爾主要是在撰寫其主要的著作，如《邏輯體系》（*The System of Logic*）與《政治經濟學原理》（*Principles of Political Economy*）等，終而成爲英國十九世紀中葉最偉大最著名的思想家。不過，在此時期，彌爾雖對一切事情開始有了獨立見解，但仍不免受泰勒夫人等人影響，思想逐漸傾向社會主義，而民主主義的傾向則遠不如以前，他在《自傳》中指出：「因爲教育旣長此不臻完善之境，我們害怕羣衆的愚昧無知，尤其害怕羣衆的自私和凶暴；但我們最後改良的理想是遠超

---

⑮ *Autob*, p. 128. 彌爾在論〈邊沁〉（"Bentham"）與〈柯立芝〉（"Coleridge"）兩篇文章中，分別評論邊沁與柯立芝所代表的哲學的優缺點，目的卽在於給英國激進主義灌輸一種新的綜合精神。

⑯ J. M. Robson, "Textual Introduction, "*CW*, XVIII, p. lxxvii.

過民主政治，並且將來確實會把我們列入通常所說的社會主義者的行伍裏。」**⑰** 同時，彌爾亦指出他思想的變遷，具體來說是：「……一方面爲人類的前途着想，是比較更接近於一種有限度的社會主義，另一方面，……政治觀念是從民主黨人普通所了解的純粹民主政治轉移到修正形式的民主政治，也就是在《論代議政府》──1861 年出版──一書中所提出的政府形式。」**⑱**

1861 年美國爆發南北戰爭，彌爾不但注意這個戰爭，而且支持北方，一再說明問題的癥結與解決之道是要廢止奴隸制度。1865年，彌爾應邀代表西敏寺區出馬競選國會議員，他堅持依照自己所提的條件──不籌款，不從事競選活動，當選後不過問選區的地方性事務，主張婦女應有參政權──參加競選，而且在幾經勸說之後，他才向一次選民的集會講話，雖然彌爾曾經指出英國勞工階級大概都是說謊的人，但却仍獲得支持而當選。在下議院任職三年中，適逢通過 1867 年選舉改革法案的期間，在辯論此一法案時，彌爾曾一再提倡兩個主要政見──婦女投票權與個人代表制(Personal Representation，或稱比例代表制 Proportional Representation) ──雖然未獲同意，但也引起了社會各界的注意，尤其是婦女選舉權的提議更獲得熱烈的響應。此外，他曾發言贊成愛爾蘭的土地佃租改革，防止選舉賄賂，反對引渡政治犯，爲牙買加黑奴主持正義控告英國官員的濫權迫害等，充分顯示出彌爾不但注意政治理論，並且還注意付諸實施，而他維護民主與人權的言行，在國會任職的經驗中也留下了光榮的紀錄。

雖然彌爾不善演說，而且在國會中的建言與提議，多未獲採

---

⑰ *Autob*, p. 138.

⑱ *Ibid.*, p. 115.

行，可是他使國會對其高尚與獨立的個性留下深刻的印象。葛拉斯頓稱他是「理性主義的聖人」，狄斯累利則稱他是「婦女政治進修學校的教師」（"political finishing governess"）。❼⑨ 1868年，他再度參加競選，但可能由於他的曲高和寡而告落選。然而，他對勞工階級中具有民主思想而且堅持自己信念力排輿論壓力的候選人，差不多都送有捐款，因爲他認爲這種人是當時國會所需要的人物。由此可見彌爾相當重視候選人的獨立性。

1873 年 5 月 7 日，彌爾逝世於法國的亞威農 (Avignon)。其晚年仍盡力參與政治與社會改革工作。1867 年，彌爾還和幾位婦女組織了第一個婦女參政社，這個組織後來發展成爲一個全國性的婦女參政團體。而在 1869 年，他又出版了《婦女的屈從》一書，從學理上主張男女平等，爲婦女打抱不平。觀其一生，受到前述種種生活經驗的影響，始終是站在民主的立場，追求自由、平等，反對任何專制，只是早期着重於反對少數專制（貴族政治），晚期着重於防範民主政治可能的弊害——多數專制。這也可從彌爾的民主思想淵源，獲得進一步的印證。

第三節　思想淵源

就彌爾的政治思想而言，其形成與發展至少可劃分爲三個時期。1806 年至 1826 年的彌爾，可謂是一個年輕激進的功利主義者，受其父親與邊沁的影響最大。1826 年至 1830 年的精神危機時期乃至整個 1830 年代，彌爾在許多不同淵源的思想與感情的影響下重新思考，因此可謂其思想的轉型期。1840 年以後是彌爾

❼⑨ R. S. Dower, *op. cit.*, p. 125.

思想的成熟期，其重要著作即在此時期紛紛出版，而大放異采。惟彌爾成熟期的思想並非不受前兩個時期之影響，反之，其較早兩個時期的思想是深深影響第三個時期思想的立場與性質。⑧純就民主思想的形成與發展而言，大致上亦可劃分爲上述的三個時期，但是在民主的思想淵源上，彌爾可說是在前兩個時期，吸收了不同的思想觀念，而在 1840 年代以後開始定型。1830 年代則是彌爾民主思想轉變的一個關鍵時期。

其次，彌爾自幼博覽羣書，廣泛接觸各類知識，其思想之形成實受到廣泛的影響，不僅邊沁與詹姆斯彌爾影響了彌爾，柯立芝、聖西門、孔德與托克維勒等人也都影響了彌爾的思想。因此，吾人對於彌爾民主思想的淵源，亦只能就前期（1826 年以前）與後期（1826 年以後至 30 年代）其所明確受到的影響，來加以論述。

一、前期的思想淵源（1826 年以前）

彌爾生活於「意見變遷的時代」——狹義言之，亦卽十九世紀對十八世紀理性主義的反抗，但是以較大的觀點來說，則是由舊時代變遷到現代——其思想的發展卽該變遷的代表。⑧由於彌爾自幼接受詹姆斯彌爾的教導，而詹姆斯彌爾的思想基本上是十八世紀的產物，又贊同邊沁之功利主義，因此彌爾前期思想的基本特點，就是頌揚理性主義與功利主義。

彌爾繼承詹姆斯彌爾與邊沁的觀念，而且給予這些觀念最後的表白——完成一個時代而開啓另一時代的表白。當兒童時期，

---

⑧ Alexander Brady, "Introduction", *CW*, XVIII, p. ix.

⑧ J. Stillinger, "Introduction", *Autob*, p. viii.

他是浸淫於十八世紀的觀念，青年時期，他熱切地吸收十九世紀的觀念，但他從未完全打破他所繼承的信仰。❷而他所繼承的功利主義，本質上是一種自由主義，在政治上是反對君主與貴族專制，而支持民主政治。因此，彌爾自幼即是個民主主義者。

彌爾自認其父親所著的《印度史》（1818年出版）對他而言，是「在思想構成意見的過程中，最有幫助的一部書」。❸彌爾從這本書得到許多新觀念，而書中對於印度的社會、文明，及英國的政治制度、法令等的評論所給予他的刺激與指點，對於他日後的進步大有裨益。在《印度史》中，詹姆斯彌爾的意見和議論充滿着當時被認爲是極端派民主的激進主義色彩，嚴苛地攻擊英國憲法、法律及國內具有權勢的黨派與階級。同時，詹姆斯彌爾也發揮了許多正確的印度行政原理，極力主張印度的改革和教導印度官吏明瞭他們的職務。這些觀念顯然都給予彌爾深刻的印象，因此彌爾才有了先進的英國應民主化，而落後的印度應先加開導的觀念。

此外，彌爾與其父親以及當時其他的激進分子皆視出版自由爲動員民意，以擊潰反改革力量，以及促使人民迫使貴族政府做實質讓步的主要工具。他當然受到其父親著名的論文〈出版自由〉（1821年初版，爲《大英百科全書》的補充條文）的啓發。他接受其父親不妥協的信仰，認爲不應有任何特殊法律阻礙新聞刊登事實，與提倡保護人民不受政府專制壓迫的意見。

在信仰理智與教育的作用方面，彌爾亦深受其父親影響。彌爾的父親完全信仰理智對人類的影響，「他認爲假使全國人民都

❷ R. S. Dower, *op. cit.*, p. 114.

❸ *Autob*, p. 16.

受教育，假使能夠將各種意見用語言或文字向人民宣佈，又假如人民能夠利用選舉權來產生一個立法機關，使他們所採取的意見得以實現，那麼種種事情都可以辦到。……當立法機關不復代表某一階級的利益時，就會以公正賢明的態度替大家謀幸福；因為人民在教育的指導下足以共同選擇優秀的人物做他們的代表，此後就聽從代表便宜行事。所以貴族政治這種寡頭政治的化身……是他極力反對的政體。民主選舉權是他主要的政治信條；這種選舉權並不根據自由、人權，或是向來用以保護民主政治的任何口號，而是『確保良好政府』(securities for good government) 的最基本要素。」[84] 因此，彌爾認為其父親的學理中，最重要的莫過於「以教育繼續無限地改進人類的道德和智能」。[85]

在反對貴族政治上，彌爾的父親更表現出一個激進主義者的本色；在一篇攻擊惠格黨的言論機關《愛丁堡評論》(*Edinburgh Review*) 的文章上，彌爾的父親以激進派的眼光分析英國憲法；「他暴露英國憲法完全是貴族性的特質，如數百家族產生下議院的大部分議員，比較自主的州郡議員完全是大地主……。最後，他稱教會與律師為英國憲法的兩大支柱。他指出這種貴族團體的組織有自行分成兩派的趨勢，一派掌握政權，一派藉輿論界的幫助，極力排擠前派以取得優越的地位，但對於貴族主政根本不致有絲毫的損害。」[86] 在彌爾父親的眼中，惠格黨亦不過是個想佔有政治地位而向民眾獻慇懃的貴族黨派。因此，彌爾對其父親反對貴族政治乃至駁斥惠格黨，十分折服。

---

[84] *Ibid.*, pp. 64–65.

[85] *Ibid.*, p. 66.

[86] *Ibid.*, p. 57.

　　彌爾接觸邊沁思想，除了透過其父親教導外，主要是閱讀邊沁的主要著作而得到啓發。當他讀過杜蒙編譯的邊沁《立法論》後，他說：「我已變成另外一個人。在這本書裏面，邊沁所了解和應用的『功利原則』（Principle of utility）實實在在就是一種力量，它聯合我散漫龐雜的知識和信仰。這原則使我對一切事務得到一貫的概念。現在，我……具有一種信條、一種主義、一種哲學，以最貼切的字義來說是一種宗教；此一原則的教誨與傳播可作爲生活主要的外在目的。」⑧⑦ 而且當彌爾看到邊沁遵循功利主義的道德原理，以科學分類法應用到犯罪行爲那麼龐大而且複雜的問題時，他「覺得好像站在高山似的，在那裏可以俯瞰廣大的心靈領域，並望見那無量的智能之海伸張到極遙遠的地方，再進一步看，覺得除智能的確切外，似乎還有切實改善人生事業的希望。」⑧⑧ 由此可見，邊沁的功利主義給年輕的彌爾莫大的激勵，使他有了一種改善人類社會的心志。

　　1824 年末或 1825 年初，彌爾幫助邊沁編輯《司法證據論》（*Rationale of Judicial Evidence*），對彌爾亦有相當大的影響。彌爾認爲《司法證據論》是邊沁所有著作中內容最豐富的一部書；這本書最主要的論點雖然是證據學理，但把邊沁所有精采的思想發揮得淋漓盡致，尤其對當時英國法律的弊端與缺點有極詳細的敍述，對西敏寺法院（Westminster Hall）的全部手續和程序，亦有所論述。所以彌爾從這部書直接得來的法律學識，不是小小的收穫，而是深深刻在彌爾的心靈裏，使彌爾後來對政治改革，都能如法泡製的提出具體建議。

⑧⑦　*Ibid.,* p. 42.
⑧⑧　*Ibid.,* p. 41.

二、後期的思想淵源（1826 年以後）

1826 年，彌爾進入精神危機的陰影。在《自傳》中，他怪罪錯誤的教育培養了其才智，但枯竭了他的情感與對美的渴望。他開始對他父親圈中極為枯燥的唯智論 (the high and dry intellectualism) 感到不滿，並且開始秘密反叛其父親與邊沁哲學中的某些成分，而感到被迫獨自去修正與調和其所繼承與吸收的思想。

彌爾的精神危機象徵其思想發展的里程碑，他覺悟到他被灌輸的十八世紀功利主義思想的缺點，而從其他不同的來源，包括一羣新朋友與新的良師，尋求指引以修正以前的思想。1826 年後的十四年中，彌爾由一正統的功利主義者轉變為折衷的自由主義者，他絕無意廢棄他所繼承的思想，而只是加以修正與結合許多新觀念與思考方法；這些都是在變動不居的世界中所需要的，而在這樣的世界中，真理就像他所見到的，必定是多面性的。他漸漸得知快樂不是直接追求可得，而是要在追求其他目的時獲得，並且得知不斷培養情感的重要性。

1828 年秋季，彌爾開始讀華玆華斯的詩，而華玆華斯的詩也成為彌爾心境的一帖良藥與彌爾父親哲學的矯正法。因為華玆華斯的詩大部分是描述自然美，而且具有情感，這使彌爾感到真實與永久的快樂的存在，使得彌爾不但不迴避人類的共同情感與共同命運，並且更加關懷。[89] 彌爾在華玆華斯的詩中，發現了自然與詩的融合，這使他認為思想與情感亦可融合，而且可能產生包含兩者的「文化」或「哲學」。事實上，華玆華斯的詩也描繪出最快樂與最優美的個性最重要的特點，並且揭示了道德與精神哲

[89] *Ibid.*, p. 89.

學中最深邃的眞理。彌爾認爲華玆華斯與拜倫（Byron，1788-
1824）等浪漫派詩人都有一共同的目標，亦卽經由個人的內在敎
養來改善社會，這使得培養情感變成彌爾倫理與哲學信條的要
旨。❾⓪

同時，華玆華斯也開啓了彌爾接觸孔德、卡萊爾（Carlyle,
1795-1881，英國的歷史家）與柯立芝之門。孔德使彌爾有了社
會制度必然發展的觀念，與了解到社會制度在歷史上的相對性，
因此指責哲學激進派想要依預先想好的計劃來改造社會的努力是
無用的；卡萊爾無形中破壞了功利主義對於機械式進步與自由放
任主義的信仰，而柯立芝敎導彌爾尊重歷史和傳統，因爲在一
個有機體的社會中，宗敎與權威至少是和理性與自由一樣是必要
的。❾①

1829年，馬高樂（Macaulay）在《愛丁堡評論》嚴苛批評詹
姆斯彌爾〈論政府〉（"Essay on Government"）的文章，也使彌
爾相信，雖然馬高樂本身在哲學上有錯誤，但是對於其父親政治
思想的狹隘與忽略現代人行爲的重大動力，提出了確切的反對論
點。❾② 他不能不同意馬高樂的主要論點：自利不同於社會利益，
好政府未必依賴被治者與統治者間利益的相同；無論如何，此種
相同，並不單是選舉措施的問題。代議民主的觀念是哲學激進派
的基本信條，但彌爾不再認爲是不可侵犯的；它變成是「一個

---

❾⓪ J. Stillinger, *op. cit.* p. viii. and p. xvi.

❾① J. S. Mill, *Essays on Politics and Culture*, ed. and with an
introduction by Gertrude Himmelfarb (Garden City, New
York: Doubleday & Co., 1963), p. xi.

❾② 參閱 *Logic*, *CW*, VII, pp. liv-lv.

時、地與環境的問題」。一般言之，政治的確變成附屬於文化，是道德與教育的事務，而非物質利益的事務。到了 1831 年，彌爾已脫離他舊的立場很遠，以致他宣稱感覺較接近於托利黨，而較不接近激進派。彌爾認爲他與華兹華斯或與任何其他一位哲學保守派人士的不同，只是事實或細節上的不同，但他與激進派及邊沁主義者的不同是原則的不同。⑨

　　在1830年代初期給予彌爾思想刺激的思想家，與彌爾的父親及邊沁大不相同；這些思想家是聖西門主義者、孔德、柯立芝、卡萊爾與托克維勒。彌爾認識到這些思想家事實上是強調歷史的意義與歷史哲學，從而贊成一個觀念，亦即每一社會狀態與人類心態有造成後繼狀態的傾向，但會受環境影響而有所修正。同時，事物與觀念的轉變，也使他感受到政治制度的相對性——人類社會在各個不同的階段，必定有着不同的制度。在這些影響的衝擊下，彌爾只有致力於調和不同的影響，與從各個影響中選擇某些具有重大意義的成分。彌爾在 1831 年 10 月寫給史特林的信中，令人讚嘆地描述了此一過程。⑨ 在此信中，他論及當時的保守主義與自由主義，並且將保守主義劃分成思辨與實踐兩種相對

----

⑨　J. S. Mill, *Essays on Politics and Culture*, p. xi. 彌爾在精神危機時，受到浪漫派詩人與哲學家的影響，思想有了轉變，而開始重視內在情感的培養，社會制度在歷史上的相對性，尊重歷史和傳統，認爲宗教與權威是和理性與自由一樣重要，而傾向於思辨的保守主義，相信一般人民應受具較高才智與德行者的指導，因此不再是個激進的功利主義者或民主主義者，而是漸進主義的改革者。因此，彌爾宣稱他較接近於思辨性的保守主義者，而與邊沁主義者有原則上的不同。

⑨　*EL, CW*, XII, pp. 74-88.

立的型態。他說到：「實踐性保守主義 (Practical Toryism) 由於重視『內部問題』，只是意味着利用生活上無慮的地位做爲工具，而不在乎窮人正在『外』受凍……，這樣的保守主義本質上是不能與慷慨激昂的大志並存。」❾ 但是這就是他那時代訴諸特權階級的保守主義，因爲此一階級對人類的改善，沒有什麼信心，這與他思辨性的保守主義朋友——華玆華斯與柯立芝等——不一樣。這些朋友要求理想的保守主義，理想的國王、貴族與平民院，認爲舊英國是與新英國對立，要求英國成爲有所成就的英國，而不是像現狀一樣的英國。他們表現出對理想政府的崇敬，認爲對被治者好的政府，是使被治者的身心受較高才智與德行的指導，而不是要使每個人成爲其自己的指導與主宰。❾

這些感想好像不是出自十九世紀英國自由主義著名的發言人之口，但是當時彌爾正在竭力衡量當時輿情方向的改變，而這些感想正反映出他在此一關鍵時期的思想，同時，也反映了一個歷久不變的基本觀念，亦即他懷疑一般人有能力協助解決複雜的公民問題。事實上，彌爾的思想在精神危機過後，特點是情感與想像力的顯現，因而對人有了較實際的了解，並且同情人。此後，教導世人「可能」成爲什麼的觀念，變成他一生工作的重要動機。同時，思想的改變，也使彌爾補充與擴充他原有的思想視野。

在閱讀柯立芝、歌德與卡萊爾的著作後，彌爾認識到：「眞正的政治哲學系統是遠較他以前所設想的更加複雜，而且是多方面的；它的職司不是供給一些典型的制度，而是供給種種的原

❾ A. Brady, "Introduction", *CW*, XVIII, pp. xii-xiii.

❾ *EL, CW*, XII, p. 84.

理，從這些原理可以演繹出適應環境的制度。」❽ 而歐洲大陸思想的影響，尤其是十九世紀對十八世紀理性主義的反動的影響，正是透過柯立芝等人流注於彌爾的思想中。從這些思想來源，彌爾得到了人類心靈進步與政治制度相對性的新觀念。

再者，使彌爾感受到歐洲新的政治思想最有力的作家就是法國聖西門學派。聖西門學派特別使彌爾注意到，歷史可分成「有機時期」(organic periods) 與「批判時期」(critical periods)。「當有機時期，人類深信一種堅定的信條，此信條裁判他們的一切行動，並且多少含有適應人類需要的眞理。在這種影響下，他們使一切進步與信條並存，終而超越該信條，接着來了一個批判和否定的時期，此時人類失去了他們從前的信念，而尙未得到任何具有普遍性或權威性的新信念，所有的只是舊的假信念而已。」❾

自稱爲聖西門之學生的孔德，將人類知識的進展分成三個自然連續時期：神學時期、玄學時期與實證時期；並且認爲社會科學也受同樣定律的支配，封建制度與天主教制度是社會科學處於神學時期的最後階段，新教主義是玄學時期的開始，法國革命的學說則是玄學時期的終局，至於實證時期則尙未來到。❾

由於聖西門學派與孔德的影響，在彌爾的思想中，英國的經驗主義與法國的實證主義合流，並使彌爾確定了進步的觀念，而在論述〈時代精神〉 ("The Spirit of the Age") 的一系列文章中，將社會分成「自然社會」(natural society) 與「變遷社會」

❽ *Autob*, p. 97.
❾ *Ibid.*, pp. 98-99.
❾ *Ibid.*, p. 99.

(transitional society)，　而歷史就是這兩種社會的遞嬗演進。⑩
同時，彌爾也因此企望着未來的一個時期，是會把批判時期與有
機時期的優點聯在一起的自然社會的出現。此外，彌爾後來又受
到聖西門學派社會主義、泰勒夫人、歐文與布蘭的影響，日愈同
情勞工階級，而遠離其原來的個人主義與放任自由主義，並使他
的功利主義側重公益或社會全體的利益。但是他從未提到馬克思
學說，也可能不會贊成馬克思的共產主義。他所贊同的社會主義
是一種經由自願的合作，加上國家干涉的行動，博愛的精神與道
德教育，以及節制人口來實現改善全民生活的最高理想。⑩

　　孔德的尊重專家與哲學家觀念，則使彌爾更確立了專家政治
與尊重知識精英的想法。彌爾指出：孔德認為人羣甚至包括他們
各種實際生活方面的管理者，對於政治社會等問題的意見，要像
他們對於自然科學家的意見一樣，必須取之於一般比他們更費苦
心研究這些問題的專家。孔德的這個意見，彌爾完全贊同，而
且彌爾也十分佩服孔德對近代歐洲歷史的見解。孔德認為：近代
的歐洲諸國已經在歷史上從中世紀的政教分離與宗教權力確立方
面，得到種種利益，同時從前僧侶在道德上和知識上所把持的最
高權力，終必流入一般哲學家的掌握中。⑫這可能使得彌爾更加
堅信民主政治終須由知識精英掌舵。

　　就彌爾後期的民主思想淵源與演變而言，影響彌爾最大，也
是最後一位影響彌爾思想改變的是法國的思想家托克維勒。在《
自傳》中，彌爾論稱他的政治理想由純粹民主轉移至《論代議政

---

⑩　J. S. Mill, *Essays on Politics and Culture*, pp. xi-xii.

⑪　R. S. Dower, *op. cit.*, pp. 127-128.

⑫　*Autob*, pp. 126-127.

府》中所提出的修正形式，主要是開始於閱讀托克維勒所著的《美國的民主》(*Democracy in America*) 一書。彌爾認為：「在這本名著裏，民主政治的優點發揮盡致，……另一方面民主政治（被認為是由數量上的多數管理的政府）的危險，也同樣地敍述無遺，而且加以巧妙的分析，作者並不是以此作為理由來反對他所認為人類進步上一種不可避免的結果，而是指出民主政治的弱點，民主政治所需要的種種保障，以及這種政治所應有的種種改良措施，使它的優點充分實現，而弊端完全消除。」⑩ 事實上，比較彌爾對《美國的民主》一書的兩篇評論與《論代議政府》一書的論點，也可看出彌爾深受托克維勒評論民主政治的影響，尤其是托克維勒所提出的多數專制觀念，引發了彌爾對社會專制的恐懼與防範。

在中央集權與地方自治的問題上，彌爾也因研究托克維勒的著作而獲得啓發。原來，托克維勒對美國和法國的經驗所應用的哲理分析，使他認為人民可以不受政府的干涉、監督與指導，自行穩當地處理團體事務。在托克維勒看來，「各個公民從事這樣實際的政治活動，不但是一種訓練人民的社會情感及實用知識最有效的方法（這是對人民極其重要，對好政府也不可少的），而且可以消除民主政治特有的弊端，杜絕此種政治流入專制政治的唯一去路……。」⑩ 但是，彌爾認為英國的問題不在中央過分集權，而是在於假借地方自治之名，實行營私舞弊的寡頭政治，這種地方寡頭政治並且存在着反中央集權制的無理偏見。由於托克維勒的指引，使得彌爾對於中央集權與地方自治的利弊得失，加

⑩ *Ibid.*, p. 115.
⑩ *Ibid.*, pp. 115–116.

以審慎的考慮，並且試着去劃分中央集權與地方自治的適當界線，以及設法調和這兩種制度的利益。

此外，托克維勒的《美國的民主》一書，也使彌爾深信美國的民主實驗是成功的，而民主政治是必然來臨與終會為人類所接受的。而從美國的民主經驗，彌爾也得知經由廣泛的分配財產，可以實現較大的社會平等。

由於受到前述的各種影響，彌爾在將他早期的功利主義學說與新的思想夥伴的學說結合在一起時，他把政治視為社會結構中無比重要的一部分，因為只有經由政治活動，人才能擴充其道德與社會潛能。國家的機關制度由於和重要的經濟與社會生活面交織在一起，因此只能從整個系統來了解。政治反映經濟與社會系統的特性，以及人們所抱持的倫理價值。因此，文化與政治不可分，政治進步與社會進步相依存。雖然後期的思想淵源使他偏離了其父親與邊沁的功利主義思想，但他仍同意哲學激進派所追求的重大法律與政治改革。在經過 1830 年代的思想調整期後，支配彌爾 1840 年至逝世這段時期民主思想的是兩個相互關連的主題：創造與維持有效表現公民對統治者以他們的名義行事的制度，與在英國迅速進入工業時代時，國家在促使人民享有更好的生活中的適當角色。[105]

顯然，彌爾民主思想的形成與發展，並非三歲定終身的一成不變，亦非抱殘守缺的拘泥於邊沁之功利主義學說。反之，其民主思想是隨時代環境的變遷、個人生活經驗以及不斷的吸收新知而有所修正與改變，而在向他人學習的能力和意願上，彌爾是比他許多同時代的人優越多了。然而，彌爾擁護民主與倡導代議政

[105] A. Brady, "Introduction", *CW*, XVIII, p. xxviii.

府的政治立場是始終不變而堅定如一的。他在《自傳》中卽曾表白：「我的政治哲學前提的改變，並未改變我對於我自己的時代與國家實際的政治信條。我仍如以往一樣，是一個爲歐洲，尤其是爲英國而奮鬥的激進分子與民主主義者，我認爲貴族階級，亦卽貴族與富人，在英國憲法中的優勢，是應該奮力革除的罪惡。」⑩ 由此可見，彌爾對代議民主的信念是根深蒂固，而「其所關切的，卽是將邊沁的理性政府原則，與正在出現之對政治平等的需求結合在一起。」⑩ 其任務亦卽在：教導其同時代者爲民主政治做合理的辯護，並且爲對民主作判斷與如何採取明智的行爲提供合乎邏輯的論證。只是，彌爾受到一些法國思想家與卡萊爾等人影響，對於一般羣衆不能無疑，對於開明的知識分子則推崇備至，遂不能不致力於尋求調和民主政治與開明的領導或精英統治之方法。事實上，就其本人而言，其一生多以知識爲行爲的動力與主宰，且其才智上的自尊也使其不能無視於民衆統治的危險，而了解到民主政治只能在某些條件下孳長，由此進而對其可能的弊端提出警告，終而試圖以民主政府的設計，來減輕民主政治多數專制的危害，與提高民主政府的素質與功能。

⑩ *Autob*, p. 103.

⑩ Andrew Hacker, *Political Theory: Philosophy, Ideology, Science* (New York: The Macmillan Company, 1961), p. 572.

第三章 理論基礎

　　彌爾的基本哲學是經驗主義，其經驗主義的特點是主張：「所有的推論都是從殊相到殊相。」（All inference is from particulars to particulars.）❶ 經驗對彌爾來說，是指對某案例的觀察，以及從屬於此種觀察的實驗，但有時也指涉知覺與感覺的「意識狀態」（states of consciousness）。❷ 他認為人類由經驗知道各種行為的趨勢。因此，彌爾的民主思想除了受時代背景、生活經驗與思想淵源的影響外，也植基於他對人性、社會與歷史的觀察與聯想。

　　由對人性、社會與歷史的觀察與聯想，加上所吸收的思想，彌爾形成了他自己的人性論、功利主義新解、進步論與自由論，從而使其民主思想也有了理論基礎。這些理論基礎也都以人類的經驗為根據。

第一節　人　性　論

　　許多學者都認為欲了解彌爾的政治思想，必先了解其人性

---

❶ R. F. McRae, "Introduction", *Logic, CW*, VII, p. xxviii.

❷ *Ibid.*, pp. xxii–xxiii.

論。❸事實上，彌爾對人性的觀念也影響了他在《論代議政府》等著作中，對實際政治的思考。他自己就曾指出：「法律與制度的哲學，若未以研究國民性的哲學爲基礎，就是荒謬的。」❹由此可見，他認爲社會及政治制度與人性有關。

一、人性科學

彌爾的人性論是以建立「人性科學」（a science of human nature）爲主幹，他認爲支配一切行爲的主因乃是人性，而人性法則皆可發現與證實，因此可有人性科學。但由於影響人的因素衆多，不易觀察，因此人性科學不能像天文學那麼精確，而只能像氣象與潮汐學一樣屬於非精確的科學。而人性科學構成實際的人類知識，其眞實性如何是視其所基的普遍人性法則如何而定。

彌爾認爲：「所有社會現象都是人性現象，而人性現象是由外在環境對於人羣產生作用所衍生的；因而，人的思想、感覺與行動的現象若是受制於固定法則，社會現象卽不能不符合固定法則……，（但）社會法則不能像自然法則一樣確定。」❺然而，「如將一人心中的動機加以排列，再盡情暴露此人之品格性情，則對此人的行動可推斷無誤，若吾人深知其爲人如何，又深知刺激此人之種種誘力，則吾人可以預測此人之行動，正如可以預測

---

❸ 參閱浦薛鳳著，《西洋近代政治思潮》四（臺北，中華文化出版事業委員會，民國六十三年四版），頁七六九；Joseph S. Murphy, *Political Theory: A Conceptual Analysis* (Englewood, Illinois: The Dorsey Press, 1968), p. 151; and Phyllis Doyle, *A History of Political Thought* (London: Jonathan Cape, 1963), p. 251.

❹ J. S. Mill, "Bentham", *DD*, I, p. 366.

❺ *Logic*, *CW*, VIII, p. 877.

自然現象一樣準確。」❻因此，彌爾是以科學的眼光來看人性，並試圖發現普遍的人性法則。

基本上，彌爾認為：「人類的印象與行動不僅是其目前環境的結果，而且是那些環境與個人的個性共同的結果，而決定人的個性的機構很多而且歧異（發生於人一生中的事情，無不有其影響），以致在整體上，它們決無兩個完全相同的實例。」❼因此，人心不同，各如其面。但社會既由個人組成，故能了解個人之行為即能了解社會之現象。而要了解人的行為，就要了解人所想的，因為「人的思想決定人的行為」。❽如此，人性科學當然包括心理學，因心理學是研究「人心法則」(the laws of human mind)，或心的性質（精神現象），而心的性質不外思想、情感、意志與知覺。

彌爾繼承休姆（Hume, 1711-1776）與邊沁及詹姆斯彌爾的聯想心理學，認為：種種心理的、精神的感情與特質，不論好的、壞的，都是聯想的結果。❾聯想心理學普遍的法則是：1. 每一個精神印象，都有其觀念；2. 這些觀念是由吾人的印象或其他觀念，依據所謂「聯想律」(laws of association) 的某些法則所激起的，而有三個作用：①同樣的觀念易於相激相生；②二個印象時常同時或緊緊相連的被經驗到（甚或想到），則那些印象或其觀念之一浮現時，易於激起另一觀念；③在彼此能相生上，印象之一或兩個印象愈深刻，愈常相連結。❿彌爾認為複雜的觀念都是

❻ *Ibid.*, p. 846.
❼ *Ibid.*, p. 847.
❽ *CRG, CW*, XIX, p. 382.
❾ *Autob*, p. 82.
❿ *Logic, CW*, VIII, p. 852.

由幾個簡單的觀念混合而成的，而當觀念中的各部分不能意識到
其為可分時，這些觀念就是簡單的觀念。人的觀念或個性之所以
不同，「敎育與外在環境的不同能解釋個性的極大部分，而其他部
分大多可以由不同的個人在同樣的外在或內在原因所產生的生理
感覺之差異來說明。」⑪ 因此，心理法則是由身心法則構成的。

二、心理現象

基本上，彌爾也同邊沁等功利主義者一樣，相信「實際上人
所欲望的，除了快樂之外，別無其他」；而且「只有快樂是人類
行為的目的」。⑫ 因此，追求快樂乃是人的本性。但是，彌爾認
為快樂的成分很多，並且各個成分雖未必增加快樂的總量，但本
身都是可欲的。因此，人人雖然都追求快樂，但所追求的快樂品
味未必相同，不能一概而論。

同時，彌爾也相信人是自利的動物；他認為：人對事物的意
見，都是受着許多因素所影響，「有時是他們的理智；有時是他
們的成見或迷信； 時常是他們對社會的情感， 也有不少時候是
他們對社會的反感；……但最常見的還是他們自己的慾望或恐懼
——他們合法或非法的一己利益。」⑬ 而且，「人時常由於性格
上的弱點， 雖然明知較近的利益價值較低， 但仍選擇較近的利
益。」⑭ 因此，「一個有力的特權階級，做為一個階級，都只使
用他們的權力，來圖謀自己的利益。」⑮ ，而「在有權勢階級存

⑪ *Ibid.*, p. 859.
⑫ *Utili, CW,* X, pp. 60–61.
⑬ *Liberty, CW,* XVIII, p. 221.
⑭ *Utili, CW,* X, p. 212.
⑮ *PPE, CW,* III, p. 760.

在的地方，該國的道德意識，大部分都是源於權勢階級的階級利益和它的階級優越感。」 [16] 如此，在貴族政治下，會有少數專制與階級立法的情況發生；在民主政治下，也可能會有多數專制與階級立法的情況發生。

　　雖然彌爾從「每個人是其自己權利與利益的唯一安全保護者」的人性原則，推論出民主政治是理想上最佳的政治形式 [17]，但民主政治下的多數決，也使彌爾聯想到多數專制的危險；因為「社會的喜愛與憎惡，或其中最有力量的一部分人的喜愛與憎惡，就成了實際決定……要為大家遵守的法則的主要因素。」 [18] 因此，彌爾特別強調人需要有精神上的修養與培養高尚的情操；他認為：「除了自私之外，使生活不滿意的主因是缺乏精神上的修養。」 [19] 而且，「人若沒有時間或機會沉溺於知識的興味，就會隨著喪失知識上的興味，而失去高尚情操。」 [20]

　　然而，彌爾也認為自私或利己只是人性的一面，並非全部。首先，他指出人的自私與否是決定於人慣有的感情、思想氣質與習慣。他說：「如果你想知道一個人的利益實際上是什麼，你就必須知道他慣有的感情和思想氣質。……每個人都有自私和不自私的利益，而自私的人所養成的習慣就是關心前者，不關心後者。每個人都有眼前和未來的利益。如果他的精神習慣使他的思

[16] *Liberty, CW*, XVIII, p. 221.

[17] D. J. O'Connor, ed., *A Critical History of Western Philosophy* (Glencoe: The Free Press, 1964), p. 251.

[18] *Liberty, CW*, XVIII, p. 222.

[19] *Utili, CW*, X, p. 215.

[20] *Ibid.*, p. 213.

想和願望只注意前者， 儘管後者依任何正確的估計可能重大得多，對他也不會有什麼影響。」❷

其次，彌爾指出：人除了有利益的欲望外，還有要同人類成為一體的欲望； 這種社會情感隨着人類文化的進步， 會愈來愈強烈。他在《功利主義》一書中說到：「要同人類成為一體的欲望，現在已經是人性中一個強大的原動力，並且……會受文化進步的影響而漸漸更加強烈。人覺得社會生活的狀態是那麼自然，那麼必要，那麼習慣，所以人除了在某種非常情境中或由於自願放棄努力，總是設想他是團體的一分子……。因此，人就成長為不能完全不顧其他人的利益。他們不得不設想自己至少要不去作一切有害他人之事，並且不斷反對為害他人。他們也熟知自己可以和別人合作，提出集體利益作為他們行動的目標。……一切對社會聯繫的加強，以及社會健康的成長，使人人覺得在實際上顧及他人的福利，對自己更加有利。這種加強與發展，也使人人越把自己的情感與別人的福利化為一體，或是至少……對別人的利益加以重視。」❷況且，「縱使他自己一點也沒有這種感情，他也同他人一樣會幫助別人有這種感情。因此，這種感情即使只有極微細的萌芽，同情心的感染和教育的影響也會加以保持培養………。文化愈進步，人就覺得對我們自己與人生的這種看法是自然而然的。政治每進一步，就會由於把利益衝突的原因排除，以及把人與人間，階級與階級間那些法定權利的不平等取消，使上述對我們自己及人生的看法越成自然。」總之，人心越進化，愈有助於使人產生人我一體的感情，這種人我一體的感情一旦充分發

❷ *CRG, CW,* XIX, p. 444.

❷ *Utili, CW,* X, pp. 231–232.

展，就沒有人會自私自利，而不顧別人的利益。㉓

　　由此可知，彌爾認為人性並不純粹自私，在較好的環境中，人性會有較好的表現。況且，人有擴大同情心的能力，不僅能同情他們的孩子，還能同情一切人，甚至同情一切有感覺的生物；同時，人的智力更高更發展，就會使人類能夠領悟到個人和他所屬的社會有着共同的利益。㉔　因此，彌爾對人的社會情感的論述，也顯示出他企盼教育與社會環境的改善，激發人的利他心，以減少甚或避免多數專制的危害；另一方面，他也寄望有教養的知識分子能發揮移風易俗的作用，將社會導向注重公益。

　　彌爾相信：道德的感情不是生來的，而是習染而成，但有自然的情感做基礎。他反對直覺派哲學認為道德感情是天賦的，主張道德的差異，主要是環境造成的。㉕就人性而言，彌爾亦認為社會環境的變遷會使人性產生變遷。他說：人往往是「歷史上的人類 (historical human being)，為人類社會以及過去數代對現代的累積影響，所塑造而形成他們現在的樣子。」㉖他指出古典經濟學派對人性的錯誤觀點是：將人類現有的經驗視為普遍有效；誤認一時一地的人類性格為人性；對於人心有着奇妙的適應性沒有信心；儘管有強烈的證據顯示人世間有可能產生與他們的時代甚或國家不同型態的人類，但是他們却認為不可能。㉗彌爾

㉓ *Ibid.*, p. 232.

㉔ *Ibid.*, pp. 248–250; and J. S. Mill, "Aphorisms", *DD*, I, pp. 204–210.

㉕ *Autob*, p. 162.

㉖ J. S. Mill, *The Positive Philosophy of Auguste Comte* (New York: Holt, 1887), p. 78.

認爲人性法則並非顯示人的基本特性，而只是顯示每個時代特殊性格形成的方式，以及環境影響形成這種性格的方式。[28]

同時，彌爾在論邊沁時亦指出：邊沁忽略人性中的道德與追求完美的部分。在彌爾的心目中，道德律是由兩個部分組成的：其一爲自我教育 (self-education)；其二爲外在行爲的節制，而自我教育亦即人類自己訓練自己的情感與意志，這個部分在邊沁的哲學體系中是一片空白。[29]彌爾則除了重視環境對人性的影響外，還注意個人的自我教育。他說：「我們的個性雖是由環境所造成，然而我們自己的願望也很可能造成這些環境；意志自由原理中眞正具有啓發力與刺激力的，就是我們眞的有力量造成我們自己的個性的信念；我們的意志影響我們的某些環境，因此能改變我們將來意志的習慣或能力。」[30]

總之，在彌爾的觀念中，「人性不是機械，不可用一個模型去鑄造，要它去做指定的工作；而是像一顆樹，需要依照那些使它成爲一個生物的內在力量的傾向，向各方面自行成長和發展。」[31]因此，彌爾主張：「人性應有自由向思想與行動等不同方向擴展；人應該旣爲自己設想，且爲自己進行實驗。」[32]而人性要能

[27] *Ibid.*, pp. 82–83.

[28] Clark W. Bouton, "John Stuart Mill: On Liberty and History", *The Western Political Quarterly*, Vol. XVIII, No. 3 (September 1965), p. 570.

[29] J. S. Mill, "Bentham", *DD*, I, pp. 363–364.

[30] *Autob*, p. 102.

[31] *Liberty*, *CW*, XVIII, p. 263.

[32] J. S. Mill, *Chapters on Socialism* (New York: American Book Exchange, 1880), p. 266.

自由發展，當然只有以自由民主的環境最爲適宜。

第二節　功利主義新解

在歷史上，功利主義的思想淵源最早可追溯到古希臘末期的
伊璧鳩魯學派（Epicureans, 此派主張人生以快樂爲目的，公道
與否以利益爲標準），但彌爾的功利主義思想是直接源自邊沁及
詹姆斯彌爾。邊沁是十八、十九世紀功利主義哲學的創立者。他
主張立法與道德應以追求「最大多數人的最大快樂」爲目標——
「每個人只算一個，而不能算做一個以上」。在《道德與立法原
理》中，邊沁開宗明義便說：「自然將人置於苦與樂（Pain and
Pleasure）二個最高主宰支配下。 只有它們才能指出我們應當做
什麼，以及決定我們將要做什麼。……它們統治着我們的一切行
爲、一切言論、一切思想……。」❸

邊沁的「功利原則」，支配英國立法達半世紀之久。他與詹
姆斯彌爾將此原則應用到倫理、經濟與政治等方面。他們假定人
只欲求快樂，而且主張帶來快樂的行動是對的，帶來痛苦的行動
是錯的。他們高估了自利與理性，低估了情感與美的生活面。他
們是很清晰、確定而有力的思想家，但是他們採取了狹隘與有限
的人性觀，而忽視了複雜的人類生活。他們只承認一種動機——
自利——而且認爲每個人是其自己利益的最佳裁判，因此政府的

❸ J. Bentham, *A Fragment on Government and an Introduction to
the Principles of Morals and Legislation*, edited with an intro-
duction by W. Harrison (Oxford: Basil Blackwell, 1948), p.
125.

干預應減至最低，而立法應以除去對於個人自由行動的所有限制為目標。他們論稱心只是一團知覺，而性格是環境的產物，因此他們非常寄望於由教育來改善人類。在這些方面，彌爾由於自幼接受功利主義傳人的教育，使得他的思想擺脫不了功利主義色彩，但在他成年思想轉變後，對功利主義有了新的詮釋，可謂以舊瓶裝新酒。在思想成熟後，彌爾明白指出：「在一切道德問題上，我認爲功利主義是最後的歸趨，但也必須是最廣義的功利主義，建築在作爲一個進取動物的人的永久利益上。」❸

　　邊沁功利主義的三個基本假定是：「①快樂或免除痛苦是欲望或意志唯一可能的目標；②快樂是可計算的；③不同的人的快樂可以在量上做比較。」❸ 彌爾則認爲這三個基本假定都非眞正必要的。彌爾擴大與提升功利主義的原則，承認追求快樂不必以快樂爲直接目標，快樂有質的差異，而且增加對於利他主義或社會利益的認可。然而，快樂與自利的計算正是邊沁功利主義的本質；邊沁的功利主義將人當成能夠以同等快樂的單位來處理的理性動物，而立法者可以運用量化的功利主義原則來立法。在邊沁的觀念中，如果法律是公正無私的，就不能斤斤計較於質的差異，法律唯一關切的是問每個人是否有同量快樂的機會，至於人的快樂可能是屬何種類，則不是法律所關切的。這種將問題縮小並過分簡化的哲學，在一目標主要爲摧毀「邪惡利益」（sinister interests, 指利己不利人的利益）與除弊的體系中，是一優點。但是，當它必須面對建設性的問題時，就暴露出缺點，而彌爾的

❸ *Liberty*, *CW*, XVIII, p. 224.

❸ A. D. Lindsay, "Introduction", J. S. Mill, *Utilitarianism, Liberty Representative Government*, p. xi.

時代破壞性的工作大體上已完成，建設性工作的困難正開始顯現，因此有必要將功利主義予以新的詮釋。⑯

一、快樂與人生的目的

在以快樂爲人生的最高目的上，彌爾與邊沁沒有什麼不同。彌爾指出：從伊璧鳩魯到邊沁，主張功利理論者都是將「功利」（utility）一詞指稱快樂（pleasure）本身以及痛苦的免除；而「接受功利或最大快樂原則（the greatest happiness principle）爲道德基礎的信條主張，行爲是依有助於增進快樂或造成不快樂，而分別對錯。快樂是指愉快與沒有痛苦，不快樂是指痛苦或不愉快。」⑰ 以這個道德論爲基礎的人生觀，視快樂與免除痛苦爲唯一可欲的目的，而所有可欲的事物，是因爲蘊含快樂，或可增加快樂與避免痛苦而成爲可欲。彌爾認爲：「功利主義的主張是，快樂是目的，是可欲的，並且只有快樂，才是因其爲目的而可欲；一切別的事物只是因其爲取得快樂的工具而成爲可欲的。」⑱

至於快樂爲何是可欲的？彌爾是基於經驗主義的立場，認爲快樂實際上是人所唯一企求的東西，所以快樂就是唯一值得企求的東西。他說：「一件東西是可見的，其唯一的證明就是人們實際看到它。一個聲音是可聞的，其唯一的證明就是人們聽到它。我們的經驗之其他來源亦莫不皆然。同樣的，據我了解，任何

---

⑯ *Ibid.*, pp. xi–xii, 林賽（Lindsay）認爲彌爾因此放棄了功利主義的主要原則。

⑰ *Utili, CW*, X, pp. 209–210. 依彌爾的用法，「功利」與「最大快樂」（Utility and the Greatest Happiness）二詞可互換使用。

⑱ *Ibid.*, p. 234.

東西是值得企求的，其唯一可能提出的證明就是人們實際上企求它。」❸「欲望一件東西和認它為快樂，憎惡一件東西和認它為痛苦，前兩件或後兩件一樣都是完全不可分離的現象，或無寧說一樣是同一現象的兩個部分；嚴格說來，不過是對於同一心理事實的兩種名稱罷了。」❹ 於此，彌爾似乎錯誤地將 "visible" 等字與 "desirable" 混為一談，並且混淆了實然與應然乃至心理事實。"visible" 意為「可以被看見」(capable of being seen)；人們實際上看到一件東西的事實，當然足以證明那東西是可見的，但 "desirable" 的意思却是「值得企求的」(worth desiring)。我們不能因為企求一樣東西，就證明那樣東西是「可欲的」或「值得企求的」。從實然，我們不能合理的推論出應然。再者，所欲是否即為快樂，所惡是否即為痛苦，這也不無疑問。有些好惡與苦樂無關，如趨利避害與愛生惡死即未必以苦樂為決定因素。況且，人生除了快樂之外，還有其他的目的，就此而言，彌爾是很技巧地給了功利主義一個新的詮釋，就是要追求快樂未必要以快樂為直接目的。

彌爾在經歷精神危機，而讀到馬夢德爾的詩篇重振精神後指出說：

「這時期的經歷對於我的思想與個性有兩種極顯著的影響。第一，我現在想，只有不把快樂當作直接目的才能獲得快樂。……人生的享樂足使生活成為一種樂事，但是必須把這些享樂作為旁及的事物，而不能作為主要的目標。一旦把它們當作主要的目標，我們立刻感到它們不能使生活成為樂事。… 這種原理現在

❸ *Idem.*

❹ *Ibid.*, p. 237.

成爲我人生哲學的基礎。……對大多數的人而言，我也認爲這是
一種最好的原理。這時候我的思想還經過另一種重要的轉變，就
是我第一次認爲個人內在的修養亦是人類幸福的首要修養之一。
我不再認爲安排外在環境，與訓練人類的思考與行爲是唯一重要
的事情。」❹

　　由此可知，思想轉變後的彌爾不再以快樂爲人生直接追求的
目的，並且開始強調不以快樂爲直接目的，反而容易得到快樂，
而在不以快樂爲直接目的上，彌爾強調內在的修養乃至美德的重
要。

　　首先，彌爾指出：「功利主義原則並不是說任何快樂，如音
樂，或任何免除痛苦，如健康，應視爲取得一個總稱爲快樂的手
段，並因爲這個起見，人才應該有此欲望。」❹ 其次，彌爾將功
利主義擴大，認爲功利主義不但主張美德是可欲的，並且主張人
應不計利害地追求美德，應該爲美德而美德，而視美德爲快樂的
一部分。❹ 最後，彌爾又主張：「功利主義認爲愛美德是促進普
遍快樂（general happiness）的首要條件，因此訓令並要求人養

---

❹ *Autob*, pp. 85–86.

❹ *Utili CW*, X, p. 235.

❹ *Idem.* 依據江金太教授的見解，彌爾認爲邊沁的行動功利主義(Act-
　　Utilitarianism)，以最大多數最大幸福的原則來考慮行動的後果，
　　而絲毫不計行動本身的善惡，實在有其危險。因此，彌爾發展出
　　「規範功利主義」(Rule-Utilitarianism)，將人的道德情感引進，
　　堅持「正義」的觀念必須和「功利」一起列入考慮，俾便建構一套
　　完整的倫理典範。參閱江金太著《歷史與政治》（臺北，桂冠圖書
　　公司，民國七十年），頁二四九～二五六。關於邊沁與彌爾功利主
　　義之不同與批評，江金太教授有相當深入而獨到的見解，參閱前揭
　　書，第四章〈邊沁、穆勒與功利主義〉。

成愛美德的習慣，這種習慣培養的愈強愈好。」**❹** 在彌爾的觀念中，好美德與好錢、好權、好名有個不同，後三種愛好往往都會使愛好者有害於同一社會的其他分子；但是養成不顧利害的愛美德的習慣，却使這個人成爲其他分子的福慶，沒有別的愛好可使他這樣有利於別人。**❺** 由此可見，彌爾把美德看得不亞於快樂，甚至比快樂對人類還重要，只是他把美德解釋爲促進別人或世人的快樂。

彌爾舉英雄或烈士爲例，認爲他們時常爲了比自己的快樂更值得讚美的事物，而自願放棄快樂。但彌爾將英雄或烈士的放棄快樂解釋爲，是爲了別人的快樂或獲得快樂的必要條件。因此，他說：「假如自行拋棄個人生活上的享樂，能夠對於增加世上快樂的量作有價值的貢獻，那麼這些能夠這樣捨棄的人應受極端的敬仰……。」況且，「在這個世界組織得還不完善的情況下，甘心犧牲自己的幸福是人類最高的美德。……自願不要幸福，就是最有希望實現可得到的幸福。因爲只有這種意識，才能使人超脫生活的幸或不幸。」**❻**

如此，犧牲享受變成享受犧牲，追求快樂不如培養德行。「只有設法使人欲望美德——使他覺得具有美德是快樂的，無美德是痛苦的。必須把爲善與快樂；或爲惡與痛苦結成聯想，或是把爲善自然含有的快樂，或爲惡自然含有的痛苦指明，並把這個道理深印於人的經驗上，才可以引起求美德的意志，這種意志堅定時，就無須想到苦樂，也會發動。意志是欲望的產兒，並且一

---

❹ *Utili, CW,* X, p. 237.

❺ *Ibid.,* pp. 236–237.

❻ *Ibid.,* p. 217.

脫離它母親的管教，就受習慣的統領。」❼ 如此，在邊沁的觀念中，好政府的標準是增進最大多數人的最大快樂，在彌爾的觀念中，好政府的標準變成是增進人民的道德與智能，而由於參與政治能使人民增進道德與智能，因此民主政治亦符合功利主義的目的。

二、快樂的質與量

在邊沁與詹姆斯彌爾的觀念中，快樂的差別僅在量的方面；除量的差別外，各種快樂的本身都是好的。邊沁所謂如所得的快樂之量相等，則推針戲（push-pin，爲一種賭博遊戲）與詩是一樣好，足以說明這種見解。但彌爾對於將所有人類行爲化約爲努力求快樂，以及純以量來表達所有快樂情感的學說，並不滿意。雖然彌爾衡量快樂與不快樂的情感，在這方面，他是一個眞正的功利主義者，但是在計算時，他認爲應包括質的差異，不僅要依照量而且要依照價值的高低來評估快樂的感受。因此，較高價值的微小快樂可能超過較低價值的大量快樂，而一個人如果充分發展了較高的德行，就可以被視爲較高級的人。在功利主義中，對於快樂的衡量，無論如何，必須加入質的考慮方爲合理，因此彌爾說：「某些『種類』的快樂是比其他快樂更爲可欲，更有價值。認清此一事實與功利原則頗爲相符；在估計快樂時，認爲應只依賴量，而在評估所有其他事物時，認爲應質量並重，這是荒謬的。」❽

一旦快樂必須加上質的考慮，則質的高下如何判別呢？彌爾

❼ *Ibid.*, p. 239.

❽ *Ibid.*, p. 211.

認爲這有經驗可做爲鑑別價值的基礎。他認爲野獸的快樂不能滿足人類對快樂的概念，同理「一個智能較高的人比資質低劣的人，對快樂的要求較高，因而也可能較易感受痛苦，也當然會接觸較多痛苦的事項；但是儘管有這些感受，他從來不會眞正想要沉淪於他認爲較低級的生存方式。」❹ 況且，「做一個不滿足的人要比做一頭滿足的豬來得好；做不滿足的蘇格拉底要比做滿足的愚者來得好。而設若愚者或豬具有與此不同的意見，那是因爲他們只知道自己那方面的問題，而相對的另一造則知道事情的兩面。」❺

　　對於兩種快樂之中，那一種快樂最值得擁有，或兩種生活方式中，那一種最能怡情的問題，彌爾主張必須承認具備兩方面知識的人所做的判斷，就是最終的依據；設若他們的判斷見仁見智，就必須以他們之中多數人的判斷爲準。彌爾認爲：「除了以有經驗的人的感覺與判斷做決定外，又如何決定某種快樂的獲取，值得以付出某種痛苦爲代價？」❺ 如此，有知識有經驗的人在彌爾的觀念中，可以說是功利價值的決定者，而他們的決定比一般缺乏知識與經驗的人的決定更應具有支配力。在兩種快樂中，如果所有的人或近乎所有的人都具有這兩種經驗，而決定要選擇某一種快樂時，該一快樂就是比較可欲的快樂。如果有熟悉兩種快樂的人，將他們喜好的其中一種快樂置於遠比另一種快樂爲高的地位，卽使明知其選擇帶有較大量的不滿，也不會由於其他快樂在性質上能產生多少快樂，而捨棄他們所喜歡的那種快樂，

---

❹ *Ibid.*, p. 212.

❺ *Idem.*

❺ *Ibid.*, p. 213.

那麼就可理所當然的認爲較喜歡的樂事品質較高，致使該一快樂的量相形之下，並不重要。顯然，彌爾是認爲只要具有經驗，就可使快樂的品質分出高下。他對於經驗生智慧，具有無比的信心，因此，他認爲：「同樣熟悉與同樣能鑑賞與享受兩種快樂的人，顯然喜歡運用較高級官能的生存方式，幾乎沒有人會因爲允諾他們盡情享受野獸之樂，就同意變成較低級的動物，沒有一個聰明人會同意變成傻瓜，沒有一個有教養的人願意變成無知的人，沒有一個有感情有良心的人會是自私與卑鄙……。」❺❷ 在彌爾的觀念中，智能較高的人自尊心較強，從而也較不會自我耽溺與沉淪。

　　因此，「依據最大快樂原則，功利主義的目的……是盡可能免除痛苦與盡可能增加享受的質與量；質的評定與衡量其量的規則，是依據那些最具有比較方法的人的喜好而定，這些人是曾有機會去經驗過苦樂，並且還具有自覺和自省的習慣。依照功利主義的見解，由於這是人類行爲的目的，因此必然也是道德律的標準……。」❺❸ 如此，彌爾旣相信以有知識、有道德、有經驗的人對快樂的判斷做標準較適宜，對於邊沁的格言：「每個人只算一個，任何人都不能算做一個以上」的快樂計算標準，自難接受。因爲有知識有道德有經驗的人士在社會中畢竟是居少數，如果一人一票，則在多數決的運作下，多數必勝過少數，如此，彌爾對快樂之質的考慮就失去運作的意義。因此，彌爾對於賢能、智慧、經驗之爲政治中的重要成分，勢必不能不提倡，也因此彌爾才有了複票制、少數代表制，乃至精英統治的主張。在彌爾的功

❺❷　*Ibid.*, p. 211.

❺❸　*Ibid.*, p. 214.

利主義觀念下，只有由有經驗、知識與道德者來爲一般大衆做決定，乃至治理國事，才能實現較高品質的快樂，或全體人民眞正的快樂。

　　況且，質的差別也涉及道德問題。彌爾指出：「有些道德的需要，……在社會功利的層級上，比任何其它道德需要的地位更高，……有些社會功利就全人類來說，也許比其他任何社會功利重要的多，因此它的絕對性和權威性也大得多。所以這些社會功利不但自然而然有質與量都不同的感情維護着，並且應該有這種維護，這種感情比起那個僅是增進人類快樂或便利的那種觀念所引起的比較輕微的感情，不僅誡令更確定，制裁力也更大，公道始終是這些非常重要的社會功利的適當名稱。」❺❹ 由此可知，彌爾認爲在考慮快樂的質之差別時，也就是要考慮道德上的不同，這樣才有公道可言。同時，他也認爲：以功利爲基礎的公道是一切道德的主要成分，並且絕對是最神聖，最應遵守的部分。而一個民主的社會，如果道德與知識不發達，一般人均會趨向於自私自利，不會形成一個公道的社會。因此，在一般人缺乏道德與知識的情況下，如果要施行民主，則非依賴賢能之士或知識精英統治不爲功。

三、社會全體的快樂

　　在彌爾對功利主義的詮釋與辯護中，除了強調人生的道德目的與快樂的質外，還偏重他或社會全體的快樂。他指出：「功利主義的標準不在於行爲者自己最大的快樂，而在於所有人最大

---

❺❹　*Ibid.*, p. 259.

量的快樂。」⑤ 爲何全體的快樂是值得追求的呢？彌爾認爲每個
人都企求快樂，而「快樂是一種利益（good），每個人的快樂是
他自己的利益，因而普遍的快樂就是所有人整體的利益。」⑤ 同
時，彌爾也強調：「大多數的好行爲不是爲了世界利益，而是爲
了個人利益，而世界的利益就是個人的利益合成的……。」⑤ 如
此，自利利人似乎不相衝突，而可相輔相成。但是，如何能使
自利與利人相合呢？彌爾指出：「構成功利主義認爲對的行爲標
準的快樂，不是行爲者自己的快樂，而是與這行爲有關的人的快
樂。」⑤ 爲了做到這一點，彌爾的功利主義要求行爲者對自己與
別人的快樂，絕對一律看待，就像與本身利益無關而仁慈的旁觀
者一樣。

　　如此，基督教的金句也變成功利主義的信條。彌爾像傳教士
一樣說到：「待人像你期待人如何待你一樣，愛你的鄰人就像愛
你自己一樣，這便構成圓滿的功利主義道德律。」但是，彌爾知
道這畢竟是個理想，因此他進一步提出說：「爲了能夠最接近此
一理想，功利主義有兩個要求：第一，法律與社會組織應該使每
個人的快樂或（更實際地說）利益，儘可能符合整體的利益；第
二，由於教育與輿論對人的品格具有巨大的影響力，因此應使用
這種力量來使每個人的心中對自己的快樂與公益形成不可分開的
結合；……並且使得促進公益的直接衝動可以成爲人人習慣性的
行爲動機，而與這些動機相連的情操可以在人人的感情生活中，

---

⑤ *Ibid.,* p. 213.

⑤ *Ibid.,* p. 234.

⑤ *Ibid.,* p. 220.

⑤ *Ibid.,* p. 218.

佔有廣大而重要的地位。」⑤ 設若教育與社會組織不良，人類就得不到眞正的快樂。顯然，彌爾希望每個人不僅企求自己的快樂或利益，而且應當企求並促進別人或全體的快樂或利益。他確認：人類有爲了別人的利益而犧牲自己最大利益的能力；但是他拒絕承認犧牲本身就是利益，他認爲未增加或無助於快樂總量的犧牲是平白的浪費。爲別人的快樂或人類整體的利益而奉獻的捨身，才是值得讚美的犧牲。

　　儘管人類有爲別人或社會而犧牲自己的能力，這是否意味着人人就會爲了成全別人或社會而犧牲一己呢？彌爾對此似乎也不具信心，因此他認爲只有那些行爲影響到整個社會的人，才有必要慣於關切社會這麼大的一個對象。⑥ 如此，就政治方面而言，爲社會制定與執行決策的人就必須考慮到公益，而眞正能爲公益考慮的人在彌爾的心目中，就是賢能之士或知識精英，而非一般民衆。

　　同時，由於彌爾的功利主義偏重全體的快樂，亦使他拒絕邊沁主義的將最大多數人的利益視同爲中產階級的利益，他清楚而明確地將每個受過教育的人，無論男女都納入他對最大快樂原則的見解中，並且以倡導包括婦女在內的普選權，以及國家干涉經濟生活來試圖增進全民的利益。⑥ 事實上，彌爾比較喜歡談及「人類或社會的福利」，而非「最大多數人的最大快樂」，在他的倫理學中，他談「義務」(duty) 與「個性」(character) 比「快

⑤　*Idem.*

⑥　*Ibid.*, p. 220.

⑥　J. Salwyn Schapiro, "John Stuart Mill, Pioneer of Democratic Liberalism in England", *Journal of the History of Ideas*, Vol. IV, No. 2 (April 1943), p. 134.

樂」（happiness）與「功利」還多。⑫ 他把人的倫理價值列為比僅努力獲得快樂還高。最後，他將倫理的理想植根於人格的圓滿與和諧發展，這是遵循着他對功利主義基本信條予以新的詮釋的結果。因此，在彌爾的觀念中，社會福利旣是政府的目的，美德與知識的成長就是政府施政成功與否的檢證。如此，功利主義新解不但改變了邊沁功利主義原來的面目，而且可謂給彌爾的民主思想奠定了倫理基礎。

此外，彌爾對功利主義的詮釋在下述三方面，亦具有重大意義：①功利主義的目的可當做人類社會進步的標準，因此與彌爾的進步論相關；②較高級的快樂需要有社會自由，所以依彌爾的意思而言，只有自由的社會才可能是眞正文明的社會；③在人們追求更高級快樂的情形下，人能在更公道與具有更高的人類成就情況下生活在一起。⑬ 因而在彌爾強調功利主義亦須考慮質的觀念下，進步與自由可謂具有相當高的價值。

第三節　進　步　論

「十九世紀西方的共同信仰，其堅定的基礎乃屬進步論，在擴展的宇宙觀中，此一學說倒像比在十八世紀中還更加堅定。」⑭ 彌爾的歷史哲學卽深受十八世紀法國思想之影響，他致力於英

---

⑫ Dr. R. Metz, *A Hundred Years of British Philosophy*, p. 73.

⑬ Henny M. Magid, "John Stuart Mill", *History of Political Philosophy*, ed. by Leo Strauss and Joseph Cropsey (Chicago: Rand Mcnally & Co, 1966), p. 742.

⑭ 布林頓著，胡叔仁譯，《近代西方思潮》（香港，友聯出版社，一九五七年），頁一三二。

國的改革運動，並研究十九世紀法國聖西門學派與孔德之哲學，因此他亦具有進步論的歷史觀，而未來有待實現的進步，則是其整個政治思想的礎石。他在《自傳》中指出：「政治學中任何普通學理或哲理，必須預先擬設一種人類進步的原理，歷史的哲學也應如此。」⑥彌爾相信：除了偶然或暫時的例外，歷史是不斷的改善，並且係朝一較好而且快樂的情況發展。這與十八世紀啓蒙運動浪漫的假定除了偶然的偏差外，進步是向上進行的，而此一運動是由人的性格及其外在環境的改善構成，基本上沒有什麼不同。⑥

　　然而，彌爾對於十八世紀非科學的進步論，不抱持幻想。他明瞭十八世紀進步論的假定是基於一個信仰，亦即人有力量改變自己，這意味着人雖然是文化遺產的產品，但人有力量改變其所繼承的文化。他認爲此一假定雖然不能以科學方法加以證實，但是必須符合社會科學的假設。彌爾拒斥維科（G. B. Vico, 1668-1744, 義大利歷史哲學家）的歷史觀念；維科認爲社會現象是環繞一個軌道，定期經歷相同的變遷，因此社會科學家可做相當確定的歷史預測。彌爾則論稱：「在每一個相連續的時代中，社會的基本現象是不同於前一代，而且與更早的時代更不相同……。」⑥況且，人在各個時代具有不同的特性，使其與過去及未來的階段不同。然而，人從未能完全剪斷聯繫他與過去的臍帶。文化遺產是累積的，而它與新環境可能結合的模式是不可預測的。因

⑥ *Autob*, p. 97.

⑥ Abram L. Harris, "John Stuart Mill's Theory of Progress", *Ethics*, Vol. L XVI, No. 3 (April 1956), p. 171.

⑥ *Idem.*

此，人類才智所作的長程計劃是充滿風險與不確定，只是不運用
才智與考慮將來，就不能使社會改善。彌爾將進步的過程比喻爲
向前進行而不回頭的進階過程。每一時代是登上另一階的跳板。
可欲但不可預測的結果是：一個時代的錯誤、無知與迷信，將會
被次一個時代所揚棄。如此，彌爾是相信社會進步的可能性與可
欲性，但不相信進步的必然性。

　　在彌爾的觀念中，進步（progress）是人類的一種要求（
wants），所指涉的是改進（improvement）。⑱具體言之，彌爾所
謂的進步是指人類品質的改進，思想的革新或思考方法的改進。
對彌爾而言，進步是一很重要的概念，《論代議政府》與《自由
論》二本著作即都表明了，彌爾以「進步」取代「功利」爲主要
概念的程度。⑲自由論是以進步論爲基礎，同樣的，代議政府之
目的不再是維持穩定與有效率的行政以擴大普遍的功利，而重要
的是涉及變遷與進步的觀念。只是彌爾認爲功利原則與進步並不
衝突，反之，他指出：「從功利原則所推論出來的事物，就像一
切實用技藝中的規約（precepts）一樣，可以無限的改進，而且在
人類思想（human mind）不斷進步的狀況下，它們的改進是永
遠在進行」，⑳「任何有識之士都不可能懷疑世界上大多數的大
惡都可除去，而設若人類事物繼續改善，禍害將減至很小。貧窮
……疾病……都可免除或減少……。簡言之，人類痛苦的一切主
要原因，大可經由人的小心和努力去克服，其中有許多幾乎是可

⑱　*CRG, CW*, XIX, p. 384.

⑲　Alan Ryan, "Two Concepts of Politics and Democracy: James
　　and John Stuart Mill", in *Machiavelli and the Nature of Political
　　Thought*, ed. by Martin Fleisher (New York: Atheneum, 1972),
　　pp. 110-111.

完全除去。」⑦

一、進步的歷史事實

就彌爾而言，進步不是一抽象的概念，而是具體的事實或可實現的狀態。他認爲：「歷史方法是追求社會秩序和社會進步的律則，依此方法之助，我們不僅可追尋人類未來的歷史，並可決定採用何種方法以排除人類進步的絆腳石。」⑫ 由於他強調進步論的假定必須符合社會科學，因此他亦從歷史來找尋人類進步的事實。

從歷史可知，人類從原始的漁獵社會經畜牧社會進步到農業社會。在歐洲，古代的農業社會起初多爲小的都市社會，人類在這種狀態下精神文化的進步，亦有時是異常迅速，異常顯著。在進入封建社會後，社會的經濟進步，仍然無有間斷。人身與財產的安全，雖生之遲遲，但行之不絕，生活技術不斷的進步，刼掠不復成爲蓄積的主要原因，封建的歐洲遂成熟爲工商業的歐洲。節儉的中產階級逐漸替代封建貴族的後裔，而成爲大部分土地的所有人。這種自然的趨勢，有時爲目的在保留土地於現存各地主家族中的法律所延阻，有時則爲政治革命所促進。漸漸的，緩緩的，各文明國家的土地耕作者，皆不復處於奴隸狀態或半奴隸狀態中。不過，在歐洲，他們的法律地位和經濟狀況，仍是各處極爲不同。到了彌爾的時代，世界具有財富的各種要素，其豐饒程

---

⑦ *Utili, CW*, X, p. 224.

⑪ *Ibid.*, p. 217.

⑫ *Logic, CW*, VIII, pp. 844–848, and 875–878.

度已爲過去所不曾想到。⑬

　　同時，「文明國的進步，一向特有的變化，即人身與財產的安全，繼續增加。歐洲每個國家的人民，最前進的和最落後的，都一代比一代，更不受彼此間的侵擾強奪；更有效的司法與警察，可以壓制私人的犯罪，同時社會某些階級可以肆無忌憚的剝削他人而有害的特權，也崩潰破壞了。政府權力的專制亦更受制度、風俗及輿論的干涉，不易橫加於人民身上。」⑭總之，「整個社會改良史，就是一連串的過渡，在這種過渡之中，曾經被認爲社會生存所必需的風俗與制度，一個接一個地變成人人斥責的不公道與暴政。以前對於奴隸與自由人的分別，貴族與農奴的分別，貴冑與平民 (patricians and plebeicans) 的分別，都是如此；關於膚色、種族和性別的貴賤分別將來也會如此，而現在已經有一部分是如此了。」⑮

　　一部人類史對彌爾來說，是一部文明史，而「文明」(civilization)一詞，根據彌爾的界定，是指人類的普遍改進，或某種特殊的改進，⑯因此，歷史不乏進步的事實，可以證明進步論是有其根據。在〈金玉良言〉("Aphorisms")一文中，彌爾亦指出人有兩種智慧，一種是哲學的智慧，亦即對事情做有系統的分析，另一種是由生活經驗而來的智慧，亦即沒有系統的智慧，可稱爲時代的智慧 (the wisdom of ages)。就前一種智慧而言，是後代勝過前代；就後一種智慧而言，是每個時代都留存一點，這種智慧通

⑬　參閱 *PPE, CW*, II, pp. 9-19.

⑭　*Ibid.*, p. 653.

⑮　*Utili, CW*, X, p. 259.

⑯　J. S. Mill, "Civilization", *DD*, I, p. 160.

常是以金玉良言的方式出現。⑰ 如此，就哲學與時代的智慧而言，後代都會比前代居於更有利的地位。因此，一代會比一代進步。

況且，「人心有着某種可能的進步順序，而某些事物卽依序先於其他事物，此卽政府與公共指導者能稍稍加以修正，但不能無限廣泛地修正之順序；所有的政治制度問題都是相對的，而非絕對的。再者，人類進步的不同階段不僅『會』有，而且『應』有不同的制度；政府總是操於抑或正在交移至社會中最強的權力手中，而此權力並不依恃制度，倒是制度有賴於它。」⑱ 彌爾的時代正是工業革命後，中產階級興起的時代，因此，民主政治勢必取代貴族政治興起，而且勞工階級亦正躍躍欲動，民權勢必更加伸張。如此，在政治上，至少歐洲也已顯示出，歷史已由君主專制，經過貴族政治，進步到民主政治。

同時，彌爾也認為，他那時代的歐洲大多數國家已進步到必需容許個人有更多的自由。在他的觀念中，「以對付野蠻人而言，專制政府就是一種合法的政府，只要它的目的是求他們的改進，而它所用的方法又的確可以獲致那個結果；但是一到人類已經能用信念或理性引導自己改進時，則無論強制是採直接方式，還是採留難和懲罰的方式，就不再是為他們本身的利益所能容許的一種手段。」⑲

二、進步的動力與條件

歷史既然具有進步的事實，那麼進步的動力由何而來呢？在

---

⑰ J. S. Mill, "Aphorisms", *DD*, I, p. 206.

⑱ *Autob*, p. 97.

⑲ *Liberty*, *CW*, XVIII, p. 224.

彌爾的觀念中，歷史的不同階段反映不同型態的知識、意見與信念，不同階段間的變動則是由人的知識與道德能力的發展與重新定向而促成的。彌爾指出：「經濟與社會變遷雖是造成人類進步最大的力量，但不是唯一的力量；觀念並非都是社會環境的象徵與結果，在歷史中，它們本身就是力量。」❽ 事實上，彌爾特別強調人類社會不斷改善的主要原動力，就是知識的成長。再者，彌爾亦指出：「如果行為的法則不是依恃個人的品性，而是依恃別人的傳統或習慣，人類的幸福就缺少一個主要的因素，而個人和社會的進步也就缺少一個最重要的因素。」❽ 由此可知，彌爾認為知識與道德能力是促成社會進步的動力。因此，他視科學技術的進展與物質方面的進步，為表現人類知識與道德能力發展的現象。他論稱：在資本（含技術、儲蓄與投資）增加背後的因素，是知識與道德，因為這兩個因素決定了「有力的累積欲望」(effective desire of accumulation)。❽

　　彌爾同意孔德所說的：「社會的自然進步與動物及純粹有機體相比之下，是人類特點（思辨能力）的成長……。」在論及社會的進步是自然的之時，彌爾並不是指說進步是機械上的必然。所謂「自然的」(natural)，他是指吾人通常所能期望的經由教育使人類的潛能發展；潛能包括知識、道德與審美的能力，後兩項能力包含情感與想像力。❽ 雖然彌爾同意孔德的理論說：「意

---

❽ J. S. Mill, "De Tocqueville on Democracy in America 〔II〕", *CW*, XVIII, pp. 197–198.

❽ *Liberty*, *CW*, XVIII, p. 261.

❽ Abram L. Harris, *op. cit.*, p. 162.

❽ *Ibid.*, p. 163.

見與思辨能力史往往是人類史的主要成分」，但他修正孔德給予知識能力唯一重要性的理論。在彌爾的觀念中，知識能力雖是人類進步的主動力，但當它「受限制於其固有的力量」時，有時是最弱的力量。知識 (intellectual) 做為「導引」(guiding part)，「不是以其自己的力量」，而是以它所能吸引的人性中所有部分的聯合力量發生作用。❽ 因此，在性格的形成中，經由詩、藝術與音樂所培養的感覺與情感，與智力的發展同樣重要。因為，就每個人而言，情感是比知識信念更強的力量。雖然如此，「情感有分裂而非結合人類的傾向」，而「只有經由共同的信仰，才能使情感一起運作與變成一個集體力量……。」因此，「共同的信仰」 ("common belief") 或一套基本意見 (a system of funda-mental opinions)構成所有人類社會的基礎，並且供給了個人興趣與情感經由合作能獲得最大滿足的必要條件。然而，彌爾亦認識到包括信仰與意見在內的觀念不是在真空中運作。他指出：「除非外在的環境與它們配合，它們通常對於人類事物不會有很快或立即的效用；而沒有適合時機的觀念，最有利的外在環境也可能溜過，或不能產生作用。只有在適當的環境與適當的觀念相逢時，效果才會很快就顯現。」❽

如此，觀念和知識能力固然重要，但要造成社會進步還須有其他條件配合，外在的環境就是一個例子。由於有此觀念，彌爾很不同意孔德基於生物或有機體上的差異，認為在知識能力上，男人優於女人或某些種族優於其他種族。他認為：「種族的影響……只是所繼承的外在環境的影響，這能無限地加以修正，或實

---

❽ *Idem.*

❽ *Ibid.,* pp. 163–164.

際上由改變環境來扭轉。」❻彌爾的意見似乎是婦女與男性及人類各種族在天賦上，是大致平等的，設若給予人人同等的教育機會並置於相同的環境下，就會證明這種平等的存在。

其次，彌爾認為如果男人與女人要提升至生物層次的生存水準以上，並且發展其較高的社會與道德潛能，就很有必要限制人口。因為人口過多不僅影響生活品質，更重要的是，婦女一生若只致力於生產與養育子女的功能，就會造成婦女的退化（degradation）與變成奴隸。在彌爾的觀念中，婦女的退化與變成奴隸是莫大的罪惡，而且會影響整個人類道德與知識的進步與否。因此，「限制人口，解放婦女」也是社會進步的必要條件之一。❼

第三，「一個社會只能憑藉種種影響力的會合，從其中一種狀態發展為一較高等的社會，而最主要的影響力就是他們所隸屬的政府。在人類進步所將達到的一切狀態中，施於個人的權勢的性質和範圍，權力的分配以及命令和服從的情形，除宗教信仰外，都是使他們成為現在這樣和決定他們未來可能的改變最有力的影響力。他們會因政府的措施不能適應某一進步階段的需要，而停止他們的進步。」❽因此，政治制度或政府的形式基本上也是進步的條件之一。彌爾舉埃及與中國為例，他說：「埃及的僧侶政治以及中國的父道專制，都是幫助那些國家達到它們所已達到的那種文化程度很合適的工具，但是既已達到那種程度之後，由於缺乏精神自由和個性，就永遠停止進步了。那些制度曾有一個時期將進步的必要條件帶給它們，但以後却使它們不再能獲得

---

❻ *Ibid.*, p. 164.

❼ *Ibid.*, pp. 162-163.

❽ *CRG, CW*, XIX, p. 394.

那些進步的條件，而由於那些制度並沒有崩潰，或由其他制度去替代，更進一步的改進就停止了。」⑧

爲何政治制度或政治的形式會影響社會的進步呢？依彌爾的進步觀念，進步主要是指思想（mind）的演進與品性（character）的成長，而品性與才智是與特殊的社會與政治結構分不開的。⑨因此，人類社會要進步，必須有相對應的政治結構來提高人的知識與道德能力。同時，彌爾也一再堅持在所有的政府形式中，最重要的是要考慮到發展人民的德行與知識。最好的政府形式之標準對任何特殊民族而言，是其提供了教導他們必須學習的課程所需之事物，以使他們邁向更進步的社會狀態，而不妨礙他們在適當的訓練後又邁進一步。而民主政府最顯著的優點也就是它最能提升民衆的道德與才智。

第四，彌爾論稱進步有賴於社會的穩定。就此而言，秩序是進步的一個必要條件。「因爲進步包括秩序，秩序却不包括進步。進步的範圍比較廣，秩序的範圍比較窄，以任何其他意義來說，秩序只能代表形成良好政治的一部分先決條件，並不能代表它的目的和特質。秩序在進步的條件當中倒有一個更合適的地位，因爲如果我們要增加善，最不可少的就是用心保持已有的善，如果我們想要求得更多的財富，我們首先要注意的就是不要浪費我們已有的財產。如此設想的秩序，就不是需要和進步協調的一種目的，而是進步本身的一部分和一種手段了。」⑨

---

⑧ *Ibid.*, p. 369.

⑨ R. J. Halliday, "Some Recent Interpretations of John Stuart Mill", *Philosophy*, Vol. 43, No. 163 (January 1968), p. 17.

⑨ *CRG, CW*, XIX, pp. 387–388.

　　第五，彌爾認為：社會的向前進展實際上是由觀念、範型、優越的個人之道德與思想領導所產生，而優越的個人或知識精英主要是在自由的情況中才能頻頻出現，所以自由當然成為進步的主要條件。論證很簡單，進步視新觀念的出現而定，新觀念只在對被接受的舊觀念挑戰時才出現，因此，亦只有在有自由對現存的信仰挑戰與提出另一種信仰時才出現。

　　第六，由於合作是文明的特點，因此也是進步的條件之一。彌爾認為：「文明人的特質是能夠合作；這種能力像其他的能力一樣可由實習而改良，而更加擴大其活動範圍。」❷ 在論〈文明〉一文中，彌爾也指出：「紀律比數量更有力，而紀律亦卽完全合作，就是文明的特點。……野蠻的特點是不能有組織的結合。合作就像其他困難的事物一樣，只能由實踐來學習，而合作要能成大事，一個民族必須逐漸從小的事物開始接受訓練。現在，文明進展的整個過程就是一連串的這種訓練。分工是合作的大學校……，航海、作戰、商業活動與生產亦有助於訓練合作。」❸ 事實上，彌爾非常重視「合作」，他認為勞工階級要能維護自己的利益，乃至人類社會要進入社會主義社會，都必須有着自願的組合（voluntary association），而非依賴國家的干預。

　　第七，在彌爾的觀念中，社會情感也是人類進步的泉源與條件。他認為：「我們現在生活於人類進化的較早時期，在這個時期中，人還不能感到完全同情所有其他人，致使他們生活中行為的一般趨向還不能沒有衝突，但是，社會情感發達的人已經不能把別人都設想成是和他爭奪幸福的對手……。即使現在，人人覺

---

❷ *PPE, CW*, III, p. 708.

❸ J. S. Mill, "Civilization,"*DD*, I, pp. 166-167.

得自己是一個社會性的人，這個想法也已根深蒂固。這種想法易於使他覺得他自己和別人的感情與目標要互相調和，乃是他的自然要求之一。」❾由此可見，彌爾希望人能發展社會情感，使得社會進入安和樂利的境界。他認為：就大多數人而言，這種情感比他們自私情感的力量弱得多，甚至往往完全缺乏；但在有這種情感的人心中，它具有自然情感的一切特性，這些人心目中並不以為這種情感是被教導而成的迷信，或是用社會權利壓迫人服從的法律，而是相信這是他們不可缺少的品性。如此，彌爾不但相信社會情感是最大快樂道德律的最後制裁力，也是邁入理想社會希望之所繫。

三、理想社會與進步法則

在《政治經濟學原理》第三版的序文中，彌爾指出：「社會改良的最終目的，是教育人類使其配合一種兼具『最大的個人自由』與『勞動成果的公正分配』之社會狀態。精神與道德的教育一旦到了這樣的狀態，某種形式的私有財產或生產工具的共有及生產物的有規律分配，是否能產生對於幸福最為適宜的社會狀態，以及是否能實現人類的本性？這樣的問題必須留給那時的人去決定，才是對的，現代的人沒有決定這些問題的資格。」❾在彌爾的觀念中，顯然一個理想的社會是在政治、經濟與社會方面，人人都自由平等。簡言之，是個民主社會主義的社會。因此，他在《自傳》中又指出：「一切現行制度及社會事宜都『只

---

❾ Utili, CW, X, p. 233.

❾ PPE, CW, II, p. xciii.

是暫時的』，我們是懷着最大的快樂與興趣來對一切社會主義的試驗（如合作社之類）表示歡迎的。這種試驗，不論成功或失敗，對於參加的人就像一種最良好的教育一樣，可以訓練他們爲公益而工作的能力……。」⑯

雖然彌爾認爲只有未來的人才能對未來的社會主義社會做價值判斷，但基本上他認爲隨着政治民主而來的將是經濟民主，這是比較理想的社會進程，也比較符合人性。他指出：「有人認爲人類常態爲奮鬥前進，而現在彼此踐踏排擠的社會生活是人類最適當的命運，或只是產業進步的一個階段不快意的象徵。這種狀態也許是文明進步的一個必要階段，而一向倖免於這種狀態的歐洲諸國，也許正要走入其中……。不過，這絕不是未來慈善家渴望實現的最美好的社會狀態。固然，在財富卽權力，一般人都渴望發財的時候，發財的路應該毫無偏袒的，開放給所有的人。但人性的最佳狀態終究是，無一人貧苦，無一人希望更富有，亦無一人憂慮自己會因他人努力前進而被擠在後面。」⑰ 由此可見，彌爾理想中的社會是個和諧而人人互相提携共進的社會。他在《政治經濟學原理》一書中，卽說到：「社會進步的趨勢是增加對自然力的支配，增加人身與財產的安全與增加合作能力。」⑱

然而，社會進步的最終狀態究竟是什麼狀態呢？彌爾的答案是一種「靜止狀態」（the stationary state）。他說：「財富的增加不是無止境的；進步狀態的結局是靜止狀態；財富增加，不過是使這個狀態延遲而已……。我們已經認識，這最後的鵠的，在

⑯ *Autob*, p. 139.

⑰ *PPE, CW*, III, p. 754.

⑱ *Ibid.*, p. 706.

任何時候，都很接近而可以完全望見；……我們之所以許久尚未達到這個鵠的，只因為這個鵠的在我們前面飛動，最富有最繁榮的國家之所以遲遲尚未達到這個靜止狀態，是因為生產技術不斷的改良，以及資本繼續流向未耕作或耕作不良的區域去。」❾❾ 但是，「資本及人口的靜止狀態，並不包含人類改良的靜止狀態，各種精神教養，道德的及社會的進步，將永遠有廣潤的範圍，生活藝術 (the art of living) 永遠有廣潤的改良餘地，而在人類精神不專注於謀生時，生活藝術還會有較大的改良餘地。」⑩ 如此，彌爾理想社會中的靜止狀態，並不是一個停止進步的社會，而是在精神與道德上仍有永無止境的改善狀態，而「高度文明狀態的特點就是，財產與才智的普及以及合作力量的顯現。」⑩ 在這種狀態下，民主政治當然是一種理想的政治制度。

但是問題在於理想的社會如何能實現呢？彌爾認為這必須瞭解人類發展的次序與條件，也就是要有進步法則的知識。⑩ 當彌爾年輕時，他對此問題形成一提示性的研究途徑。在〈時代精神〉（1831年）一文裏，他將社會進化區分為「自然狀態」與「變遷狀態」兩個階段。⑩ 在自然的社會狀態中，那些最適於統治的人實際上為統治者，在變遷狀態中，則由那些不適於掌權的人掌權。自然狀態易於被新階級的興起所破壞，而新舊領導者間的鬥爭，最終會產生另一自然狀態以取代變遷狀態。換言之，變遷

---

❾❾ *Ibid.*, p. 752.

⑩ *Ibid.*, p. 756.

⑩ J. S. Mill, "Civilization", *DD*, I, p. 160.

⑩ Clark W. Bouton, *op. cit.*, p. 576.

⑩ J. S. Mill, "The Spirit of the Age", *Essays on Politics and Culture*, p. 3.

狀態會持續至道德與社會革命將權力與影響力又置於最有才能者之手，而後再度進入自然狀態。雖然彌爾後來似乎放棄此種類型的分析，但在他的思想中仍存有一些遺跡；亦卽他認為除非由最適於統治的人來運用社會的主要權威，否則沒有一個社會狀態是令人滿意的。

尤其，彌爾總認為他的時代是一個變遷的時代，世俗權力與道德影響力必須重新置於最適當的人之手。他視不久的未來是歷史上一個新的自然狀態的發展。因此，他期望自然社會的逐漸實現，在此社會中，世俗權力的運用會受到由最有德行、才智與教養的人所構成的精英影響，簡言之，就是知識精英統治。但是，彌爾認為一個社會若要從變遷狀態過渡到自然狀態，必須具備三個條件：①完整的教育體系；②建立共同效忠的原則；③具有同情心與共同利益感。❿其中，以第二個條件最為重要，它包括宗教或法律等在內。此因知識精英的領導是基於自願的同意，追隨的民眾必須開明到足以認清與欣賞精英的美德，並且將之依附於共同的信仰與原則。在《自由論》中，彌爾指出：「以卓越的措施，盡可能把他們所具有的最佳智慧印入社會每一個人的心中，以及保證那些具有最多智慧的人將佔有光榮顯要的職位。能夠這樣做的人，必是已經發現了人類進步的奧秘，而且也必然會使自己確實站在這個世界的尖端行動。」❺由此可見，在彌爾的觀念中，知識精英的適得其位是一個社會進步的自然法則。此一知識貴族不僅代表最佳的傳統，而且也是革新的力量。

知識精英所帶來的新觀念，會給社會帶來衝擊與進步。文明

---

❿　Clark W. Bouton, *op. cit.*, pp. 572–573.

❺　*Liberty, CW*, XVIII, p. 273.

的象徵是負責任的政府之存在與科學知識的出現。彌爾似乎相信社會進步的標準是思想的狀態，而他似乎毫不懷疑人類未來的進步是與科學知識的不斷進步，尤其是與社會科學知識相連。但是進步並不是由新觀念的增加與舊觀念的改進而實現，而是經由衝突的觀念相激相盪所產生的。思想史就顯示極端間的變動促成了進步；改善是經由每次的變動愈來愈接近中間而形成。由此可見，彌爾亦具有正反觀念相衝突的進步辯證法則觀念。在《論宗教的三篇文章》(*Three Essays on Religion*) 裏，彌爾就顯示出他對「神聖世界原則的觀念」(the idea of a divine world principle) 具有同感，他認爲這是最高道德完美的存在，但是並非具有無限的力量。因此，他發現了「有限神的觀念」(the idea of a finite god)，它不斷與反面的「世界原則」鬥爭，使得宇宙原則不斷向上發展，而這需要人的主動合作，以使得道德與宗教經驗完全和諧。❿同時，他也認爲：自由對社會不僅產生進步的力量，也產生破壞性的力量，因此自由必須有社會上的凝聚力 (cohesive forces) 來加以平衡；而在達到這種平衡時，社會將會經由內部「有系統的反對」(systematic opposition) 而產生進步，若無這種對抗，自由就會變成破壞力。❿顯然，彌爾是具有正反勢力相反相成的動態平衡觀念。

　　另一方面，就彌爾的進步法則觀念而言，進步是由發現與創新以及保存人類最好的社會遺產構成。因此，做爲一個社會改革者，他譴責土地貴族的特權代表封建主義最壞的殘餘物，而且是進步的阻力；同時，他希望保存傳統上與貴族政治相連的高貴理

---

❿ Dr. R. Metz, *op. cit.*, p. 74.

❿ Clark W. Bouton, *op. cit.*, p. 575.

想與習慣。他想除去政治上保守主義的權力與影響力，但是保存華玆華斯所揭櫫的哲學性或思辨性保守主義。他的社會哲學似乎包含兩種思潮或思想成分。一種是「貴族傳統的」(the aristocratic traditional) 的思想，依此思想，人的身心接受較高才智與德行的指導或統治，對人而言是好的；另一種可稱爲「自由民主的」(the liberal-democratic) 或「功利主義激進的」(utilitarian radical) 思想，此一思想是批判性與革新的思想，相信服從正當的權威是一種道德義務，但是主張不應服從篡奪或由出生背景與機運而得來的權威。彌爾將這兩種思想調和成「邁向民主社會的運動」的觀念；而在此民主社會中，數量上的強權自願地同意受具有聰明才智與德行者的指導。彌爾的生命哲學卽具有這種內在的一致性。雖然承認人性有弱點，但彌爾的哲學試圖結合個體性與社會性，秩序與進步的變遷，高度才智與人情味及高尚的政治與道德義務感。⓱

　　然而，在彌爾的觀念中，進步之路畢竟是不確定與充滿機運的。雖然他認爲在他的時代已比以前任何時候，形成了更美好的人類社會理想，但是找出邁向理想社會之路的問題仍未比以往容易解決。可以肯定的是，唯一有效與必須的手段是普及教育。但是誰來教育教育者呢？彌爾認爲這是個問題，但他自己也沒有提出答案。

　　再者，彌爾認爲進步主要不在物質的改善，而是在於知識、道德與情感的培養。因此，大的制度變遷必須與培養人的思想與情感習慣携手並進，或者等到人的思想與情感習慣變遷之後才有

⓱ Abram L. Harris, *op. cit.*, p. 172.

可能實現。彌爾不能接受馬克思的唯物史觀，他不認爲在人的高度潛力能夠發展前，必須先重新組織經濟體系。他也不能接受馬克思的階級革命鬥爭觀念，他認爲階級革命必然會導致權威主義或公民社會的解體，造成霍布斯所說的自然狀態下的戰爭狀態，因此他主張：「在人類改良的現階段中，人類所企望的主要目的，不是顛覆私有制度，而只是改良它，使社會每一成員都能充分享受它的利益。」⑩ 雖然他視勞工階級的暴亂民主（the insurgent democracy）爲不可避免的， 但他認爲數量上的強權必須受到開明的保守主義，以及具有卓越思想與見解者的節制。

在彌爾的哲學中，革新與社會改革必須在共同的道德原則、效忠與政治義務架構內產生作用，否則就會造成混亂而非社會團結。眞正的進步是緩慢而蹣跚的。這是因爲進步必須經由妥協產生秩序，而且進步所主要依賴的人的品性改進是緩慢的。因此，彌爾必然是個漸進主義者。 ⑩ 雖然他的確也有無階級社會的理想，在此社會中，除了喜好、興趣與能力的不同外，別無任何差異存在，但是他的眼光與心思畢竟是集中於現存社會如何興利除弊地步入下一階段的社會。而在彌爾所處的時代與社會中，他所面臨的問題之一便是： 如何維護個人自由以促進社會進步。

第四節　自　由　論

自由論實爲彌爾政治學與倫理學之連鎖， 且爲其整個思想體

---

⑩ *PPE, CW*, II, p. 214.

⑩ Abram L. Harris, *op. cit.*, p. 174.

系之柱石。⑪對彌爾而言，自由不僅是一種獲致幸福的手段，而且本身就是一種幸福。再者，彌爾對自由的信念亦只能與其民主信念一起來考慮，才能了解。⑫事實上，自由與民主是彌爾思想中兩個互相關連的主題。因此，欲了解彌爾的民主思想，亦必先了解其自由論。

彌爾的自由信念基本上是依循彌爾頓（John Milton, 1608～1674，英國詩人，主張言論與出版自由）與洛克（Locke, 1632～1704）的自由主義，但是他在寫作《自由論》前的朋友與夥伴，尤其是與卡萊爾、托克維勒、聖西門主義者以及最顯著的是與泰勒夫人相交，也深深影響了他的自由觀念。依彌爾自己的意見來說，其妻對他思想上的幫助與引導非常大，因此他視《自由論》為其夫妻的共同創作。希梅法伯（Gertude Himmelfarb）甚至將彌爾思想轉變所帶來的一些觀念演變，都歸諸賀麗葉的說服。⑬此外，社會環境，英國的彈性憲法，十九世紀中葉英國的一般思想氣氛與道德態度，都對彌爾的自由觀念產生了微妙的影響。安南（Noel Annan）更指出：彌爾的《自由論》是基於不自覺的假定英國海軍統治海洋，以及第五縱隊不可能在英國生根，因為英國在當時是使和平主義能夠盛行的唯一歐洲強權。⑭同時，《自由論》也顯示出，彌爾對人的理性極有信心。

雖然彌爾基於自由攸關人類的普遍改善，而賦予自由最高的

---

⑪　參閱浦薛鳳著，前揭書，頁七七六～七七七。

⑫　Clark W. Bouton, *op. cit.*, p. 577.

⑬　A. Brady, "Introduction", *CW*, XVIII, p. lii.

⑭　Noel Annan, The *Curious Strength of Positivism in English Political Thought* (London: Oxford University Press, 1959), p. 16.

價值，但他的自由觀念並不是以一個抽象的終極原則為基礎。反之，彌爾的自由觀念主要關切的是公民或社會自由，也就是社會對個人可以合法行使權力的性質和限度的思考。⑪簡言之，彌爾所闡發的並不是抽象的或玄學上的自由，而是具體而實際的個人自由。他寫作《自由論》的大目標是要強調個人的優越，以及個人的天賦能力蓬勃成長所需的自由。此一任務誠如他所理解的是很急迫，因為當時的環境是處於變遷的關鍵時期，可以見到民主政治的出現，表達意見的媒體改進與增多，多數專制構成威脅，以及像孔德等反對個人自由原則的改革家的活躍。

從十七世紀以來，自由概念經歷了自然權利、公民自由與人類自由等階段。⑪在這一段長期歷史裏，自由面臨着各項困難，其中最大的是來自國家或政府的威脅，然而到了彌爾的時代，自由所遭逢的最大威脅是來自社會流行的輿論、情感與習慣；這也是彌爾大力提倡個人自由的主要背景因素。

一、威脅自由的社會專制

彌爾所感受的當時英國社會，威脅自由阻礙進步的不是政治

---

⑪ *Liberty, CW*, XVIII, p. 217.

⑪ 關於自由的觀念，自十七世紀後有各種演變。十七和十八世紀的自由思想是種自然權利論，認為人天生即有不容改變與讓渡的自由權利。十九世紀的自由思想，是種人格發展論，以彌爾和格林(T. H. Green，1836-1882) 為主，所論述的是公民自由。到了二十世紀，小羅斯福(F. D. Roosevelt, 1882-1945) 提出人類四大自由，亦即言論出版、政治參與、免於匱乏、免於恐懼之自由。參閱 Carl J. Friedrich, *An Introduction to Political Theory, Twelve Lectures at Harvard* (New York: Harper & Row, Publishers, 1967), pp. 3-5.

權力，而是社會的輿論與習俗。而民主平等化的發展有使輿論習俗與政治權力相結合的趨勢，所以彌爾特別強調自由的重要與可貴，甚至鼓勵新奇怪異的言行，以對抗平庸多數的習俗專制力量，而達進步之目的。⑰

　　原來，彌爾的自由觀念主要是依據英國的經驗主義傳統，此一傳統將自由視同爲對個人的思想與活動，未加以外在的限制。當人能夠依照自己的慾望行事時，就是自由的。人的自由是表現於表達自己所想要表達的意見，做自己所想要做的事，而不傷害他人。對於這種自由，主要的威脅以往一直是來自不負責任的專制政府，因爲政府爲了自己的野心與利益，侵犯了通常應屬個人自由的範圍。因此，早期的自由主義者都是在設法經由憲法或權利法案，使統治者向人民負責，來解決權威與自由之間的衝突。這類努力使得西歐進入政治自由與民主的時代，人民也都期望政治自由與民主，將會增進他們的利益與維護他們的自由。彌爾一開始也具有這種希望，但是多少受到托克維勒與美國經驗的影響，他很快就察覺到民主蘊含着一種專制成分，亦卽多數或自認爲是多數的人對個人與少數自由的威脅。⑱

---

⑰　參閱朱堅章撰，〈穆勒的自由觀念之分析〉（國科會六十一年度補助研究論文，H–237）。

⑱　彌爾讀托克維勒所著《美國的民主》一書，感到多數專制是民主政治所帶來的最大危害與弊端，而將「多數專制」(majority tyranny)，進而強調爲「社會專制」(social tyranny)，這是因爲在民主社會中，多數人的意見、習慣與感情具有支配力。而且，彌爾在《邏輯體系》一書中指出：「在政治學上，吾人主要不是探討個別的個人的行爲，而是探討一系列的人（如王位的繼承人）的行爲，或一個團體與一羣人，如民族、貴族或代表會議。而對大多數的人爲眞的事情……也可八九不離十的視爲對全體是眞的。」因此，多數專制亦可稱爲社會專制。參閱 *Logic, CW*, VIII, p. 890.

同時，他也看到：在民主時代，對自由的主要威脅愈來愈不是來自公職人員與刑罰，而是來自社會本身，因爲社會習慣、民衆的偏見與輿論都是不可逃避的壓力。社會在運用權力時，執行它自己的要求，並且聲稱可廣泛的強制個人，而幾乎不亞於法律強制的慘酷，甚至還更爲善變。彌爾指出：「在吾人的時代中，從社會中的最高階級到最低階級，人人無不好像生活在一具有敵意與可怕的監督眼光之下。」(119)在這種嚴厲的公共監督下，個人與家庭的行動受他們認爲應該做的想法影響較少，而受社會環境要求他們做的影響較大。他們傾向於順從習慣、輿論與既定規範。他們變成在羣衆中迷失了；「由於他們不遵循自己的本性，終至沒有本性可遵循。」(120)在現代國家中，羣衆的情感較有機會表達與支配人。對彌爾而言，此一事實無形中減少了人性各有不同與思想具原創性的機會。以往人類一直是由能夠促成進步的天才，而大大地獲益。然而，他恐懼羣衆統治將會破壞讓寂寞的天才發揮影響力所必需的自由與容忍氣氛。

當多數不能做判斷與選擇而拋棄或否定自由時，就形成了社會專制的最後階段。他們遂坦然地「不想要有自由，也不願去運用自由。」(121)做爲個人，他們失去了決定自己命運的能力。在《自傳》中，彌爾將此視爲社會退化「爲現代世界中眞正危險的專制——行政首長對孤立的個人的集合體的專制統治，人人平等，而人人也都是奴隸。」(122)因爲「和其他暴政一樣，多數專制始終

---

(119) *Liberty, CW*, XVIII, p. 264.

(120) *Ibid.*, p. 265.

(121) *Ibid.*, p. 267.

(122) *Autob*, p. 116.

爲一般人所畏懼，主要原因是它憑藉公共機構來推行」⑫，「社會專制比政治專制更深入生活的各項細節，而且奴役到人的心靈。」⑭ 在心靈被奴役的一般氣氛中，雖然曾經產生過，並且也可能再產生偉大的思想家，但彌爾認爲：「在這種氣氛中，却從未有過，也不會有一個智識活躍的民族。」⑮

　　但是，社會專制究竟源自何處呢？彌爾指出：「如果在一個民族的感情中，對事情存有不容忍的強烈和永久的潛在勢力——我們國家（指英國）的中產階級就始終保持這種不寬容的潛在勢力——只要稍加刺激，就會使他們積極去迫害那些在他們看來，始終是迫害的適當對象的人。」⑯ 因此社會或社會中具支配勢力的階級的不容忍，是社會專制的源頭，也是使個人自由喪失的根源。

　　同時，由於彌爾是一個高級知識分子，他自然很關切思想自由的問題。他恐懼羣衆，是擔心他們會運用權力以挫折或禁制非通俗的思想與行動路線，強迫每個人認同民衆平庸的共同標準。托克維勒在其著名的對世界上首次大衆民主的偉大實驗——美國的民主——的研究中，已大大強調美國人的生活有着壓迫人的一致性，並批評美國人特別不願容忍試着依自己的方式生活或思考的個人與團體。在這些方面，彌爾發現在維多利亞時期中葉的英國亦有同樣的跡象。雖然大衆民主的影響在英國才開始被感覺到，但社會認同的壓力已很明顯的存在着。隨着工業革命的來臨，

⑫　*Liberty, CW*, XVIII, p. 219.

⑭　*Ibid.*, p. 220.

⑮　*Ibid.*, p. 243.

⑯　*Ibid.*, p. 240.

以「維多利亞時代的道德律」著稱的新而嚴厲的行為法則支配了英國。如禁止星期日遊興玩樂的法律（blue laws）的存在，使得英國的星期日，以全然的憂鬱聞名全世界，而星期一至星期六則太端莊。雖然彌爾並非浪漫不羈的人，但他警覺到逐漸增漲的人民生活標準化的趨勢。彌爾堅決相信：多樣性和實驗是人類進步所絕對必需的。他覺得羣眾由於懶惰而不加思考的委身於熟悉的方式，使得所有進步的主要泉源有枯竭的危險。

對流行的社會趨勢的恐懼，使彌爾語重心長的提出警告說：「……當社會本身成為暴君時——社會集體對付組成社會的各個分子——其專制的方式就不會侷限於政府官員可能的一切行為。社會能夠執行，也確實在執行它自己的命令，如果它所發佈的命令不是正確而是錯誤的，或者牽涉到不應該干預的事，那麼它所實施的社會專制，就要比很多政治壓迫更為可怕……因此僅是防止官吏的專制並不夠，還要防止當前輿論和感情的專制；防止社會傾向於用刑罰以外的各種方法，將其觀念和習尚做為言行規範，強加於那些異己者的身上，並且阻礙任何特立獨行的個性發展，……以及迫使一切性格仿效它自己的模樣。以集體意見對個人獨立作合法的干預，是有其限度的；而找出那個限度，並維護它不受侵害，就和防止政治專制一樣，為維持人類事務於良好狀態所不可少。」❿因此，為了使得人類不致走向他所認為的悲慘命運，彌爾在自由論中，提出個人自由的原則與範圍，以免除社會專制的弊害。

---

❿ *Ibid.*, pp. 219–220.

二、自由的原則與範圍

在《自由論》的引論中，彌爾說明他的目標：「是在肯定一個非常簡單的原則，而可用以經由強制與控制來全權治理社會與個人的關係，無論所用的手段是取法律懲罰形式的強制力，或輿論的道德制裁。這個原則就是：只有基於自衞的目的，人類方可個別或集體地干涉任何其他人的行動自由。在一個文明社會中，只有基於防止危害他人的目的，才能正當地違反任何一個成員的意志，對其運用權力。僅是爲了自己的善，無論是物理善或倫理善，都不足以做爲正當的理由。」[128]

這個原則又補充了一個論點就是：「任何人在行爲上須向社會負責的，只限於與別人有關的那一部分。在只關係他個人的行爲上，他的獨立，就權利講是絕對的。對他自己的身心，他就是無上的權力。」[129]因此，有些學者認爲：彌爾具有「個人主權」(sovereignty of individual)論。然而，對彌爾而言，此一公式蘊含個人利益，因爲自由是個人發展的可靠來源；同時也蘊含社會利益，因爲社會終必由維繫多采多姿的個人生活而獲益。所有進步都有賴個人自由。

彌爾所提出的自由主義原則，不能應用於小孩，或不能實行自由與平等討論的未開發社會，而只適用於智力上已經成熟的人，或比較先進的西方國家。彌爾的自由主義原則並非不考慮時空的絕對倫理規範，而是與使人的行爲進步的環境變遷有關。設

---

[128] *Ibid.*, p. 223. 這是因爲彌爾認爲：「安全是人人都覺得是一切利益中最有關係的事情。」(*Utili, CW*, X, p. 251).

[129] *Liberty, CW*, XVIII p. 224.

若專制有助於原始社會發展到能由自由而獲益的最後階段，則對原始社會而言，正當的統治是專制而非自由。自由的適當範圍則是良心、思想與意見，以及個人依自己的方式願意冒險追求自己利益的所有嗜好與追求；同時，也包括個人爲不會傷害他人的目的所形成的自願結合。

在彌爾的觀念中，思想自由的需要，並不專爲或主要爲了培養偉大的思想家。相反地，爲使一般人能夠達到他們可以達到的智識程度， 思想自由正是同樣甚或更爲不可缺少 。而在任何時期，如果對於重大而足以鼓舞熱情的主題避免爭論，就絕不會在內心深處激發一個民族的精神，給予一種可使具有平庸之資者也能發出思想光輝的刺激。況且，社會的共識是在不斷發現眞理，摧毀許多相衝突的錯誤與半眞理下產生， 經由教育與輿論而維持。設若社會共識具有強大的凝聚力，就可容許有最大的自由而不會對社會產生威脅。

其次，言論自由不僅是社會進步所必需的，而且是民主秩序穩定的唯一眞正基礎。彌爾認爲：意見的衝突會產生一套普遍被接受的觀念，而隨着文明的傳播，衆所同意的觀念會增多。他宣稱：「隨着人類的進步，他們不再爭辯和懷疑的理論，在數量上必然會不斷增加，而人類的福祉，也差不多可以由達到不爭程度的眞理的數目和份量去衡量。」⑩也僅如此，民主秩序會慢慢建立起新的穩定型態，亦即普徧同意一套經得起知識與經驗考驗的觀念出現。⑪只是彌爾認爲：「……言論分歧範圍的逐漸縮小，雖然是不可缺少與不可避免而有其必要， 但我們並不一定要作一

⑩ *Ibid.*, p. 250.

⑪ J. Salwyn Schapiro, *op. cit.*, p. 155.

種結論，認爲它的一切後果都是有益的。」❿ 基本上，彌爾相信可用來解釋使成見減少的，不是智慧增長，而是討論增多。「討論與質問旣有的意見，只是對同一事物的兩種論述。當所有意見都受到質疑時，就可發現何種意見經不起檢討，而將錯誤的意見與信條，棄置一旁。」❿ 況且，人無論是依附舊意見或採納新意見，都難免會有支解眞理，與探取一半或不到一半的眞理的傾向，❿ 而時代並不比個人不易於錯誤，因爲每一時代所堅持的很多意見，都曾爲以後的時代認爲不但錯誤，而且可笑。❿ 因此，意見與討論的自由是絕對有其必要。

更何況，彌爾一再強調：「爲了人類的精神幸福（它也關係着人類其他一切幸福），在四種顯然的立場上，必須要有言論自由與發表言論的自由……。第一，經壓制而消滅的任何言論，仍有可能是眞實的；否定這一點就是以不會錯誤自居。第二，雖然被壓制的言論是錯誤的，它仍可能而且時常包含一部分眞理；而由於在任何主題上一般或流行的言論極少或從不是全部的眞理，只有讓各種相反的言論相激相盪，才能使所餘的眞理有獲得補充的任何機會。第三，縱然公認的言論是眞理，而且全部都是眞理，除非它能經得起，並在事實上受到有力和認眞地辯駁，否則它就會被接受它的多數人作爲一種成見去看待。……而且不僅如此，還有第四點，亦卽那種理論本身的意義，會有減弱或喪失其

---

❿　*Liberty, CW,* XVIII, pp. 250-251.

❿　J. S. Mill, "The Spirit of the Age," *John Stuart Mill on Politics and Society,* ed. by Geraint L. Williams (Sussex, England: The Harvester Press, 1976), p. 173.

❿　*Ibid.,* p. 174.

❿　*Liberty, CW,* XVIII, p. 230.

對品格與行為重大影響的危險；那種教條只變成一種形式上的表白，……阻礙了任何得自理性與個人經驗的真實和深刻信念的成長。」⑬由此可見，彌爾認為壓制言論自由，無異就是壓制真理與阻礙進步。他對真理之橫遭壓制，充滿了感慨。他說：「歷史上充滿了真理被迫害鎮壓的事例，……如果以為真理本身具有什麼打擊錯誤的內在力量，能夠戰勝地牢和火刑，那就是一種一廂情願的想法。人們對真理通常並不比對錯誤更為熱心，而法律甚至社會懲罰的充分運用，也常能成功地制止真理或錯誤的傳播。」⑬「可怕的禍患不是真理各部分之間的激烈衝突，而是它的一半被悄然壓制；在人民不得不聽取雙方的意見時，永遠有希望；當他們僅專注於一方時，則錯誤強化為成見……。」⑬

彌爾認為：「我們所以能夠有理由為行動的目的，假定自己的意見是正確的，就是以容許別人有反駁和否定它的完全自由為必要前提；除此就更無其他條件可以使一個人所認為對的，有任何合理的保證。」⑬況且，一個人能夠對一個問題全部了解的唯一途徑，就是聽取具有各種不同意見的人對它說些什麼，和以各種心情用每一個不同的角度去觀察研究。⑭但是，「在人類心目中，偏頗一向是常軌，兼顧多方面卻為例外」⑭，「使人們犯錯的先是人們通常不能在同一時間看到一個以上的事物，從而使他們在轉眼往另一方向看時，仍不能看清許多事物。」⑭因此，彌

⑬ *Ibid.*, pp. 257–258.

⑬ *Ibid.*, pp. 238–239.

⑬ *Ibid.*, p. 257.

⑬ *Ibid.*, p. 231.

⑭ *Ibid.*, p. 232.

⑭ *Ibid.*, p. 253.

⑭ J. S. Mill, "The Spirit of the Age," *op. cit.*, pp. 173–174.

爾深信在民主社會中，必須有絕對的言論自由，才能使得多數人所接受的意見不致壓制少數人或個別的天才所持有的可能正確的意見。而「一種言論是否有益，其本身就是一個意見上的問題，其可以爭辯，猶待討論以及需要討論，正和言論本身一樣。」❸如此，「意見的不同正證明一個不變的事實，那就是在人類智慧的現存狀態中，只有經由意見上的分歧，才有公平看待真理各方面的機會」❹，也才能產生新而有益的觀念或真理。

再說，「在政治方面，⋯⋯一個強調秩序或穩定的政黨和一個主張進步或改革的政黨，同為健全的政治生活不可少的要素，⋯⋯這主要是因雙方的對立，才使彼此保持在理性和公正的範圍內。除非民主政治和貴族政治、財產和平等、合作和競爭、奢侈和禁慾、羣性和個性、自由和紀律，以及實際生活中其他永遠對立的事物的種種言論，能以同樣的自由去發表，並且以同樣的才能和精力去力行和維護，就不會使雙方有獲得公平對待的機會；而必然是一個秤盤高起來，另一個降下去。」❺如此，意見自由也是政治進步的條件與動力。

無論如何，彌爾總頌揚自由交換觀念是其他自由主義價值觀念的基礎。自由交換觀念使得社會了解自身、改革自身。觀念在市場上的自由競爭會產生真理，「錯誤的意見與習俗會逐漸屈服於事實與論證。」❻彌爾拒斥有些國家所主張的：政府應公眾之要求有權干涉出版自由。最好的政府與最壞的政府一樣，都無權

---

❸ *Liberty, CW*, XVIII, p. 233.

❹ *Ibid.*, p. 254.

❺ *Ibid.*, pp. 253–254.

❻ *Ibid.*, p. 231.

支配或控制民意。對他而言，討論自由並非自然權利，但是在進步社會的生活中，是最重要的一個權利。

此一自由所提供的不僅是防止專制與腐敗的統治者，而且有助於增進公民對自己與對社會的了解，有助於解決社會衝突。彌爾觀察社會變遷，發現社會變遷若經由自由討論而達成，則會成為穩定的力量。因此，彌爾主張個人自由特別重視社會的需要，而基於這個理由，彌爾的民主自由主義是在試圖建立一個新而更平等的社會秩序，而個人自由就成為其民主自由主義的口號。⑭彌爾衷心期盼公民有平等的發言權，假定對立意見的相衝擊是啓蒙的手段，眞理也可由此而出現或歷久彌新。但是，彌爾當時的夥伴，並非都支持這種滿懷希望的觀點。柯特尼 (Leonard Courtney) 就懷疑眞理是否由兩個相反說法的激盪所產生。彌爾的自由主義在打擊武斷論時，可能是合理的武器，但是「當它由攻擊之劍與爭論轉變為和平之鏈與國內經濟的討論時，就失去了價值。」⑭

然而，彌爾並非對自由討論一直充滿信心，在 1830 年代時，他在論〈時代精神〉、〈文明〉與〈柯立芝〉等文章中，就表明了他對無限的討論自由的恐懼。此後，他更懷疑擴大討論是

---

⑭ J. Salwyn Schapiro, *op. cit.*, p. 158.

⑭ W. L. Courtney, *Life and Writings of John Stuart Mill* (London: Walter Scott Publishing Co., 1889), pp. 126-127. 這句話的意思是說在破壞社會共識或涉及專業知識問題的討論時，意見或討論自由就失去了價值。科特尼亦引述福斯 (Caroline Fox) 的話說：「彌爾的《自由論》一書，是出奇的清楚，冷靜與冷酷，他給予此書一個重貴大任去調和矛盾，並且總是允許對你最珍貴、最神聖的眞理唱反調。」(*Ibid.*, p. 125.)

否必然會擴大政治智慧或加強公衆判斷，尤其是在討論影響到民族國家的基本原則時。他認爲：討論所依賴的是質，而不是量，眞理不是民主，因爲它只對珍貴的少數有用。在 1832 年時，他告訴卡萊爾說：「對於人們所謂『意見衝突』的自由討論，我認爲沒有什麼好處可言。我的信條是：眞理是植根於心中，並且在心中成長，而不是像火石敲擊另一硬的物體般所突然擊發的……。」⑭

　　這些保留的意見隨着時間與環境的不同，有着不同的解釋。彌爾主要的雄心是，要成爲英國公衆的「哲學家教師」(philoso-pher-teacher)。在不同的環境與不同的時期中，他都坦誠的表明他對重要問題的想法，但是當環境與他自己所想的不一樣時，他所寫的有時會與他所說的不相符。最明顯的這種差異是，他對自由討論與權威之關係的論述；在討論此一問題時，他留下了許多未加回答的問題。但是，布雷地 (A. Brady) 認爲彌爾在《自由論》中，對討論自由所表現的堅定信念與語調，無論與前此的著述有何不一致，都可解釋爲他眞正未加修正的證言。⑮

　　在《自由論》中，彌爾表示：「人類作爲一個智識的或思想的動物，能夠受到尊敬的一種品質，就是他的錯誤是可矯正的。人能利用討論和經驗，矯正他的過失，僅是利用經驗並不夠，還必須用討論來解釋經驗。……極少事情能夠自述其經歷，不經評論就顯露其意義。於是人類判斷的整個力量和價值，就全靠一個特質，那就是判斷錯誤時可以矯正，而判斷所以能夠使人信賴，

---

⑭　*EL, CW,* XII, p. 153.

⑮　A. Brady, *op. cit.,* p. Iv.

就因為隨時有矯正其錯誤的方法 。」⑮ 「 事實上， 如果沒有討論，不但言論的根據會被忘掉，言論的意義常常也會被忘掉。那些表達意義的文字，將不再提示種種觀念，或只提示原先用以表達的那些觀念中的極小一部分。它們所留下的，不是一種明確的觀念和一種活的信仰，而是由背誦而保留的一些字句；如果有所殘留， 那也只是意義的形骸， 失去了其中的精華。」⑮ 由此可見， 討論自由與意見自由一樣，在彌爾的心目中，都具有去蕪存精的作用，也都是民主國家必須保障的絕對自由。

但是，在行為方面，「個人自由必須有一個限制，就是任何人都不可以使自己妨害別人。但如他在牽涉別人的事情上避免妨害別人，而只對牽涉自己的事情依照自己的偏愛和判斷去行動，那些說明意見應該自由的理由，也同樣證明他應該不受阻撓，被容許自負後果去實行他的意見 。」 再者， 「 沒有人主張行動應該像意見一樣地自由。如果發表意見的當時情形使它對某種有害的行為構成積極的煽動，即使雖只是意見也要失去特有的權利。……凡是沒有正當理由加害別人的行為，都可能受到反對意見的抑制，如果情形比較嚴重，也絕對需要受到反對意見的抑制，而在必要時也需要人類積極的干涉。」⑮ 基本上，彌爾認為一個人的生活有兩部分，一部分只關係他自己，一部分關係到別人，前者屬於個人的範圍，後者則屬於社會的範圍，這兩種範圍都應受到尊重。所以，個人對自己之主權的正當限制，應以「生活中主要關係個人利益部分應屬諸個人 (individuality)， 主要關係社會

---

⑮ *Liberty, CW*, pp. 231–232.

⑮ *Ibid.*, p. 247.

⑮ *Ibid.*, p. 260.

利益的部分應屬諸社會」，此一原則爲依據。⑭

　　彌爾指出：「在人類的相互行爲中，爲要使人知道將有什麼期待，大體上必須遵守一般的規則；但在只關係自己的事情上，每個人就有權自由運用他的自發自助性。別人可以提供意見幫助他判斷，給他鼓勵，以加強他的決心，甚至可以把意見強加於他，然而作最後判斷的還是他自己。他可能因爲不聽忠告或勸誡而犯種種錯誤，但比起允許別人以他們所認爲對的去束縛他，其害處却要小得多。」⑮甚至只要一個人的行爲既未違反任何對大衆的特定義務，除自己外又未對任何人有顯著的傷害，却對社會發生偶然的或可稱爲推斷的損害時，社會爲了人類自由的更大利益，也儘可忍受這種不便。但是，一個人的行爲一旦對他人的利益有不利的影響時，社會就立刻有了管轄權。⑯簡言之，不論是對一個人或大衆，只要造成確實的損害，或有確定的損害危險時，那種行爲就要從自由的領域中移入道德或法律的範圍。⑰

　　因此，就個人的行爲與責任問題而言，「首先，個人不應爲他的行爲向社會負責，只要那些行爲不牽涉別人，只牽涉他自己的利益。如果別人爲其本身的利益認爲必要，不妨給他忠告、訓誡、勸說和要他避免，那也是社會對他的行爲能夠正當地表示其不快和責難僅有的辦法。其次，爲了保護社會，對於損害別人利益的行爲，個人應該向社會負責，也可以受到社會或法律的懲罰……。」⑱

---

⑭ *Ibid.*, p. 276.
⑮ *Ibid.*, p. 292.
⑯ *Ibid.*, p. 276.
⑰ *Ibid.*, p. 282.
⑱ *Ibid.*, p. 292.

　　然而，彌爾對行為自由所提出的論點，社會有權管制「涉
人」的行為，但是「涉己」的行為則非社會之責，在涉己的情況
下，個人的權利是絕對的，這個論點在邏輯上是冒著造成難題與
混淆的危險，而致長期以來為人所批評。[159] 華特金士與克拉姆尼
克 (Frederick M. Watkins and Isaac Kramnick) 甚至認為彌爾
區分涉己與涉人的行為，在本質上是無意義的。因為幾乎很少有
一個人可以完全單獨行事，而不影響他人的事情。對於任何想要
強調個人行為能影響社會的人，皆可依彌爾的原則來辯護任何可
以想像得到的社會管制的極端情況。[160] 但是，彌爾本人是從相反
的方向來探討此一問題。依他之見，證明的責任主要正是落在倡
議社會行動者的身上。通常的假設必然是：無論男女，人人都有
過他們自己的生活之權利。一旦涉及他人的行為，只有在確定是
對於他人的自由或利益具有不良的影響時，才需要受到管制；個
人的行為對於社會間接而無舉足輕重的影響，則仍被列為「涉
己」的行為。彌爾論證的整個目的是：縮小可以被適當地以社會
利益的名義提出的權利主張，並且儘可能確保對於個人自決權的
承認。這也是為了防止在民主社會下，多數或社會對個人造成專
制。

　　事實上，彌爾主張：「人和政府都必須盡他們的力量行事，
世界上根本沒有絕對肯定的事，但為人類生活的目的，却儘有可

---

[159] 關於彌爾對涉己與涉人行為的區分，招來的許多批評，請參閱陳鴻
　　瑜著，《約翰密爾的政治理論》（臺北，商務印書館，民國七十年），
　　頁一六五～一六八。

[160] Isaac Kramnick and Frederick M. Watkins, *The Age of
　　Ideology: Political Thought, 1750 to the Present*, 2nd ed., pp.
　　53-54.

以自信自擇之處。」⑯ 只是，政府必須向人民負責，而每個人必須對自己的行為負責。彌爾對自由的了解是受他的一個信念所支配，亦即社會凝聚力最終是依賴每個人的社會責任感；而這一信念顯然是與其對個人選擇的信念相關，因為彌爾認為個人選擇對於社會與政治結構會有有利的影響。在《自由論》等主要著作中，彌爾也都提出一個論點：尊重他人的權利與利益有賴每個人試圖改善自己的行為與個性。⑯ 而個人的行為自由正可促成重要的個性。

三、個性的發展

彌爾宣稱唯有經由個性的發展，生命才會變得充實而成長。他視個性為幸福的基本要素，不能受傳統的不寬容精神所壓制，也不能受官僚的權力所壓制。他的理想是要求國家的國民是真正的個人，以他們的個性與差異為傲，而且尊重自己與其鄰人的人格。「主動、自主、負責的人格，一直是彌爾所有著作中永久不變的主題。」⑯ 在《自由論》中，彌爾特別強調個性的發展，使得他的自由主義與民主思想更具特色。他的自由主義大宗師，如彌爾頓與洛克，從未想到使自由與自主的自我具有如此寬廣的範圍。彌爾的論證使他的開放社會觀點又增加了一層見解，並且

---

⑯ *Liberty, CW*, XVIII, p. 231.

⑯ R. J. Halliday, *op. cit.*, p. 8.

⑯ Abram L. Harris, *op. cit.*, p. 174. 在彌爾成熟時期的觀念中，人生的目的不再是直接追求快樂，而是追求一種理想人格，一種個性，也就是一種個人道德理想的自我實現。這與格林 (T. H. Green) 的唯心論頗為相似。他們兩人都認為自由是自我發展所必要的條件。

反映出他受到洪寶德（Wilhelm von Humboldt, 德國人文主義代表者及政治家，1767～1835）的影響，因為洪寶德的話變成了《自由論》第三章的標題：「個性——幸福的一個因素」。⑭彌爾從洪寶德學得一句格言，亦即人必須致力於「形成與發展個性」，這包括必須要有自由及各種不同生活的範圍。⑮

當他述說人的發展是與培養個性完全同義時，他反映出洪寶德的精神。由於人在社會中受同樣的模子塑造，因此必須培育個人潛在的性質來矯正社會單調的一致性之缺點。個性作為一種革新的力量，是被假定為隨時準備表現創造性，表現不同的行為與習慣，表現各種自發性與能力，以及表現獨特的生活型態。彌爾確實認為：標新立異的言行本身，在幫助摧毀羣衆態度與意見的束縛上， 是相當重要的。 他以為：「 凡是充滿個性的時候與地方，就會充滿標新立異的言行；而社會上標新立異言行的多寡，一般都是與天才、活力與道德勇氣的多寡成正比。現在極少人能標新立異，正標明這個時代的主要危機。」⑯他認為：發明家與改革家都有可能被視為標新立異者。總之，在這方面，彌爾未能認識到史蒂芬（Leslie Stephen）後來所承認的標新立異未必為好；當標新立異使得個人浪費精力，並且表現於細微末節時，就有可能是壞的。⑰希梅法伯（G. Himmelfarb）也批評彌爾，「視自由為促使人類精神發展至最高程度的工具，他並未認真考慮

---

⑭ 彌爾閱讀洪寶德的著作 *The Sphere and Duties of Government*, 是在該書英譯本於 1854 年出版之後。

⑮ *Liberty, CW*, XVIII, p. 261.

⑯ *Ibid.*, p. 269.

⑰ Leslie Stephen, *The Enghih Utilitarians*, Vol. II, p. 269.

到人也有可能自由到陷入墮落的深淵。他將個性視為精力與創造力的解放，儻若個人在追求卑鄙的目的時，不可能像追求高尚的目的般具有充沛的精力與創造力。」⑯

然而，彌爾只是強調個人無論如何應可依自己的方式與環境，自由詮釋其經驗。他說：「沒有人否認人在年輕時必須接受教導和訓練，使他們知道和受益於人類經驗的確定成果。但在他的智力成熟後，以他自己的方式去利用和解釋經驗，却是一個人的特權和應有態度。」⑯ 況且，「真正重要的，不僅是人要做些什麼，而且要看他們以什麼態度去做。人的一切作為固然都可以正當地用來使人生圓滿和美化，然而最重要的還是人自己。」⑰

彌爾在為個性提出辯解時，對於類似喀爾文主義的各種信念，也感到惋惜。以他的意見來說，這類信念視人性為腐化的，而自我意志則是罪惡之源。嚴格的喀爾文主義，由於教人絕對服從上帝的旨意，因而使人失去了獨立性。彌爾並不讚揚服從他人勝過自己的意志，與自我否定勝過自我肯定。他發覺希臘的自我發展理想更具吸引力，因為此一理想認清人性是適於各種目的，而非僅只適於自我克制。對於現代信條與民主社會傾向於將所有獨特的個人凝聚成相同的整體，而非在不妨害他人的權利與利益範圍內助長個性，彌爾更是感到困擾。因此，彌爾一再強調：「個性的自由發展乃幸福的主要因素之一；它不僅是與文明、教養、教育、文化同為幸福的因素，而且其本身就是所有那些事物

---

⑯ Gertrude Himmelfarb, *On Liberty and Liberalism*, p. 321.

⑯ *Liberty, CW*, XVIII, p. 262.

⑰ *Ibid.*, p. 263.

的必要部分與條件。」⑰而正如在人類不健全的時候，具有不同的意見是有益的，在生活中有不同的經驗，讓各種性格都能自由的發展，也是有益的。

再者，彌爾也指出：「人類事物的一個固有信條是，不管保障別人利益的意向如何眞摯，因此而將他們的手捆起來並不是妥善和有益的方法。顯然更爲眞實的，是他們生活環境的任何積極和持久的改進，也只能從他們的手裏做出來。」⑰如此，個人必須爲自己的生活做選擇，運用自己的心智和精神去改善生活，而使得個人與社會同蒙其利。此因隨着每個人個性的發展，他將更重視自己，也會更爲別人重視，他的生命將更爲充實，而在各分子有了更多的生機時，他們所組成的團體也就會有更多的生機。況且，心智和精神的力量一樣，愈使用愈能增進。在專制政體下，爲人民管理一切集體利益，替人民計劃一切有關集體利益的事情，而且形成人民的意見，使人民願意放棄自身的努力，這會造成人民被動消極的性格。而「自由的裨益之一，就是在它之下，統治者不能不顧到，也不能不改進人民的心智。……的確，專制君主也會教育人民，而認眞這樣做也會成爲專制最好的辯護。但是任何一種目的不在把人類造成機器的教育，終究會使他們主張由人自行管理其行動。」⑰彌爾始終認爲個人自由發展自己的個性，過自己想過的生活，可給予人類無可比擬的利益。「無論是用什麼名義去稱呼專制，也無論是否自稱是執行上帝的意旨或

---

⑰ *Ibid.*, p. 261.

⑰ *CRG, CW*, XIX, pp. 405-406.

⑰ *Ibid.*, p. 403.

人的命令，凡是摧毀個性的就是專制。」[174]

　　基本上，彌爾認為主動自助的性格，不但在本質上是最好的，而且也極可能兼具被動性格的一切優點，[175]而「一個人或少數統治的政府會贊許被動型性格，多數統治的政府會贊許主動自助型性格。」[176]因此，他是主張比較適合人性發展的民主政治優於君主或貴族政治，但他恐懼民主政治下會有社會專制壓制個性的情形發生。而個人較主動積極的生活意味着在羣衆中，過着較眞實的生活。如此，他只有寄望具有創造力的人與天才能夠幫助他們的同胞，減少暮氣沉沉的平庸，也不得不期望一般人有能力認淸與接受天賦異秉或優異的個人所表現的創新才能。

　　總之，彌爾的自由論是在促使社會注意自由問題，並且指出個人自由，尤其是知識精英與優異分子的自由應該加以保障。「彌爾採取兩條平行的論證路線以支持這個論點；在性質上，第一個論證是屬功利主義，而第二個論證則是屬於非功利主義。首先，他以對社會是有益的理由，來辯護思想與討論的自由。理性的知識是社會福利的基礎，而認同與擴展眞正的知識唯一的方法是：使得所有觀念，無論新舊，都接受自由討論與辯論的考驗。……另一方面，他的第二條辯護路線是完全不同於第一條路線。除了社會功利的問題外，彌爾試圖指出個人的自決是一基本人權，而這是發展任何道德責任所不可或缺的。任何一種思想或行動路線，除非是自由地被意識到是個人信念的問題，否則即使在客觀意義上可能為眞而且是有用的，也都不能具有道德上的意

---

[174] *Liberty, CW,* XVIII, p. 266.

[175] *CRG, CW,* XIX, p. 409.

[176] *Ibid.,* p. 410.

義。沒有在相衝突的要求之間做選擇的自由，一個人就失去了他或她做爲道德與理性的動物應有的尊嚴。此第二個論證是彌爾特殊的自由主義的核心。」⑰ 而彌爾主張維護個人自由最主要的目的， 就是在促使社會進步， 使整個人類獲益。 在他撰寫「自由論」時，正是英國進入民主政治的時代，對自由的威脅是來自多數甚或社會，因此他主張在民主政府的背後，必須要有一個自由的社會，成爲英國民主自由主義的先鋒。

彌爾指出：「如果可以冒險作一種推測，則未來將行何種制度，主要是取決於何種制度能容納最大量的個人自由與自動。在物質生活無匱乏後， 人類最強的個人慾望， 當爲自由。自由的慾望不像生理的慾望，生理的慾望隨文明進步而愈緩和與愈受控制，自由的慾望則隨智育、德育之發展而增加其強度。完美的社會制度與實踐道德，須保證人人完全獨立，行動完全自由，除不許傷害他人外，即不受任何其他限制；敎導他們爲安樂而放棄自治權，爲平等而放棄自由敎育，或強迫他們如此做的社會制度，都將剝奪人性中一種最高貴的特性。」⑱ 對彌爾而言，一個即將來臨的眞正自由民主的社會，必須以審愼的社會與政治行動計劃來奠定基礎。詳述此一計劃的必要條件，就是彌爾民主思想的最高目標之一。

---

⑰ I. Kramnick and F. M. Watkins, *op. cit.*, p. 53.

⑱ *PPE, CW*, II, pp. 208-209.

第四章 民主的意義與條件

第一節 民主的定義與政府的本質

一、民主的定義

在彌爾的觀念中，現代民主政治唯一可能的形式是代議政府。古希臘城邦的公民是在公民大會上處理公共事務，但是現代的選民不像古希臘城邦的公民，他們是經由自己所選擇的代表，間接處理國事。因此，彌爾視「民主政治」爲「代議民主」(representative democracy) 或「代議政府」(representative government)。而彌爾運用「民主」一詞，通常是指一種政府形式，人民在此政府形式中能夠不斷運用其統治支配權。簡言之，民主對彌爾來說就是指民主政治。惟彌爾亦充分了解到民主政治具有廣泛的社會意含與平等趨勢。❶

雖然彌爾並未直接對民主下定義，但是他的「代議政府」定

---

❶ 參閱 J. S. Mill, "De Tocqueville on Democracy in America" 〔I〕 and 〔II〕, *CW*, XVIII, pp. 47-90 and pp. 153-204; *CRG*, *CW*, XIX, pp. 371-578; Alexander Brady, "Introduction," *CW*, XVIII, p. xix; and Dennis F. Thompson, *John Stuart Mill and Representative Government*, pp. 3-12.

義包括了民主政治的基本特點：主權在社會全體（或全體公民）；
每個公民在運用該主權時有其代表（平等代表權或政治平等）。
以美國名政治學者蘭尼（Austin Ranney）對民主所下的運作性定
義來衡量，彌爾同意其中三項原則（人民主權、政治平等與大衆
諮商），而不同意多數統治（majority rule）。❷ 必須說明的是，
在政治平等方面，彌爾爲了保障少數亦有其代表與發言權，反對
多數代表制，而有複票制的主張，因此除了實施「比例代表制」
使每個公民都有其代表外，彌爾並不贊成一人一票，而只贊成每
個人都有平等代表權的政治平等。對於傳統將民主政治視爲多數
統治的政府，彌爾也不能接受，此因他認爲多數統治會帶來多數
專制，不如讓每個公民都有其代表來行使主權。此外，彌爾還強
調在代議政府下，每個公民有權參與處理某一公共職能（public
function），尤其是參與治理地方事務。因此，彌爾並非主張全面
直接參與的民主主義者，亦非精英主義的民主主義者。❸ 他的民
主思想代表着從精英民主到參與民主的過渡。

對彌爾而言，最可欲的政府形式是代議政府。「代議政府
的意義，是全體人民或一大部分的人民經由他們定期所選出的代
表，行使在任何政體中必有所屬的最終控制權。」❹ 而「理想上最
好的政府形式是以主權或最高控制權最終是賦予社會全體，每個
公民不但對那最高主權的運用具有發言權，而且至少有時會被徵

---

❷ A. Ranney, *Governing*: *a Brief Introduction to Political Science*
　(New York: Holt, Rinehart and Winston, Inc., 1971), pp. 229-
　235.

❸ D. F. Thompson, *op. cit.*, p. 5.

❹ *CRG*, *CW*, XIX, p. 422.

召去實際參與管理，親自擔任某些地方性或一般性的公共職務。」
❺ 因此，理想上最好的政府形式就是主權在民的代議政府，亦即
代議民主。❻ 爲何要強調主權在民呢？這是因爲彌爾認爲理性民
主 (rational democracy) 並不是指人民本身管理，而是指人民能
確保好政府，而確保好政府，則除了由人民掌握最終控制權外，
別無他法。❼ 如果人民放棄此種權力，就無異向暴政投降，一個
不必向人民負責的統治階級，大抵必會犧牲人民，以追求他們自
己的私利與偏好。因此，除了在人民認爲其統治者不再爲人民謀
利時，可革除其統治者外，就不會有任何政府會以人民的利益爲
目標。簡言之，彌爾認爲「向被治者負責是良好政治的最大保
障」❽，而要讓統治者向被治者負責，就必須人民對政府具有最
高的控制權。

　　然而，以主權在民來界定民主或代議政府，在民主思想史上
幾乎是一項共識而無特色可言，而彌爾對民主的界定，較具特色
的是以有無平等的代表權來區分眞假民主。眞民主是所有的人都
有代表的政府，而假民主則是指錯誤的代表與無代表。彌爾一針
見血地指出：「純粹民主政治的觀念，照定義說，是由全體人民
管理全體人民，有平等的代表權。通常了解以及一直在實行的民
主政治却是只由人民的多數管理全體人民，有部分人被排除而無
代表。前者與所有公民的平等具有相同的意義，後者奇怪地和它
相混淆的，却是一種支持多數的特權政治，只有多數才在國內實

---

❺ *Ibid.*, pp. 403–404.

❻ *Ibid.*, p. 399.

❼ J. S. Mill, "Democracy and Government", *DD*, I, pp. 470–471.

❽ *CRG*, *CW*, XIX, p. 572.

際上具有任何發言權。這是目前投票方式完全剝奪少數權利的後果。」❾一般人所熟悉的觀念是少數必須服從多數，但是彌爾認為一般人却沒想到在允許少數與多數具有同等力量與完全抹煞少數之間，還有折衷的辦法。雖然經由多數決的運作，多數人民可經由他們的代表以選票制勝和說服少數及他們的代表，但這不能用來做為支持少數完全不應有代表，以及多數必須掌握全部選票（贏者全取）的論據。彌爾堅持說：「在一個眞正平等的民主國家中，每一部分或任何部分選民都會成比例而不是不成比例的被代表。選民的多數始終有多數的代表；但選民的少數也始終有少數的代表。除非如此，否則就沒有平等的政治，而只是一種不平等和特權的政治，由一部分人統治其餘的人，違反一切公平政治，尤其違反以平等為根本和基礎的民主政治原則，將一部分人在代議制度中應有的平等勢力加以排除。」❿

「如果社會中有一個人不能和其他任何一個人受到同樣的重視，那就是沒有平等的選舉權，而受害的也不限於少數。」⓫彌爾認為在民主政治下實施多數代表制，不但不公平，使少數受害，而且事實上多數代表制能否選舉出代表多數的代表，或眞的就是實行多數決也是一個問題。例如在一個規定平等和普通選舉權的國家中，每一選區都有一種競爭的選舉，同時每次選舉都由領先人數很少的多數獲勝。這樣湊集起來的會議，代表的只是人民中勉強稱為多數的多數。這個議會又以本身勉強稱為多數的多數，擬定法律和採取重要的政策。如此，有什麼保證可以說那些

---

❾ *Ibid.,* p. 448.

❿ *Ibid.,* p. 449.

⓫ *Idem.*

政策符合多數人民的願望呢？因此，在多數代表制的運作下未必產生多數所喜好的政策。

再者，縱然是被最有力政黨所選的人，也可能只代表黨內一個派系超過另一派系的勉強多數的眞正願望。任何一派，只要它的支持是爲競選成功所必需的，就對候選人具有否決權；任何一派只要比其餘的人更頑強地堅持自己的主張，就能強迫所有其餘的人接受它所提名的人；而這種超乎尋常的固執，常被發現存在於那些堅持本身利益，不重視社會利益的人之間。所以多數所選的人，很可能是決定於團體中最怯懦、最狹隘和最有成見的那一部分人，或是堅持階級利益最厲害的那些人。如此，少數的選舉權旣無補於投票的目的，而多數却不能不接受他們中間最弱或最壞一部分人所支持的候選人。

況且，在彌爾的時代，勞工階級尚未普遍獲得投票權，而受過高等教育和有公德心的人雖有投票權，但不是沒有代表，就是被錯誤地代表。彌爾擔心選舉權擴大後，在多數代表制下，選出的代表全是或大多是勞工階級，而知識分子仍無代表。因此，他斷然主張：「現在確定的事，是少數實際上被抹煞並不是自由的必要或自然結果；那不但與民主政治毫無連帶關係，而且也正違反民主政治的第一個原則——按人數比例分配代表權。少數應該適當地被代表，是民主政治主要的一部分。除非是一種假民主的表現，眞正的民主就不能不做到這一點。」⑫「以上所描繪的代議民主政治，代表全體而不單是代表多數——如此，所有在數量上被勝過的勢力、言論與各種知識，仍會被聽取，而且會藉突出

---

⑫ *Ibid.*, p. 452.

的性格和有力的爭辯，取得一種超過其人數的影響力──這種唯一平等的、唯一公正的、唯一由全體管理全體的、唯一眞正民主的民主政治，將會免於目前盛行的那些被誤稱的民主政治的最大弊害，而且也完全由於它才產生現有的民主政治觀念。」⑬由此可見，依比例的平等代表權，是彌爾界定民主政治的首要原則。也因此，彌爾所強調的是一種「開明民主」（enlightend democracy），而非多數統治的民主。⑭

此外，彌爾還強調：「民主政府本質上是民意政府。」⑮此因在彌爾的觀念中，言論本身是一種最大最積極的社會力量，民意可以去除不合理的缺點，而政府必須對人民的意見有反應且負責。況且，彌爾主張言論與討論自由，認爲議會是經由討論控制與批評政府的機關，就是希望由此得到較眞確而對社會較有益的觀念，使得政府施政有所依據。因此，現代民主中的大衆諮商觀念，顯然也是彌爾所贊許的。

二、政府的本質

然而，何以代議民主的政府形式或代議政府是最可欲，而且是理想上最好的政府形式呢？除了前章所述的理論基礎外，彌爾是以政治制度的本質，亦卽政府存在的原因與目的，來論證其立論的正確。

⑬ *Ibid.*, p. 467.

⑭ J. S. Mill, "Democracy and Government", *DD*, I, pp. 473-474.

⑮ *Ibid.*, p. 468, J. S. Mill, "Civilization", *DD*, I, pp. 172-173, 並請參閱 J. S. Schapiro, "John Stuart Mill, Pioneer of Democratic Liberalism in England", *Journal of the History of Ideas*, Vol, IV, No. 2 (April 1943), p. 138.

　　首先， 彌爾指出二種政治思考形式， 亦卽二種對立的政府論，各有其見亦各有其蔽。第一種政治思考，假定政府是一實際的藝術，亦卽人類發明與設計的成果，可稱之爲政府的人爲論或機械論。持此說者，視政府爲一機器與一種理性選擇的問題，所關切的是政府的目的與手段以及說服公民接受之的方法。這種觀點符合英國許多功利主義者的見解與想法。第二種政治思考，視政府爲一有生命的社會有機體而非機器，並且認爲政府是如同有機體般在自然史中不斷的演進， 可稱之爲政府的自然論或有機論。此理論是英國的保守主義者所普遍採信的。惟彌爾認爲這二種理論都不能單獨用來解釋政府的性質。對他而言，「一切政治制度都是由人製造的；它們能夠產生和能夠存在，都是由於人類的意願。人不會在一個夏天的早晨醒來，發現它們憑空長出來。它們也不像樹木，經過一次栽植後，就會在人睡着時自行生長。」❶⑥ 無論如何，「政治機構本身不能行動。……它所需要的，並不是單純的同意，而是積極的參與，同時也必須依賴操縱它的人之能力和品質，對它做適當的調整。」❶⑦ 簡言之，彌爾認爲政治制度，如同人的工作，依賴意志與思想，而受到人類判斷之對錯的影響。

　　其次，彌爾進一步指出，任何民族爲了使某一特殊的制度能夠持續，必須滿足三個基本條件：①人民必須願意接受它；②人民必須願意而且能夠做一切必要的事情使它繼續存在；③人民必須願意而且能夠履行它所加予的責任，和做到它所交予的任務。

---

⑯ *CRG, CW*, XIX, p. 375.
⑰ *Ibid.*, p. 376.

❸ 這些條件多少是人民接受教育的結果。而在這三個條件所定的範圍內，制度和政府形式才是一件可以選擇的事情。❹ 顯然，彌爾是將傳統形而上的政府同意論與契約說，賦予經驗的意義，而將政府的形式，視爲是在旣定範圍內做選擇的問題。

　　政府的形式旣爲可選擇的問題，如何在不同形式間做一最佳選擇的問題，對彌爾而言，就無異於對政府的目的之認知問題。彌爾認爲對於政府目的之認知，一般皆傾向於政府是爲維護社會秩序與實現進步而存在。然而，根據彌爾的進步論，「進步蘊含秩序，而秩序却不蘊含進步」，因此秩序的價值僅在於做爲進步之條件的價值。如此，秩序雖爲「政府不可缺少的特質」，「雖爲必要的條件，但不是政府的目標。」❹ 再者，在彌爾的觀念中，進步雖爲可欲與可能的目標，但却非爲必然，而好的政府就必須防止社會退化倒轉的可能性。因此，當進步成爲人類的一種需要時，實質上應意味着不斷的改進，而最好的政府形式之標準，對任一特定的民族而言，是能夠提供教導他們必須學習的課程，以使他們邁向更進步的社會狀態，而不妨碍他們在接受適當的訓練後，又邁向另一個進步的階段。惟進步是與人類精神活動方面的進取心和勇氣密切相關，而「最足以表現進步傾向的精神

---

❸ *Ibid.*, p. 376 and p. 413.

❹ *Ibid.*, p. 380.　彌爾認爲：「政府或國家雖有權力決定何種制度應當存在，但不能任意決定這種制度應如何行使。」（*PPE, CW*, II, p. 21.）

❹ *CRG, CW*, XIX, pp. 384.　彌爾指出：「要判斷政治形式有些什麼優點，必須先對適當的政治形式建立一種觀念，那就是如果具備讓它發揮有益傾向的必要條件，它就會比所有其他形式的政府更有利於推動不只一種改進，而是各式各樣的改進。」（*Ibid.*, p. 398.）

屬性，就是創造和發明。」❷因此，任何政府若提高人民的精神
性質，且運用最佳的方法來處理國家的公共事務，即為最好的政
府。顯然，在彌爾的心目中，政府的良窳主要在於其是否能實現
教育公民，以發展其潛能與提高人民生活品質，而不在於維持穩
定而有效率的行政以擴大普遍的功利。因此，彌爾指出：良好政
治要憑賴的因素和條件，其中最主要的就是組成政府所管理的社
會的那些人的素質❷，而「良好政治的第一個要素既然是構成那
個社會的人的品德和智慧，任何政治形式所能具有的一個最重要
的優點，就是增進人民的品德和智慧。」❷如果政府官員本身都
有優越的美德和智慧，同時圍繞着他們的又是一種善良和開朗的
輿論的環境，政府就可能達到盡善盡美的程度。然而，彌爾認為
這雖是可以達到的，卻沒有任何地方曾達到過。如此，彌爾的政
府論與其自由論一樣，都是以進步論為基礎，而巧妙的將他對功
利主義的詮釋，亦即以質的提高來取代量之擴增做為衡量政府之
標準。因此，他說：「我們可以把可能增加被統治者所有優點
的程度，視為政治好壞的標準之一，因為除去被治者的福利是
政治的唯一目標外，被治者的優點也供給了推動政治機構的原動
力。這也使政治機構本身的特質，成為構成政治良否的另一要
素……。」❷

三、理想上最好的政體

　　在評斷政府主要為促進人類之改善的工具後，彌爾進而指出

---

❷　*Ibid.*, pp. 385–386.

❷　*Ibid.*, p. 389.

❷　*Ibid.*, p. 390.

❷　*Ibid.*, pp. 390–391.

為達此目的，代議政府是理想上最好的政體。「代議組織是使
社會現有一般智力和廉潔水準，以及社會上最聰明人的智慧和品
德，對政府發生更直接影響的一種方法，而且也比其他種類的組
織，賦予它們更大的影響力。」⑳　彌爾肯定公民應選擇其自己
的代表與統治者，而使其影響力對公共政策的性質與目標發生作
用，而且認為可以尋求到一些方法與手段，使得人民的參與在政
治過程中扮演眞正的角色。其立論是由二個論證來支持：①消極
方面，彌爾否定一個排他性的領導階級除了增進自己的利益外，
尙能促進其他階級的利益；②在積極方面，彌爾認為惟有人民被
容許去管理自己時，他們才會開始想到自己，並且為自己着想。
因此，民主不僅是可以保障社會中全民利益的政府制度，而且是
一教育過程，在此過程中，人會發展其自己的利益，從而提升其
人格。㉖以彌爾自己的話來說：「任何一套政治制度的功能，一
方面要能促進社會的一般精神進步，包括智力、品德以及實際活
動和效率的進步；一方面却要完善地將已有的道德的、智慧的和
活動的價值組織起來，使對公衆事務發生最大的效果」㉗，而
「充分民治的政體不但更有利於目前良好的管理，而且也比其他
任何政體更能增進一種更好更高尙的民族性格。」在保障福利方
面，「這種政體的優越性是基於兩個原則……。第一是只在每一
個有關的人都能為自己和慣於為自己的權利和利益辯護時，每個
人或任何人的權利和利益才會獲得保障。第二是隨着各個人所作

㉕　*Ibid.*, p. 392.

㉖　參閱 A. Hacker, *Political Theory*, pp. 575-576, and D. F.
　　Thompson, *op. cit.*, p. 9.

㉗　*CRG, CW*, XIX, p. 392.

的各方面努力和努力的程度，將使普遍的繁榮達到更高的程度，而且散佈得更為廣泛。」❷

　　彌爾所指出的民主政府優越性的第一個原則，基本上是承襲邊沁與詹姆斯彌爾所主張的保障性民主論據，而較具特色的是，彌爾強調個人的道德發展是政治與政治制度主要關切的事務，並且認為民主政治具有優良的教育功能。❷ 誠如法塞特（M. G. Fawcett）所指出的：「彌爾認為代議政府的優點，有一部分是源自保障個人不受壓迫⋯⋯，而他不難指出保障不受壓迫最有效的方法莫過於代表制，否則被排除者的利益往往處於被忽略的危險中。」但是，「彌爾最堅強有力的論證是基於自由制度對人民的性格與才智有良好的影響。他並論稱：民主政府帶來知識活動，而且發展道德意識。這是在階級或性別的專制下無可相比的。」❸ 雖然，在歷史上，人類的進步時常是由並非代表人民的政權之有效統治促成的，但是彌爾認為君主或貴族政府都不能像民主政府一樣，有助於人民形成主動自助此種成熟而健全的性格。「由

---

❷ *Ibid.*, p. 404.

❷ 教育是與代議政府密切相關的基礎，請參閱 C. B. Macpherson, *The Life and Times of Liberal Democracy*; F. W. Garforth, *Educative Democracy: John Stuart Mill on Education in Society* (New York: Oxford University Press, 1980); and Graeme Duncan, "John Stuart Mill and Democracy", *Politics*, Vol. IV, No. 1 (May 1969), p. 71.

❸ M. G. Fawcett, "Introduction", J. S. Mill, *On Liberty, Representative Government, The Subjection of Women* (London: Oxford University Press, 1960), pp. xvi-xv.

於助育公共精神與發展才智，民主政治制度是具有教育性的」，
③而民主最重要的優點就是才智的傳布。②彌爾舉美國爲例，他
指出由於實施民主政治，「儘管美國人和歐洲人相比，只有極少
數是天才和受過良好的敎育，但是美國整體人民的偉大智慧總是
最值得注意的現象。」③因此，彌爾始終認爲：「訓練人民最有
效的措施是適當運用代議政府。」③一旦人民能實施代議政府制
度，就不僅較適於實行民主，而且民主使人民變得比以前更好。
就此而言，彌爾是訴諸自我改進與發展的觀念，這個觀念否定他
所繼承的功利主義原則，因爲彌爾認爲代議民主的最大優點不在
於使人更快樂，而在於使人更有才智、更有美德與更負責。③

　　因此，彌爾是主張：「唯一能夠滿足社會一切要求的政府，
就是全民參與的政府；任何參與即使是參與最小的公共職務，也
都是有益的；這種參與應該如社會普遍改善所容許的程度一樣的
廣泛，而最後可希冀的，也莫過於允許衆人享有國家的主權。但
在範圍遠超過一個小鎮的社會中，由於衆人所能親自參加的只是
極小一部分的公共事務，這就意味着一種完美政府的理想形態，
必然是代議政府。」③無疑的，在彌爾心目中，代議政府是理想

③ R. J. Halliday, "Some Recent Interpretations of John Stuart Mill,"*Philosophy*, Vol. XLIII, No. 163 (January 1968), p. 14.

③ J. S. Mill, "De Tocqueville on Democracy in America〔II〕", *CW*, XVIII, p. 170.

③ *CRG, CW*, XIX, p. 468.

③ J. S. Mill, "Commencement of the Session–Progress of Reform", *London and Westminster Review*, XXV (April 1836), p. 274.

③ John Plamenatz, *The English Utilitarians* pp. 132-133.

③ *CRG, CW*, XIX, p. 412.

上最好的政府形式，因爲個人的才智與品行有賴於代議政府的政治制度。但是，代議政府的實施是有其條件，而非適行於任何時、空與環境的。

第二節 民主的先決條件

代議政府雖爲「理想上最好的政府形式，却不是在各種文化狀態中都能採用或適用的一種形式，而是在可以採用或適合它的環境中，能對目前和未來獲致最多有益後果的一種形式。」❸ 此因民族文化和環境因素實爲影響政府形式的兩大變數。在〈托克維勒論美國的民主（上卷）〉一文中，彌爾即表明了民主政治的存在與形式是時間、地點與環境的問題。❸ 而在論〈美國的社會狀態〉一文中，彌爾更具體的指出：美國的民主形式必與其社會特性直接相關。❸ 因此，就彌爾而言，對某一民族爲最好的，並不因此對另一民族爲最好的，即使對某一民族的特殊階段爲最好的，對同一民族的另一階段，亦未必爲最好的。在彌爾的進步論中，已指出人類進步的不同階段不僅會有，而且應有不同的制度。這種視政府形式爲與社會進步階段相對應的觀點，顯然是受到十九世紀歷史學派與孔德人類知識進步三階段論的影響。

---

❸ *Ibid.*, p. 404.

❸ J. S. Mill, "De Tocqueville on Democracy in America [I]", *CW*, XVIII, pp. 47-90.

❸ J. S. Mill, "State of Society in America", *CW*, XVIII, pp. 91-116.

⓵ 惟更重要的是，彌爾的政治制度相對論正蘊含着一種循序漸進的民主階段論。此所以他在《自由論》中卽強調，以對付野蠻人而言，專制政府就是一種合法的政府；而在《論代議政府》中，他又一再強調一個處於野蠻狀態而人人各行其是的民族，必先在絕對專制的政體下學習服從，而後在父道的專制政體或貴族政體中學習勤奮的勞動，然後才能步入民主自治的階段。⓶ 總之，「政治的適當任務，並不是固定的，而是隨着社會情況而有所不同。」⓷

　　無論如何，在彌爾的觀念中，實行民主是有其先決條件的。吾人歸納彌爾這些方面的論述，可以發現他認爲實行民主必須具有下述條件。

一、基本條件：社會心理基礎

　　如前所述，彌爾認爲只有滿足政府形式的三個條件：同意、參與及促進目的的實現，制度和政府形式才是一件可以選擇的事。換言之，「要以一種政府形式給予人民，必須人民願意接受它，或至少不是太不願意而去反抗它，使得它的建立成爲一種難於克服的障礙。他們必須願意而且能夠做一切必要的事，使它繼續存在，他們也必須願意而且能夠做一切該做的事，使它實現它

⓵ 參閱 William Graham, *English Political Philosophy*: *From Hobbes to Maine* (New York: Lonox Hill, 1971), p. 318, and Henry M. Magid, "John Stuart Mill," *History of Political Philosophy*, 2nd ed. by Leo Strauss and John Cropsey (Chicago: Rand McNally & Co., 1966), p. 720.

⓶ *CRG, CW*, XIX, pp. 394–396.

⓷ *Ibid.*, p. 383.

的目的。」[43] 彌爾認為無論何種政府形式具有何種有利的希望，如果不能實現上述的條件，就不能存在。因此，代議政府做為一種政府形式，若不能具備任何政府長久存在所需的三個基本條件，必然就是不適當的。這三個基本條件，實可稱之為使政府存在的社會心理基礎，因為它們都涉及人的意願與意志。

就第一個條件而言，代議政府的存在必須有着人民的由衷支持與同意。彌爾指出：有些民族如印第安人除非受外來武力壓迫，不會接受一個正規和文明政府的約束；而且有很多國家的人民不會自動服從任何政府，而只服從某些自古以來，就有特權向他們提供領袖人物的家族。在這類民族或國家中，代議政府根本就不可能存在。而在人民過於依戀野蠻的獨立，乃至不能容忍為了他們的幸福所必須服從的權力時，也不適於實行代議政府。

就第二、第三個條件而論，代議政府需要有人民的積極參與，以及促進與充實自己的道德和智能，否則即使欲求代議政府，也得不到代議政府的實質與優點。「例如一個民族也許願意有一種自由政治，但是如果由於怠惰、輕率、懦弱，或缺乏愛國心，使他們承擔不起保全它所必要的種種努力；如果在它遭受直接攻擊時不去為它作戰；如果他們會受欺騙的手段迷惑，將它放棄；如果由於暫時的挫折、一時的恐慌，或對某個人一時的熱情，就可誘使他們將自己的自由放在一個大人物的腳前，或給予那個人權力，使他用以毀滅他們的制度……。在所有這些情形下，他們多少都不配享有自由。」[44] 再說，一個野蠻的民族，雖在某種程

[43] *Ibid.*, p. 376.

[44] *Ibid.*, p. 377.

度內感到文明社會的益處，却可能做不到它所要求的容忍。他們的感情也許太激烈，或者個人尊嚴太強烈，以致使他們不願放棄私人衝突，將他們所受的委屈留待法律去解決。在這種情形下，如果要使文明政府眞正對他們有益，就必須相當地專制，而不宜實行民主。在彌爾的觀念中，如果一個民族不能在制止行惡方面，與法律和公共當局積極地合作，也不能實施自由民主制度，而最多只能享受有限度的自由。㊺

此外，如果一般選民對選舉並不感興趣，或者縱然參加選舉，並不是根據公益的立場去投票，而只是以選票賣錢，或依照對他們有着控制權的人的意旨去投票，或者爲私人理由而有心要以選票去取悅別人，代議制度就不會有什麼價值，而且可能只會成爲專制或陰謀的一種工具。如此舉行的普選，不但不是防止失政的一種保障，而且反會助長政權的腐敗。㊻因此，一個民族的知識以及一般實際判斷的智慧，都是斷定它有無能力實行代議政府的主要根據。但是，彌爾認爲還有一種考慮不應該忽視，亦卽一個民族可能對好的制度並無心理準備，而激起它採取這些制度的願望，就是準備工作的一部分。㊼由此可見，彌爾相當重視實施民主的社會心理基礎。

如果一個民族不能從矯正每一隨時發生的弊病的累積經驗中，給自己一個政體，或者受到外力壓迫使他們無力這樣做，就會形成政治進步的阻碍，而卽使代議政府也會因此不保。簡言之，「如果一個民族不充分重視代議政治，和它發生密切的依存

㊺ *Idem.*

㊻ *Ibid.*, p. 378.

㊼ *Ibid.*, p. 379.

關係，他們就絕無機會保持它。」更何況「要使代議制度持久，必然要靠人民在它遭受危險時願意爲它奮鬥。如果這一點不被重視，代議制度就很難獲得一個立足點，而且縱能獲得立足點，一俟能夠集中力量作一次突擊的行政首長或黨派領袖，願意冒一些小危險去攫取專制權力時，也一定會被推翻。」❹ 如此，在人們能享有民主的代議制度前，實須有一眞正而強烈的欲求接受之、維護之與負起其所加予他們的許多職責。

此外，早在論〈柯立芝〉（1840 年）一文中，彌爾論稱他那時代新的歷史思想，已顯示出「十八世紀所不幸忽略的文明社會必要條件」。他指出一個文明社會的存在必須滿足三個基本條件：①以教育制度產生「自制的紀律」(restraining discipline)；② 效忠共同的原則； ③ 同情心與共同利益感。❹ 這三個條件是實現穩定社會的必要條件，也可視爲實施代議民主的社會心理基礎。因爲代議政府畢竟是文明社會的制度，它需要人民積極的支持或同意， 與致力於促進共同利益 。況且， 彌爾強調：「 教育全國人民接受或要求某種制度或政府形式，而且爲那一種制度努力，通常能夠採取的唯一方式，是介紹和鼓吹那種制度，並且儘量強調它的優點。」❺ 由教育與宣傳，可使人民逐漸接受代議制度或加強他們對民主的信念。此因彌爾相信教育可使人，無論男女同樣變成高尙的人。❺ 如此，教育、共識與共同利益感便造成實施民主政治所需的堅強社會心理基礎。

❹ *Ibid.*, p. 414.

❹ J. S. Mill. "Coleridge", *DD.* I, pp. 416–422.

❺ *CRG, CW*, XIX, p. 379.

❺ J. S. Mill, "A Prophecy", *DD.* I, pp. 284–286.

至於人民是否具備民主所需的社會心理基礎，彌爾認爲：「每個誠實與愼重的人在從事政治改革事業前，都會探討人民的道德狀態與思想教養，是否能使公共事務的處理有大的改善，但是他也會探討如果先不變動政府，是否人民能在道德上或知識上變得更好；如果不能的話，他的職責就是不辭任何危險爲此種改變而奮鬥。」❷ 顯然，彌爾認爲一個政治改革家在判斷人民具備有民主所需的社會心理基礎後，就可促進代議政府或民主制度的實現。但是，除了社會心理基礎外，彌爾認爲還有其他因素構成民主的先決條件。

二、民族文化

彌爾指出：「一國的政治形式，受到該國民族文化和環境因素的影響。」❸ 事實上，彌爾非常重視民族文化與民主的關係。在民族文化的條件方面，可分爲民族的形成或建立與民族性或民族文明進化的情況，而言其與代議政府的關係。

就民族與民主政府的關係而言，彌爾早在論〈柯立芝〉一文與《邏輯體系》一書中，即指出民族性 (nationality) 爲一穩定的政治社會的必要條件。❹ 在上述著作發表與《論代議政府》出版期間，彌爾亦已見到民族意識在歐洲成長爲一股強大的勢力。它明顯地表現於一個民族具有強大的社羣感，與渴望生活於一個政

---

❷ J. S. Mill, "A Few Observations on the French Revolution", *DD*, I, p. 59.

❸ *CRG, CW*, XIX, p. 378.

❹ J. S. Mill, "Coleridge", *CW*, X, pp. 135–136, pp. 504–508; and *Logic, CW*, VIII, p. 923.

府統治下，諸如同一種族、共同的祖國、共同的語言、共同的宗教與共同的歷史意識等各種影響力，都有助於民族意識的成長。「但最大的影響是政治經歷相同，有着民族的歷史感，從而有了對社羣共同的回憶，對於過去同樣的事件，集體感到驕傲、恥辱、喜悅或遺憾。」❺❺彌爾表明說：「在民族意識強烈的地方，乍見之下都有確鑿的團結民族所有成員於同一政府之下，和單獨有他們自己的政府的情形。這說明了管理問題應由被統治者決定。」❺❻對此，他又補充說：「一個國家由自己管理是有意義，也有眞實感的」❺❼，「自由制度在一個由不同民族所組成的國家，幾乎是不可能實現。」❺❽簡言之，民主政治在由相同心態的人民組成的單一民族國家中，最能實行。「通常自由制度的一個必要條件，就是政府的界限大致應該和各個種族的界限一致。」❺❾

彌爾論稱：成熟的代議制度有賴於民意的凝集，而不同的民族意識，使用不同的語言會使得民意不能凝聚在一起。不同的民族各有其領袖，會造成社會隔離與分裂。同樣的書籍將不能在社會各部分間流傳。各民族對事實的評估與意見的表達，都將有所不同。這樣的差異如果尖銳化時，會助長專制而非自由。政客為了他們自己的利益與權力，將會利用民族間的間隙。

對於國家與民族的界限應當一致的原則，彌爾提出兩點相當

---

❺❺ *CRG*, *CW*, XIX, p. 546.

❺❻ *Ibid.*, p. 547.

❺❼ *Ibid.*, p. 569.

❺❽ *Ibid.*, p. 547.

❺❾ *Ibid.*, p. 548.

廣泛的限制。第一，環境有時使得上述原則難以或不可能實現；
奧地利帝國中各民族互相結合在一起就是一個實例。在這種情況
下，各民族的人民必須在權利與法律相同的政權下，培養必須在
一起生活的美德，並且寬宏大量地接受共同生活。第二、對一個
小民族而言，融入較大的民族時常是比追求政治獨立更有利。他
認為布列頓（Breton）或巴斯克（Basque）人，成為多才多藝的
法國民族的一部分，要比「具有過去的半野蠻作風，在狹小的精
神軌道中打轉，而不參與或關心世界一般活動」來得好。⑩依彌
爾之見，這種說法也適用於威爾斯人與蘇格蘭高地人(the Scottish
Highlander）與英國的關係。無論他如何同情這些小民族，他滿
懷信心認為：小民族的成員將由於與較大的民族密切結合，而獲
得文化利益，同時也回報以利益。在此種情況下，較弱的民族必
須獲得公平對待與同等考慮，從而有助於混合民族固有的不同性
質，以促進人類利益。然而，對「英國與愛爾蘭」分立或合併的
問題，彌爾的原則是：「在所有適當的時機公開聲明，英國必
然統治愛爾蘭，使愛爾蘭滿意英國的管理，否則就是讓愛爾蘭自
治。」⑩彌爾希望一國一民族的原則，不致應用於愛爾蘭，但是
如果英國統治者不能盡責，民族自治將是不可避免的結果。

　　無論如何，彌爾強調的是，「大眾參與政治只有在比較同質
的社會中，才能有效」，主張個人的自我表現只能在民族國家的
架構中，符合其必要條件，這是結合了民族意識與民主自由政府
的觀念，因此他在現代民族主義的論著中，也有其顯著的地位。

---

⑩　*Ibid.*, p. 549.

⑪　*LL*, *CW*, XVI, p. 1328；並請參閱 J. S. Mill, *England and Ireland* (London: Longmans, 1868).

⑫ 彌爾比起阿克頓爵士 (Lord Acton)，似乎較不恐懼民族意識會助長反民主的政治勢力，只是他也的確見到多民族國家的危險，因爲在多民族國家中，反自由主義的政府可能使得各民族間彼此對立。彌爾認爲：在這樣的國家中，由不同民族所組成的軍隊可能易於變成扼殺自由者。基於這個理由，他比較喜歡盡可能成立單民族國家，並且滿懷信心認爲這樣的國家比較能確保自由政府。⑬

其次，就文化因素或民族性而言，彌爾認爲代議政府並非所有文化水準都可適應與欲求的。彌爾指出：「要爲一個民族決定一種最合適的政府形式，我們必須能在那個民族所有的缺點和短處中，找出那些缺點目前正妨礙着它的進步，明瞭使它停滯不前的究竟是什麼。」⑭ 如此，舉凡具有極端消極和甘心爲奴的習性、強烈的地域觀念、侵略性的權力慾、埃及的僧侶政治、中國的父道專制，乃至一切事情都仰賴政府官員之品德與才智的印度，在彌爾的心目中，都不是適於實行代議政府的民族。惟英國人對於權力的中傾性格 (ambivalance) 却使之適於代議政府。⑮

---

⑫ Frederick M. Watkins, *The Political Tradition of the West*: *A Study in the Development of Modern Liberalism* (Cambridge, Mass.: Harvard University Press, 1957), p. 289;另外一位學者賓森甚至宣稱：「論代議政府若翻譯成屬地民族的語文，對於民族主義意識型態的形成，會有重大的影響力。」參閱Koppel S. Pinson, *Bibliographical Introduction to Nationalism* (New York: Columbia University Press, 1935), p. 13.

⑬ A. Brady, "Introduction", *CW*, XVIII, p. XIV.

⑭ *CRG, CW*, XIX, p. 396.

⑮ *Ibid.*, p. 421. 彌爾認爲：「有一種性格比其他性格使英國人民更

由此可見，彌爾多少是具有英國政治文化本位主義的觀念，而往往以英國的政治文化做爲衡量其他民族適於實行代議政治與否的標準。雖然他不主張文化侵略的帝國主義，但他確實有着濃厚的自由主義之殖民主義色彩。因此，他以互利乃至促進人類進步爲理由，將英國對印度的殖民統治合理化，並且宣稱一個文化落後的民族在文化較高的外國政府統治下，常能迅速地渡過幾個進步的階段，而掃清阻礙進步的精神障碍。⑥ 況且，民主之所以不適合於許多民族，是因爲民主比其他政府形式需要其社會成員有較大的才能與自制，因此一個民族在發展到較高的文明時，才能有代議政府。

事實上，從《論代議政府》一書也可看出，彌爾是想把他對英國代議制度改革的思考與建議，藉英國政府的力量，推廣到全世界，以符合其「改進人類」的雄心大志。⑥ 在論〈聯邦代議政治〉一章中，彌爾頌揚聯邦主義是使得彼此具有許多相互利益的

適於代議政治的，是他們幾乎永遠有着相反的特性。他們對任何以權力加於他們的企圖，凡是不合於長久以來的慣例和自己對權力的見解的，都不會予以寬容；但他們也不喜歡以權力加於別人。他們對統治沒有絲毫熱情，也深知謀求公職是出於私人利益的動機，所以都希望公職由不事鑽營的人擔任……。」(*Idem.*)

⑥ *Ibid.*, p. 419.

⑥ 《論代議政府》的第十六章至第十八章，爲論〈與代議政府有關的民族意識〉、〈聯邦代議政府〉與〈自由國家對屬地的管理〉。如果純粹只論英國的代議政府，實不必有這些章節，而彌爾的時代，英國正是世界工商霸主，國力鼎盛，殖民地與屬地之多爲各國之冠，因此從論英國的代議政府，轉而討論聯邦乃至屬地的政府，必有其目的。況且，彌爾自幼即以人類事務的改革者自許，甚至自居。此可參閱 John M. Robson, *The Improvement of Mankind: The Social and Political Thought of John Stuart Mill.*

社羣，在防衞與社會發展上更能共同合作，與更有成果的可貴工具；因爲彼此互利的社羣若分開，會變得較弱，而且時常形成不足取的敵對。他深入的討論使聯邦制度能被接受與實現的必要條件，組成聯邦的各種不同模式，實現聯邦目標所必要的制度，以及成功的聯邦制度所帶來的廣泛利益。他看出聯邦國家必然具有的優點，就像其他實際合作的模式所具有的優點一樣；在合作中，以說服代替命令，而且基於某些目標，弱的一方可以與強的一方平等相處。對彌爾而言，聯邦原則是蘊含於各眞正自由的國家中。

然而，彌爾所用來說明的僅有兩個重要的聯邦國家：美國與瑞士。這使他推論聯邦政府除了自衞外，沒有足夠的權威去發動對外的戰爭。而美國的聯邦經驗更使彌爾認爲：美國聯邦主義在限制多數專制、保護邊疆團體與創立高於各邦與聯邦政府的最高法院，俾能宣佈政府違反憲法所制定的法律無效方面，成就不凡。

彌爾論「自由國家對屬地的管理」一章，顯現他終生關心殖民地與帝國。由於在東印度公司服務了三十五年，他腦中不斷盤踞着帝國問題。彌爾的原則是在殖民地自治與殖民國家互利的基礎上，建立更新而有生機的帝國。他論稱：英國與殖民地具有許多共同利益，因此斷絕正式的聯繫是錯誤的。帝國可基於同意而存續。對他而言，儘管殖民問題很多，但殖民地的最高與持久利益使得殖民變成有理。帝國維護其散佈四處的領土間的和平，追求文明的傳播，提供新社羣與成熟的祖國間可貴的合作機會，並且有助於彼此開放市場。此外，彌爾還認爲：維持帝國關係會增進英國的道德水準與對世界議會 (the councils of the world) 的

影響力。在特地表示身爲英國人的驕傲時，他讚揚英國是最了解自由的強國，也是比其他任何一個大國更依據良心與道德原則來對待外國人的強國。這些性質使他非常重視帝國的結合。1862年，他寫信給他的朋友凱尼斯（John E. Cairnes）說：「我認爲任何使殖民地分離的事情，都很不可爲；我相信：維持與現在一樣大的結合對殖民地是有很大的助益，雖然對英國的直接利益極微小，小到比友善的分開還小，但是任何分離都將大大地減損英國的威望，而我認爲在目前的世界中，英國的威望對人類是有很大的助益。」⑱

　　雖然彌爾贊成維持與殖民地的關係，但他拒斥英國與其殖民地形成聯邦的觀念。由此可見，彌爾是具有大英帝國主義思想，只是他認爲：「英國一直感到，它有義務以其代議制度，授予某些和它同文同種以及某些不是和它同文同種的屬地人民。」⑲彌爾並且提出一個建議，以鞏固帝國的一體感。他主張將帝國各部門與各部分的公共職務，平等地開放給殖民地居民。至於未達到適行代議政府的屬地，彌爾認爲：「……必須由所屬國家或其派遣的人員管理。如果這種管理方式，……最能幫助他們過渡到一個較進步的階段，就和其他任何方式同樣地合法。……在某些社會狀態中，有力的專制政治就是訓練人民達到一種較高文化的最佳管理方式。……在當地的專制政治下，要有一個好的專制者是很少見的……，但如他們是受一個比較文明的國家統治，那個文明國家就應該常可成爲一個好的專制者。」⑳ 只是，彌爾又指

---

⑱ *LL, CW,* XV, p. 784; cf. p. 965.

⑲ *CRG, CW,* XIX, p. 562.

⑳ *Ibid.,* p. 567.

出：「由於比較落後的人羣不是被比較進步的人羣直接統治，就是完全在他們的統治支配之下，已成爲一種普遍的現象，……所以如何把這種統治加以組織，使它對屬民有益而無害，給予他們目前所能享有的最佳管理和對未來永久的進步最有利的條件，在這個世界的這個時代中，就成爲一個比什麼都重要的問題。」⓪對彌爾而言，問題的解決最終是要經由殖民國家協助殖民地走入自治與實行代議政府的境界，英國對印度的管理就可做爲一個實例。因此，彌爾可謂具有傳播代議政府的使命感，使他不憚其煩地在《論代議政府》中，論述屬地的管理。

綜上所述，可知彌爾認爲英國文化具有其優越性，而想建立以英國爲中心的民主世界，但他否認文化差異是由於種族差異所造成的，諸如教育、國家法令、特殊的社會與歷史環境等各種影響力，都比種族因素更重要。彌爾在《政治經濟學原理》中，更爲清楚地表明了他對此一問題的意見：「在逃避社會與道德影響力對人類心靈的影響的一般思考方式中，最爲普遍的就是將行爲與性格的差異，歸諸天生的自然差異。」⓫溫奇 (Donald Winch) 就曾指出說：彌爾與政治經濟學上古典自由主義學派的其他成員，具有同樣的觀點；他們的觀念是源自十八世紀的思想家，都假定人性是各地皆同，以及人性可經由有效能的政府與勤加教育，提升至文明的程度。⓭如此，民族文化固然是實施代議政府的條

⓪ *Ibid.*, p. 568.

⓫ *PPE, CW*, II, p. 319.

⓭ Donald Winch, *Classical Political Economy and Colonies* (Cambridge, Massachusetts: Harvard University Press, 1965), p. 168.

件，但非不可改變，而除了民族文化外，也還有其他條件影響代
議政府的能否實施。

三、社會經濟與環境因素

彌爾在其思想的轉型期時，亦即試圖結合早期的功利主義學
說與新吸收的哲學等思想時，即已視政治為社會結構中非常重要
的一部分。換言之，彌爾認為國家的制度機關，由於與經濟及
社會生活的主要方面交織在一起，因此只能從整個社會系統來了
解。如此，政府反映經濟與社會系統的特性，以及人所具有的倫
理價值觀念。他在寫給夏普曼 (John Chapman) 的信中，即曾明
白表示，「我所了解的社會學，不是包含於政治範圍內的特殊種
類事物，而是包括政治在內的廣大學問──亦即探討與思考人類
社會及其安排的整個學問，而政府的形式與政府管理的原則只是
其中的一部分。」⑦ 顯然，彌爾亦認為政治的進步是與社會的進
步不可分。此所以其在《自由論》中，一再強調民主的政府背後
必須有一自由的社會。

再者，在《論代議政府》中，彌爾亦承認，社會力量在對適
於當時社會情況之各種政府形式做選擇時，可以促成某種政府。
⑦ 無論如何，彌爾雖未深入的詳論民主政治可以運作的社會與經
濟制度，但他在論〈美國社會狀態〉一文中，指出：社會經濟與
環境如何影響一國的政治，國家如何能經由比較制度學從彼此的

---

⑦ *LL*, *CW*, XIV, p. 68.

⑦ *CRG*, *CW*, XIX, p. 382. 在彌爾的觀念中，社會力量包括體力、
　　財產、智力、組織、意志、言論與信仰等。

經驗中獲益。⑯彌爾深信：美國式的民主必定是與美國社會的特性密切相關；此一特性是由下述的種種勢力所塑成：豐富的自然財富，人口的迅速成長，各階級都有顯着的機會提升生活水準，沒有具侵略性的鄰國，除了南方各州之外沒有有閒階級，以及承襲了三千英哩外的祖國語言與文化。這許多影響力雖然很少是政府的產物，但是直接衝擊政府。若不根據這些因素，就幾乎不可能了解美國的民主政治實驗。對彌爾而言，美國是社會環境與政治形式密切結合的最好證明。

彌爾指出：「沒有貧窮，就會顯然免除貧窮所造成的缺點與罪惡」⑰，「高薪與普遍的學識是民主政治的兩個要件；在這兩個要件並存的地方，除了實施民意政府外，所有其他政府都是不可能實現的。」⑱彌爾認為：北美洲工資高意味着，一般人不僅有好的報酬，而且其政府必須諮詢他們的意見。普魯士的普遍識字也一樣，雖然識字原先是被視為閱讀聖經的工具，但已變成政治與法庭辯論的珍貴媒介，而美國人即由此建立與維護他們的各種自由。

在《政治經濟學原理》中，彌爾亦指出：「一個民族自由，有時就因其先已富裕，富裕有時就因其先已有自由。一個民族的信條與法律，對於他們的經濟狀況有相當大的影響，而經濟狀況，因可影響他們的精神發展與社會關係，所以亦會影響他們的信條與法律。」⑲如此，經濟與政治是交互作用，彼此影響，但

---

⑯ J. S. Mill, "State of Society in America", *CW*, XVIII, pp. 91-116.

⑰ *Ibid.*, p. 98.

⑱ *Ibid.*, p. 99.

⑲ *PPE*, *CW*, II, p. 3.

彌爾亦深切了解到除非建立平等觀念的新經濟制度，否則政治民
主是不適當的。❽⓪

　　在彌爾的觀念中，「所謂社會狀態 (state of society) 是所
有同時發生的社會事實或現象的狀態，該種狀態，如現在社會每
一階級的知識程度，道德和知識文化，工業財富和分配的狀態；
社區內職業概況；社會階級以及相互關係；對於人類具有重要性
的課題，應有共同信仰，並保證這些信仰能推行；發展美學嗜好
和個性，重視政府的形式，法律和習慣，所有這些事物及其它自
然發生的許多事物的條件，建立了社會狀態，或任何時候的文明
狀態。」❽① 如此，社會狀態（包含環境、歷史與社會條件）當然
亦與民主能否實施成功有關，甚至社會狀態會與政府形式產生共
變狀況；社會狀態改變，政府形式即隨之改變。

　　在環境因素方面，具體言之，一民族國家如處於內憂外患，
或遭遇重大生存危機的狀態下，即不宜實施代議政治。因此，彌
爾「絕不反對在極端危急的情況下，以一種暫時獨裁的形式，使
用絕對的權力。」❽② 而在論述與代議政府有關的民族意識與聯邦
代議政府的問題時，彌爾亦曾強調環境有時會使弱小的民族併入
較大的民族，或組成聯邦成為必要。❽③

　　由彌爾所提示的實行民主之四類條件（社會心理基礎、民族
文化、社會經濟與環境因素），可以想見彌爾理想中最好的政體，
對處於不同時空與環境中的任何民族與國家而言，都是可遇而不

❽⓪ J. S. Schapiro, *op. cit.*, p. 146.

❽① *Logic*, *CW*, XIII, pp. 911–912.

❽② *CRG*. *CW*, XIX, p. 408.

❽③ *Ibid.*, p. 549 and p. 559.

可強求的。簡言之，代議政府之理想性質是相對的，而且需要一些充分條件與必要條件做基礎。尚未具備有實施代議政府條件的民族與國家，必須循序漸進，逐步提高人民的精神素質與誘發其主動進取的性向，才可望臻於代議政府所基的文明狀態與歷史階段，而最能提高與最能充分運用人民的品德與智慧。如此，在彌爾的心目中，當時適於實行代議政府的歐洲國家，也不過英國、瑞士、荷蘭、比利時與義大利等寥寥數國，而落後民族或國家甚至有必要在民主先進國家統治下，逐步邁向實施民主自治的最後階段。吾人如試着勾勒出彌爾認為可以採行代議政府之國家的一般社會狀態，則受過工業革命洗禮，科技發達，經濟發展，人民生活普遍無虞匱乏，而有求知求新求變精神的現代化社會，可說是彌爾政治建設的社會藍圖。

第三節　民主的時代意義

一、民主政治的必然來臨

依據彌爾的進步論與政治建設的社會藍圖，英國顯然已可大步邁向民主。事實上，在彌爾的時代，英國也已逐步邁向民主，只是從第一次選舉改革（1832年）到第二次選舉改革（1867年）相距達三十五年之久，而第一次選舉改革主要是中產階級取得選舉權，大部分的勞工階級則尚未取得選舉權。彌爾身為英國的急進分子，自幼卽對美國深感興趣，因此總覺得英美應該實施民主競賽，使他理想中的代議政府落實於人間。對他與大多數的功利主義同志而言，美國此一共和國是民主政治付諸實施的獨特實驗，

因而對歐洲所有自由主義者而言，是很重要的。他們認爲美國展現了民主政治的優點，而大爲讚揚美國變成他們正統的習慣。他們景仰美國，因爲美國將新的社會觀念付諸實驗，拒絕設立國教，擴張選舉權，提高人民教育，承認新聞自由，與信仰自由經濟。

再者，彌爾在 1835～1840 年間，寫了三篇有關美國的重要文章；1835 與 1840 年，各寫了一篇相當長而分別論托克維勒所著《美國的民主》一書的書評，1836 年寫了一篇論〈美國社會狀態〉的文章。在這些文章中，彌爾不僅致力於敍述一位新的大思想家的著作，並且描述與歐洲貴族政權相對比之下的美國民主社會。在上述兩篇書評中，彌爾認爲托克維勒公正地研究與了解了美國的民主。他恭維托克維勒的書是政治論著中劃時代的作品，頌揚此書的上卷是「吾人的時代中最顯着的成果」。❽ 他認爲托克維勒思想的豐富，可與孟德斯鳩相比。他對此書下卷的讚揚，也是同樣狂熱；稱此書「顯現於現代社會，是自有論民主的書以來，第一本論民主的哲學性書籍。」❽ 彌爾之所以讚賞此書，主要是由於托克維勒高瞻遠矚的社會學描述與觀察力，以及深刻的評論民主政治的性質與趨向，民主所面臨的危險，乃至民主的條件。

彌爾與托克維勒幾乎是同一時代的人，雖然社會背景不同，

---

❽ J. S. Mill, "De Tocqueville on Democracy in America 〔I〕", *CW*, XVIII, p. 56.

❽ J. S. Mill, "De Tocqueville on Democracy in America 〔II〕", *CW*, XVIII, p. 156. 參閱彌爾在讀完下卷後，寫給作者的讚美信，*EL*, *CW*, XIII, pp. 433-435.

但有很多共同之處。他們兩個人都深信：新工業時代必然對社會與政治造成深遠的影響。兩個人都關心：未來事物的形成，平等的趨勢，以及民主政治幾乎已成爲不可避免的自然勢力，必須加以調整以適應人類環境與需要。兩個人都認爲：民主政治將強烈的公民意識與社羣感，散佈於整個民族國家。在托克維勒的影響下，彌爾更堅信：「吾人無權選擇民主政治或貴族政治，必然與神已爲我們做了決定。但是我們仍可在管理良好與不良的民主政治（well and ill regulated democracy）間做選擇。……問題是在於如何善用民主，而非接不接受民主。民主是必然來臨，貴族政治已消失成爲過去。」❽❻「在現代世界中，民主是不可避免的；而且整個言之是可欲的……。」❽❼ 顯然，彌爾與托克維勒都認爲民主原則的進展與最終優勢具有自然法則的性質，而且是文明進步不可避免的結果。托克維勒認爲民主的進展旣不能也不應受阻擋，「民主運動從現代文明破曉之初，已不斷穩定地向前進展。」❽❽ 彌爾對此頗有同感，因此他認爲，民主時代的來臨不僅是實然，也是應然。況且，彌爾非常反對貴族政治，因此無論民主政治具有任何缺點，他總認爲民主政治優於貴族政治。

在《自傳》中，彌爾便指出：「……英國憲法中貴族階級的優勢是值得用任何爭鬥去剷除的一種毒害；這不是爲了稅捐的原因，也不是爲了任何一些小的障礙，而是因爲它是國力極屬害的

---

❽❻ J. S. Mill, "De Tocqueville on Democracy in America 〔I〕", *CW*, XVIII, p. 56.

❽❼ J. S. Mill, "De Tocqueville on Democracy in America 〔II〕", *CW*, XVIII, p. 158.

❽❽ J. S. Mill, "De Tocqueville on Democracy in America 〔I〕", *CW*, XVIII, p. 50.

腐化的主因。所謂腐化，第一是，因爲它重視私人的利益而輕視
公衆的幸福，又因爲它維持階級的利益而濫用立法權，以致政府
的行動成爲不道德的模範。第二，更壞的是，因爲多數人的着眼
點，……在現今的社會狀態中，總是與升官、發財的途徑聯成一
氣；而且在英國制度下，不論遺傳的或非遺傳的財富，幾乎都是
政治地位的唯一泉源；財富與財富的標記，幾乎是唯一被重視的
事物，人們一生的精力大部分都貫注於這些方面。我想，比較尊
貴與比較富有的階級旣掌有政權，那麼民衆教育和改革便是和這
些階級的自利心大相逕庭，因爲這種教育與改革更足以增加人民
脫離束縛的力量。」❽ 由此可見，彌爾反對貴族與富者政治，而
贊成英國的民主化。在論〈文明〉一文中，彌爾指出：「憲政權
力的分配不可能長期與實際權力的分配不同，而沒有動亂，如果
阻礙民主進步的制度能夠以奇蹟維持住，也只能使進步慢一點而
已。」❾ 在〈時代精神〉一文中，他也表明：「世俗權力必定從
人類靜止不變的一派手中，轉移到進步派。」❑ 如此，彌爾認
爲，貴族與富者在政治中的優勢，不但應該而且必定消失，而隨
着社會經濟結構的改變，政治權力的分配必然會重新調整。

　　彌爾深信平等的感情是現代工業社會的動力。他在比較英國
與美國時論稱：在這兩個國家裏的中產階級，結構與抱負顯然相
似。兩國都遭遇到的情況是：社會不穩定，個人不停地要改善自
己的命運，不斷的追求財富，以及下層階級躋身中產階級的人源

---

❽ *Autob.*, p. 103.

❾ J. S. Mill, "Civilization", *DD*, I, p. 173.

❑ J. S. Mill, "The Spirit of the Age", *John Stuart Mill on Politics and Society*, ed. by G. L. Williams, p. 176.

源不斷，使得中產階級擴大。英國與美國不一樣的是，有着土地
貴族在統治，同時也有比美國更龐大與更具影響力的有閒階級與
知識階級。這些階級特色造成了兩國政治生活性質上的差異。彌
爾承認：英國在 1830 年代發生的重大變遷，已縮小了差距。貴
族權力的據點已在削弱。貴族院無論作何主張與如何具有權威，
都不再能打敗改革法案。英國貴族已開始受到資產階級的意見乃
至品味的影響。政府組織雖仍可能以貴族爲基礎，但畢竟已開始
轉變，而彌爾卽決心要使這種轉變終獲成功。

彌爾觀察英國的思想氣候，更樂觀的認爲民主政治必然來
臨。他說到：「最近，一種自由思辨的精神已經顯露出來，它表
示英國方面心理的解放更有成功的希望，加上歐洲其他各國政治
自由運動的復興，使現在人類事業的前途更充滿着無限的希望。」
❾❷ 而在歐洲方面，「當幾乎每一個歐洲大陸國家都已改變，或正
在迅速改變其政府形式時，幾乎是異口同聲宣稱政府形式有着大
大小小的缺點，因而必須加以革新、純化與調整到適合文明人的
這種論調，將會理直氣壯的響徹雲霄。」❾❸ 如此，民主改革乃是
大勢所趨。此因「隨着人類事務的進展，人們就不再認爲必須要
讓那些與自己利益相違的統治者，成爲一個獨立的力量。在他們
看來，如果能使國家的各種官吏成爲他們的租借人或委託人，可
以隨時解除租借或委託的關係，就要比較好得多。似乎也只有用
這種方式，才能使他們有充分保障，永不會受到政府濫用權力的

---

❾❷ *Autob*, pp. 142-143. 在十八世紀末，由於法國大革命曾經引起歐
　洲各國王室保守主義的大反撲，使得直至十九世紀初，自由主義思
　想與運動一直受到壓制。

❾❸ J. S. Mill, "The Spirit of the Age", *op. cit.*, p. 170.

迫害。這種主張選任統治者的新要求，在凡有大衆政黨存在的地方，都逐漸成爲他們努力的主要目標，並且也廣泛地代替了以前限制統治者權力的努力。……限制權力似乎只是對付慣於違反人民利益的統治者的一種手段。目前需要的，是統治者必須與人民一致；他們的利益和意願也必須是國家的利益和意願。國家不須對它自己的意願有所防範，也毋庸恐懼它會殘害自己。它可以讓統治者實際對它負責，需要時就迅速加以更換……。」❾

然而，在彌爾的觀念中，「民主政治的勝利並非依賴某個人或某一羣人認爲它應該勝利的意見，而是依賴財富進步的自然法則，依賴閱讀能力的普及以及人類交際的更加方便。」❾ 因此，英國工業革命後，首先是資產階級得勢，繼之是中產階級具有支配勢力，而隨着上述條件的發展，勞工階級的興起成爲一股社會與政治勢力，乃是彌爾意料中之事。

二、勞工階級的興起與工業民主

彌爾的《政治經濟學原理》，一版比一版傾向於社會主義與同情勞工階級，正顯示出勞工階級在英國社會中將形成一股勢力。雖然到了十九世紀中葉，英國的勞工階級大多尚未取得參政權，但是彌爾指出：「近代國家必須明白這個教訓，即民族的幸福必須經由各個公民的正義及自治來實現。」❾ 彌爾甚至認爲：至少在較進步的國家中，可以斷言的是，家長或父權式的政治制度，已經是勞動階級不再能忍受的了。勞工階級已識字讀書，已

---

❾ *Liberty*, *CW*, XVIII, p. 218.

❾ J. S. Mill, "Civilization", *DD*, I, pp. 172-173.

❾ *PPE*, *CW*, III, p. 763.

被准許讀報紙政論；倡異議的人已走入他們中間，訴諸他們的才能與感情，要他們起來反對上層階級所頒佈與維持的信條；他們已羣集在同一屋頂下工作；鐵路已使他們能由一處遷徙至另一處，可以像換衣服一樣，更換他們的主人與僱主；他們已能透過選舉權參與政治。勞動階級已經把他們的利益，放在他們自己的手中，常常表明他們覺得雇主的利害關係，不僅不同於他們自己的利害關係，而且正好相反。上層階級中，雖有若干人自信這種趨向，可以用道德及宗教的教育來抵消，但時不稍待，這種教育亦已無用。改革的原理，已經和寫、讀能力一道降至社會的下層階級；貧民已不再願意忍受他人指定的道德與宗教。⑨然而，這種情況並非十九世紀中葉英國勞工階級的普遍情形，而只是較進步的工業都市中的情形。但彌爾主要是想指出勞工階級的興起已指日可待。

　　在彌爾的心目中，「勞工階級已一天比一天更不依賴，他們的心理也一天比一天更不能默認殘存的依賴制度，自立的德行已成為他們所需要的。要給予勞動階級忠告、告誡或指導，皆須立於平等的地位，並使他們以明眼接受。」⑨⑨而在勞工智力增進時，可以預料的是，他們將日益不願受上層階級的權威所指導與統治；依賴及保護的理論將日益不能為他們所容忍，他們將要求在本質上自治的行為與狀況。再者，當工人意識到他們的情況，他們會反對受「生活比他們好的人」（betters）教導，並且會拒絕受統治或像孩童般看待，一旦他們看到他們的利益與他們的雇主

⑨　*Ibid.*, pp. 761–762.

⑨⑧　*Ibid.*, p. 763.

⑨⑨　J. S. Schapiro, *op. cit.*, pp. 146–147.

相反，工人將不會滿足永遠停留於賺取工資者的情況。⑨ 鑒於這種情況，彌爾認爲職工階級的權力與重要性日益增加，大衆的優勢亦日益增加，結果至少會使得英國政府給予多數人消極的發言權。⑩ 同時，他也表示：「我不相信所有參與政治的各階級，都會故意犧牲勞動階級。在過去，他們的確有過那樣的存心；從他們長久以來一直企圖以法律來壓低工資這件事就可獲得證明。然而，在目前，一般的傾向卻正好相反；爲了勞動階級的利益，尤其是在經濟利益方面，常願做很大的犧牲，而且反失於有過多和一視同仁的仁慈，我也不相信歷史上任何統治者，會比他們有更眞誠的願望，要向比較貧困的國人盡責。」⑩

於此，彌爾似乎將自己對勞工階級的同情投射到整個社會。因此，他不但認爲在受過敎育的條件下，勞工階級應享有投票權，而且預期「如果人類會繼續改良，則在最後較有希望的合作形態，不是資本家（當作首領）與勞動者（對於經營無發言權）的合作，而是勞動者自己平等的合作，集體擁有所有他們營業用的資本，而在他們自選的，可由自己撤換的經理下工作。」⑩ 由此可見，彌爾認爲民主政治的進展在人類繼續進步的情況下，將會擴展至工業民主。而勞工階級「未來的前途如何，就看他們如何能夠成爲理性的人。」⑩

彌爾深信工人的合作組織（cooperative associations）將會保留資本主義的優點，而不會具有資本主義的缺點與弊端。財富懸

---

⑩ *PPE, CW*, III, p. 766.

⑩ *CRG, CW*, XIX, p. 405.

⑩ *PPE, CW*, III, p. 775.

⑩ *Ibid.*, p. 763.

殊的不平等將會在工業民主下消失。同時，合作組織在財富生產
上將會比個別的資本家更成功；因爲由成員們的欲求更大利潤，
將會形成更大的生產力誘因。利潤將依公認的公道原則來分配。
由於合作組織具有較大的生產力，優越的社會目標與成員們和諧
地在一起工作，將會在與資本主義型態的企業競爭中獲勝，終而
成功地取代它們。經由這種和平的方法，社會將在沒有暴力與強
取豪奪的情形下，由以競爭爲基礎走向以合作爲基礎。依照彌爾
晚期的觀點，在工業民主下，經濟將不再會被譴責爲陷勞工羣衆
於永遠的貧窮之中，而全人類會有美好與快樂的未來。況且，合
作社的成功，可以訓練勞工的道德及自治等能力。

　　如此，彌爾不僅同情勞工階級而指引他們，並且對勞工階級
的未來充滿了期許，但是他一方面認爲推廣工業民主的時機已隨
着民主政治的來臨而成熟，另一方面又認爲「勞工階級的準備尙
未完成……對於非常需要他們的知識或道德的各種社會秩序，目
前（1825 年《政治經濟學原理》第三版發行時）還是極不相配。」
⓴事實上，這是因爲他一方面了解到民主潮流爲大勢所趨，一方
面擔心民主將會帶來多數專制。早在 1836 年撰寫論〈文明〉一
文時，他就已指出：「關於民主政治的來臨，一個理性的人依其
認爲羣衆是否準備好運用控制其命運的權力，可以分成二種不同
的立場；認爲準備好的人……不會去抵抗它，認爲羣衆未準備好
完全控制其政府的人……會盡力去幫助他們做準備；一方面，運
用所有手段，使羣衆更爲聰明與更好，另一方面，激起有教養的
階級睡着的精力，使這些階級的年輕一代具有最可貴的知識，喚
起這個國家所存在或能培養的偉大人物，而致創造可與羣衆的權

⓴ *Ibid., CW*, II, p. xciii.

力相抗衡的權力，並且⋯⋯給予羣衆最有益的影響。」❿ 彌爾最終所選擇的是後一種立場，這也是他一生奮鬥的主要目標之一。

---

❿　J. S. Mill, "Civilization", *DD*, I, pp. 173–174.

第五章　民主政治中的羣眾與精英

第一節　民主與多數專制

　　彌爾認為由於民主時代的來臨，「現在，景象已改變了。階級的區別已逐漸廢除，從前一度分隔人類的那些障礙，正在崩潰；財產分散了，權力由許多人共享，知識之光也傳播了，一切階級的能力都趨向平等。社會狀態變得民主化，而民主帝國則慢慢和平地在制度與習慣中建立起來。」❶簡言之，彌爾認為：「現代世界顯然有一種走向民主社會組織的強烈趨勢。」❷然而，對彌爾而言，接受民主不是一顆萬靈丹，而是一個問題。在邊沁與詹姆斯彌爾等主張民主主義者的心目中，多數統治似乎是所有可能實現的政府中最好的政府。但是，彌爾根本不相信多數的必然為善、為理性，因此他認為多數統治會造成多數專制，反而是民主政治的缺點與危險所在。

　　再者，彌爾指出：「在政治和哲學理論方面，也和人一樣，

---

❶　這是彌爾引述托克維勒在《美國的民主》一書中所說的一段話；參閱 J. S. Mill, "De Tocqueville Democracy in America 〔I〕", *CW*, XVIII, p. 53.

❷　*Liberty, CW*, XVIII, p. 286.

失敗時可能掩蓋的缺點和弱點，常因成功而暴露。」在法國大革命之後，「民選負責的政府也就隨着既存事實而成爲觀察和批評的對象。現在有人發覺『自治』與『人民管理自己的權力』這類用語，並不能表現眞實的情形。那些行使權力的『人民』，通常不是權力所加的人民；而我們所說的『自治』，也不是每個人管理自己，而是每個人由所有其餘的人來管理。不但如此，人民的意願，實際上是指最多數，或最活躍的一部分人的意願。所謂最多數，就是多數或能使自己被認爲多數的那些人；結果人民也會希望壓迫他們中間的一部分人；而預防這一點，就與防止其他權力的濫用同樣重要。……而在政治思考中，『多數專制』現在就普遍被認爲是必須防範的罪惡之一。」❸這不啻宣布古典民主（直接民治）秘思的幻滅。

原來，政治思想家長久以來即關切着「多數專制」的問題，認爲多數總是蹂躪少數或個人。而彌爾受到托克維勒所著《美國的民主》一書之影響，尤其關切這種專制。他藉助於托克維勒的慧眼，洞悉了多數的角色及其對個人與政治及社會生活之影響。在《自傳》中，彌爾描述托克維勒如何比其他同時代者，更強而有力地論述了民主的優缺點與危險。他承認托克維勒增強了他自己對政治上民意專制的恐懼，而影響他改變其純粹民主的理想，導致後來在《論代議政府》中提出的修正形式。❹惟彌爾從托克維勒所獲取的多數專制的深刻印象，對他而言，尚引起一層心理上的隱憂；那就是如果多數專制爲不可避免的趨勢，則其精英統治的觀念就難以落實。在這點上，雖然彌爾比起托克維勒，對民

---

❸ *Ibid.*, p. 219.

❹ *Autob*, pp. 115–116.

主政治會落入平庸者的控制，顯得較不悲觀，但也更加使其不能不對精英人才的出現與領導，寄予厚望。而誠如彌爾所說的，「道德革命已使權力由少數轉移至多數手中」，至於其爲禍害或有益，端視其是否尊敬開明的少數而定。❺爲此，他曾說到：「人不能使河水倒流回其源頭，但河水是否滋潤或荒廢田野端賴於人本身。」❻

　　無論如何，在彌爾的觀念中，民主加上近代文明的進展會助長羣衆社會的出現，而羣衆社會可能摧毀帶給其生命的制度。其次，在民主政治中，若任由多數專制，其所造成的弊害或危險，依彌爾的見解，可以歸納爲兩種：「一是普遍的愚昧和無能，或者說得溫和一點是，統治團體沒有足夠的精神條件；二是它有受與社會福利相違背的勢力所影響的危險。」❼簡言之，民主政治下的多數專制會造成集體平庸與階級立法兩大問題。

一、羣衆社會的出現與趨勢

　　在論〈文明〉一文中，彌爾指出文明與民主一樣有其利，也有其弊。而文明的趨勢就在於造成大衆文化與羣衆社會（mass society），這與民主的多數專制可能糾纏或結合在一起，對個人自由產生莫大的威脅，而不利於才智與道德的發展。

　　在彌爾的觀念中，「無論我們所謂的野蠻生活特點是什麼，

---

❺ Cited from Joseph Hamburger, *Intellectuals in Politics*: *John Stuart Mill and the Philosophic Radicals*, p. 93.

❻ J. S. Mill, "De Tocqueville on Democracy in America [II]", *CW*, XVIII, p. 158.

❼ *CRG, CW*, XIX, p. 436.

其相反的事物，或者社會在拋棄那些特點所具有的事物，即構成
文明。」❽ 文明人不像野蠻人，是共營龐大與固定的羣居生活，
共同在大團體中爲共同目標而行動，而且物質成就不斷在進展。
他們創立了人煙密集的城市，發展各項工業，實行分工，推展貿
易管道，改變生產技術，並且將科技應用於栽種土地。如此，他
們的物質生活更加舒適，更加滿意，而社會交際也更加愉快。彌
爾欣然接受這種向前推進的文明的一般結果，但是對於文明自然
成長的某些特點，尤是對權力日愈由個人或個人組成的小團體轉
移至羣衆感到困擾，因爲羣衆的重要性在增高，而個人的重要性
在降低。現代物質文明的特產就是羣衆社會。彌爾對此與托克維
勒一樣感到恐懼。他寫到：「當羣衆擁有大權時，個人或一小
羣人除了影響羣衆外，就無可完成其他重要的事情；而要影響
羣衆，也會日益困難，因爲競相吸引公衆注意的人數會不斷增
加。」❾ 而托克維勒在《美國的民主》一書中，亦指出：「民主
共和國助長了求取多數人歡心的習尙，而且立刻將之應用於一切
階級；這是可以對民主共和國所做的最嚴重的指責。」❿ 對此，
彌爾也深具同感。

　　彌爾更進一步指出：「文明的每一步——知識的勝利、財富
的增加——使得多數的資源增加，而少數的力量減少與精力鬆弛，
我們現在發現自己處身於一種可謂平等的社會情況，不僅平等的
勢力在發生作用，而且……多數的力量也大爲增加。閱讀的力量

---

❽ J. S. Mill, "Civilization", *CW*, XVIII, p. 120.

❾ *Ibid.*, p. 126.

❿ Cited from J. S. Mill, "De Tocqueville on Democracy in America 〔I〕", *CW*, XVIII, p. 82.

與習慣首次開始滲入迄今尚無生氣的羣衆。閱讀即權力 (Reading
is power)；不僅因閱讀是知識，而且更因它是溝通工具——由
於閱讀之助，不僅意見與感受能傳布於羣衆，並且會使具有意見
與感受的人，知道大家都有相同的意見與感受……如果這種意見
與感受繼續存在，就足以促使他們具有支配力，多數首次學習到
一個教訓：一旦選擇運用他們的力量，他們的力量就是無敵的。」
⑪至少，十分明顯的是：由於文明的進展，如果財產與才智變成
普遍分佈於好幾百萬人之間，必定也會有一結果，就是屬於個人
的財產或才智其影響力必定傾向於愈來愈小，而所有的結果必定
愈來愈是由羣衆運動所決定。⑫

　　由於現代文明使人不停地追求財富以及其他同樣的目標，而
趨向庸俗化，也使得社會處於羣衆「常識的武斷」 (dogmatism
of common sense) 下。個人比起羣衆日愈不重要，是因爲羣衆
本身已形成巨大的規模，面對羣衆，個人是沒有力量的，而且由
於科技的進步，羣衆已能同時行動，不僅能強迫任何一個個人，
而且能迫使任何數目的個人屈服，而致產生摧殘自由的一致性。
彌爾在《自由論》中，即指出：「圍繞不同的階級和個人，以及
形成他們的性格的環境正日益變得更爲相似。在以前，不同的身
分，不同的鄰居，不同的行業和職業，都是生活在可以稱爲不同
的世界中；現在卻大部分生活在同樣的世界中。比較起來，他們
現在讀同樣的讀物，聽同樣的話，看同樣的東西，去同樣的地
方，對同樣的目標存有希望和恐懼；有同樣的權力和自由，而且
用同樣的方法主張權利和自由。地位的差別雖然仍舊很大，但與

---

⑪ *Ibid.*, pp. 50–51.

⑫ J. S. Mill, "Civilization", *DD*, I, p. 165.

已經消失的差別來比，就微不足道。而這種同化工作還在繼續進行中。這個時代的一切政治變遷都在助長它，因為它們都是要使低的提高，高的降低。教育的擴展也在助長它，因為教育是把人置於共同的影響下，使他們接近通常的事實和感想。交通工具的改進也在助長它，由於這種改進使得遠地的居民易於接觸，也使地方與地方之間的遷居來往不絕。……在形成人類普遍相同這方面，還有一個比所有這些都更有力的行為，那就是在英國和其他國家中，民意所完全確立的優勢。由於過去可維護個人，忽視大眾意見的社會顯要們，逐漸變得不重要起來，而且由於那種抵抗大眾意願的念頭，在確實知道大眾具有他們的意願後，逐漸在現實的政客內心消失，與大眾不一致就不再會得到社會的支持——卽使社會本身也反對數目上的優勢，但社會上也不會有任何重要的力量，願意保護那些與大眾不合的意見和傾向。」⑬

況且，在商業文明的趨勢中，一致化只是其中的一種趨勢；平等的感情也是現代工業社會的動力；而「民主制度喚醒和培養了一種永遠無法令人完全滿足的要求平等的激情。」⑭彌爾卽深深恐懼社會平等與民意裁判的實現，將會用言行一致的規定來約束人類。⑮他認為美國制度使美國人深印於心的，是任何一個人（只要皮膚是白的），在價值上都和別人完全相等，而這種錯誤的信仰和美國人性格中一些更不好的地方有密切的關連。任何國家若在憲法中認可這種信條，就不是一種輕微的禍害，因為對它

---

⑬ *Liberty, CW,* XVIII, pp. 274-275.

⑭ J. S. Mill, "De Tocqueville on Democracy in America 〔I〕", *CW,* XVIII. p. 75.

⑮ *Autob.,* p. 151.

的信仰，不管是明顯的或默認的，都會損害精神和知識的優越性。彌爾與托克維勒都注意到：在美國，粗暴的人民專制形式不是表現於法律，而是在於彌爾所謂「超越所有法律的豁免權」（the diepensing power over all law）。對此，彌爾評論說：「麻塞諸塞州的人民並未通過法律，禁止設立天主敎學校，或使淸敎徒放火免受處罰；他們滿足於將幽蘇林女修道院（Ursuling Convent）燒成平地，而曉得將找不到陪審員來爲受害者申寃。」❶ 在這種情況下，人民專制不僅表現於受宗敎、黨派或種族情感所激起的暴民行動，而且是表現於行政與司法機關由於直接依賴民意，而不能有效運作。

　　個性、林林總總的思想，擲地有聲的少數意見，源自個人與團體的自發性創造力，這些都是彌爾與托克維勒認爲具最高價值的事物，但是他們兩人也都看出在民主政治中的多數對這些價值永遠構成威脅。對彌爾而言，這些價值一直是其自由主義哲學，與遍布《自由論》一書中持久不變的主要價值觀念。而民主平等化的趨勢，有使輿論、情感、習俗與政治權力結合的趨勢，遂使彌爾憂心忡忡。他認爲：「現在多數英國人還沒有認爲政府的權力就是他們的權力，等到他們也有這種看法時，個人自由也許就要受到政府的侵犯，正如它受到輿論的侵犯一樣。」❷ 況且，他從托克維勒《美國的民主》一書得知，人民時常直接管理，而非僅是對政府運用最高控制權；委任代表已普遍取代獨立代表制。無論選民消息如何不靈，時常設定其代表不得不尊重的條件。多數

---

❶ J. S. Mill, "De Tocqueville on Democracy in America 〔II〕", *CW*, XVIII, p. 177.

❷ *Liberty, CW*, XVIII, p. 223.

明顯地在統治，不斷地伸張其意志，塑造民意的性質，而永遠處於自我崇拜中。對彌爾而言，閱讀托克維勒論說就他所知，沒有一個國家像美國這樣沒有獨立的思想與真正的討論自由時，幾乎是很痛苦的。沒有一個王朝像多數人民這般，對意見具有如此巨大的權力。身為一個英國人，彌爾比歐洲大陸的自由主義者更敏銳地了解來自流行的意見與情感專制 (the tyranny of prevailing opinion and feeling) 的危害。因為維多利亞中期的英國，是處於關鍵性的社會變遷時期；此時期可見到民主政治的興起，大眾媒介的擴大與改進，乃至威脅人的社會專制（如為人所熟知的維多利亞道德律）。

依彌爾的見解，在文明的民主社會中，大問題是在於建立自由原則的堡壘，以反抗多數或社會專制。他指出：「在民主或羣眾社會中，社會能夠以流行的觀念或習尚，執行比政治壓迫更可怕的社會專制，奴役人的心靈，壓迫人的個性。」❶ 簡言之，彌爾認為他那時代最顯著的特點是，「一切事情的結果必定愈來愈受羣眾運動所決定。」❶ 在社會中，一方面有理性的知識分子，另一方面有腐敗的貴族，庸俗的中產階級，與沒有教養的勞工階級，而彌爾所想保護的就是少數理性知識分子的自由。同時，由於貴族階級的權力，無論在政府與社會方面，都在減少，而中產階級乃至下層階級的權力，都在增加或可能增加，因此，彌爾在《自由論》中所恐懼的多數專制，主要是指中產階級，在《論代

---

❶ *Ibid.*, p. 220.

❶ Cited from C. W. Bouton, "John Stuart Mill on Liberty and History", *The Western Political Quarterly*, Vol. XVIII, No. 3 (September 1965), p. 571.

議政府》中所恐懼的多數專制則主要是指人數最多的勞工階級，而就彌爾當時他所感受到對個人自由的眞正威脅則是來自中產階級。

　　早在 1840 年評〈托克維勒論美國的民主（下卷）〉中，彌爾卽一再指出，同平等相連的是中產階級的成長，而非貧富懸殊的消滅；「現在，任何事情幾乎都非取決於個人，而是取決於階級，而主要依賴的是中產階級，該階級現在是社會中的強權⋯⋯。」⑳ 他認爲商業階級在現代社會與政治中上升是不可避免的，而中產階級就是商業階級㉑；「設若中產階級具有純粹商業社會的習慣與本能，將會形成多數專制，而大多數的暴君將不可能是手工勞動者。」㉒ 在《自由論》中，彌爾更強調：「如果在一個民族的感情中存有對事不寬容的強烈和永久的潛在勢力，我們國家的中產階級就始終保持這種不寬容的潛在勢力，只要稍加刺激，就會趨使他們積極去迫害那些在他們看來，始終是迫害的適當對象的人。」㉓

　　在彌爾的觀念中，要反抗羣眾興起的力量，傳統的統治階級已不再是有力的權力對抗者；而權力的角逐是在中產階級與勞工階級間。雖然彌爾認識到勞工階級潛在的力量，但他並不認爲在他那時代的情況下，勞工階級能夠有效運用他們的力量，而只有在他們獲得較高的生活水準與教育時才有可能發揮他們的力量。

---

⑳　J. S. Mill, "De Tocqueville on Democracy in America 〔II〕", *CW*, XVIII, p. 194.

㉑　*Ibid.*, p. 196 and p. 200.

㉒　*Ibid.*, p. 200.

㉓　*Liberty, CW*, XVIII, p. 240.

他認為歐洲的未來不會是階級間的激烈鬥爭，而是中產階級的更加佔優勢。構成社會的危害的是中產階級，構成「羣衆」的也是中產階級。㉔但彌爾基本上是認為：「罪惡不在於民衆階級的佔優勢，而是任何階級的佔優勢」㉕，而「現在與以前一樣的是，政府中的大問題是防止最強者變成唯一的強權。」㉖由於他那時代是中產階級民主政治的黃金時代，因此他認為要注意防範的是中產階級所造成的多數專制。然而，由於民主時代的來臨，選舉權的擴張已是不可避免的趨勢，因此彌爾在《論代議政府》中又認為：「理論和經驗都證明在他們（教育程度較低的階級）一旦掌握一切權力後，就要產生一股逆流。那些主宰一切的人，不管他們是一個人、少數人或多數人，都將不再需要以理性武器，他們單用意願就可支配一切。」㉗如此，彌爾也恐懼缺乏教養的勞工階級繼中產階級之後帶來多數專制。

　　無論構成羣衆的是何階級，彌爾永遠害怕在教育不良的情況下，羣衆的愚昧無知，尤其害怕羣衆的自私和兇暴。㉘「只要多數或羣衆是唯一的強權，而強權是以暴亂的形式發佈它的命令，它就激起了最專制的君主也不能激起的恐懼。」㉙他認為：「雖然廣泛擴大選舉權，就良好的政治和崇高的觀念來說，是絕對必

㉔ C. W. Bouton, *op. cit.*, pp. 571–572.

㉕ J. S. Mill, "De Tocqueville on Democracy in America 〔II〕", *CW*, XVIII, p. 196.

㉖ *Ibid.*, p. 200.

㉗ *CRG, CW*, XIX, p. 478.

㉘ *Autob*, p. 138.

㉙ J. S. Mill, "De Tocqueville on Democracy in America 〔II〕", *CW*, XVIII, p. 177.

要的。然而在目前的狀況下，多數國家，尤其是這個國家（指英國）的多數選民，都將是手工工人，而那種雙重的危險，就是政治知識水準過低和階級立法也會仍舊存在，且會達到非常危險的程度。」❸⓿

二、集體平庸的問題

彌爾認爲：「代議政府的自然趨勢，正如同現代文明的趨勢一樣，走向集體平庸，而這種趨勢也因爲選舉權的擴大而加甚，其效果都在把主要權力放在那些愈來愈低於社會最高教育水準的階級中。」❸① 此因「文明對個性的影響之一，就是使個人的精力鬆弛，或更正確地說，使人專注於賺錢的狹窄範圍內。」❸② 他相信：在文明的環境中，個人由於獲得較多的安全、自衞、家庭與財產，以致較不依賴自己獨立的創發力與努力。人的精神與氣質的這種變遷，顯示於包括文學藝術在內的社會與政治等各方面，使得文學藝術已失去以往顯著而持久的優美標準。當普遍識字時，好的文學就消失。思想優異者對大衆的影響力減弱。對此，彌爾不禁感嘆地寫到：「個人在羣衆中迷失了，以致他雖然日益信賴輿論，却日益不信賴有見解的意見，亦即不信賴那些了解他們的人的意見。堅定的個性較不易獲得，而較易於被排除。」❸③ 換言之，「個人在羣衆中日益不重要，不僅影響私人品德，並且

❸⓿　*CRG, CW,* **XIX**, p. 473.

❸①　*Ibid.,* p. 457。

❸②　J. S. Mill, "Civilization", *DD,* I, p. 178. 彌爾並且指出：「在高度文明的國家，尤其是英國，中產階級的精力幾乎限於賺錢，而較高階級的精力幾乎竭盡。」(*idem.*)

❸③　*Ibid.,* p. 182.

造成許多不幸：使民意改進的基礎腐蝕，腐化公共教誨（public teaching），並且削弱較有教養的少數對多數的影響。」❸❹

在《自由論》中，彌爾更指出：「目前個人的一切，都爲羣衆所掩蓋，在政治上，要說輿論現在統治着世界，差不多已是一種常識。唯一名符其實的力量，是屬於羣衆以及迎合羣衆趨向及衝動的政府。這在公務上固然如此，在私人生活的道德和社會關係上也是如此。那些以自己意見稱爲大衆意見的人，……在美國，是全體白人，在英國，主要是中產階級。但他們始終是大衆，也就是一羣庸人。而且更爲新奇的，是這類大衆現在並不從教會或國家的權貴，名義上的領袖，或書本中獲取他們的意見。他們的見解是得自和他們差不多的人，那些人向他們演說，或者乘一時的高興，以他們的名義在報紙上發表意見。我對這些事並不抱怨。我也不認爲就一般情形講，還有什麼情形比這更符合目前人類精神所處的低弱狀態。但是這却不能阻止平庸的政府不成爲平庸的政府。沒有一個民主……的政府，可以在其政治行爲或其培養的言論、品質和風格方面，免於平庸……。」❸❺

在《論代議政府》中，彌爾也指出：「在每個政府中，都有一個較所有其他勢力爲強的勢力；而這個最強的勢力也經常容易成爲唯一的勢力。在有意無意間，它總是設法要一切事情聽命於它；而在永久抵抗它，和它精神不相容的勢力依然存在時，它也不會滿足。然而如果它能順利地制服一切敵對的勢力，能依自己的意見操縱一切時，那個國家的進步就會終止，衰弱也就開始。」依彌爾的進步論，人類進步原是許多因素促成的產物，而人類所

---

❸❹ *Ibid.*, p. 184.

❸❺ *Liberty, CW*, XVIII, pp. 268–269.

能建立的任何勢力也從未能包含所有那些因素；縱然是最有益的勢力，其本身也只具有某些好的條件，如果要繼續進步，仍要從其他方面找到其餘的要件。沒有一個社會曾經長久保持進步，而且也只在社會中最大的勢力和其敵對的勢力、精神和世俗的權力，軍人或國防義勇軍和勞苦階級（industrious class），國王和人民，以及正統教派和宗教改革者的衝突持續時，才有進步。等到任何一方面完全勝利，使鬥爭停止，或沒有其他衝突加以替代時，首先將是停滯不前，隨後就要腐化了。多數佔優勢，並不比其他方面的得勢更不公平，而就整個情形來說害處也較少，可是它却更容易有同樣的危險；因爲在政治爲一個人或少數人操縱時，多數人總是像一種敵對的勢力存在着，這種勢力也許不夠強大，使它能夠控制另一方面，但他們的意見和感情，對於所有爲信念或利害衝突而反對統治當局意向的人來說，却是一種道義甚或社會的支持。而在民主政治超乎一切時，那就沒有一個人或少數人，能夠有力量爲分歧的意見和被損害或被威脅的利益所依賴了。「看來民主政治一向的大困難，是怎樣爲一個民主的社會……對於個別抵抗統治權力的種種趨向提供一種社會支持、一個支點，對於得勢的輿論所不贊同的意見和利益提供一種保障、一個集合點。因爲缺乏這一個支點，較老及除極少數現代社會以外的社會，由於在社會和精神幸福的條件中只有一部分獨佔優勢，所以不是易陷於瓦解，就是變爲靜止不動（亦即慢性的衰頹）。」⑯

　　由此可見，彌爾認爲羣衆社會與民主政治的趨向一致化會造成集體平庸，而且停止進步甚至腐化。因此彌爾深信：在大衆民主中，無論是歐洲或美國，都有必要助長抵消羣衆勢力的影響力。

---

⑯　*CRG, CW*, XIX, p. 459.

對他而言，民主政治若是任由缺乏敎養的階級佔優勢，將會產生
最大的弊病。他與托克維勒一樣相信：某個階級具有無可匹敵的
優勢，將永遠使其傾向於爲整個社會的形態與組織，建立致命的
一致性。這意味着一個思想停滯的社會，就像當時歐洲人所了解
的中國一樣。彌爾指出：「這個時代……比以前大多數時代都更
促使社會規定行爲的一般規則，努力要使每個人順從它所認可的
標準。而那個標準無論是明顯或默認的，就是對事不存強烈的希
求。它的理想性格，就是沒有任何顯著的性格，用壓縮的方法去
殘害人性每一顯得特出的部分，就像中國女人的纏脚一樣，並有
意要使輪廓上有顯著不同的人，都有同樣平凡的人格。」 **❸⃝❼** 顯
然，彌爾恐懼個性被普遍平庸的輿論所消除。對此，他說到：「
現代的輿論制度是採無組織的形式，而中國的敎育和政治制度是
採有組織的形式，但它們在本質上都是要束縛人的思想和行爲；
除非個性能夠順利地確實反對這種束縛，歐洲雖有它光榮的歷史
和它所服膺的基督敎，仍可能變成另一個中國。」 **❸⃝❽** 彌爾認爲托
克維勒指出法國人彼此之間已比上一代更爲相像，同樣的批評也
許可以適用於英國人。同時，他與托克維勒一樣，一直掛慮着民
主在工業與商業時代，由於灌輸一套不可變通的羣衆價值觀念，
將會使國家文化貧瘠，而人人變得麻木不仁。

彌爾指出在他那個時代中，「從社會的最高階層到最低階
層，每個人都好像生活在一種仇視和可怕的檢查制度的監視之
下。」 **❸⃝❾** 無論在牽涉自己或別人方面，每個人或家庭都不問自己

---

❸⃝❼ *Liberty, CW*, XVIII, pp. 271-272.

❸⃝❽ *Ibid.*, p. 274.

❸⃝❾ *Ibid.*, p. 264.

喜歡什麼，或什麼可以讓自己充分表現最好和最高尚的品質，而只問什麼對我的地位合適，像我這樣身分和有這樣財力的人通常做些什麼？或者更壞的是，問說地位比我高、財力比我強的人通常做些什麼？如此，每個人都失去自己，向他人認同。除依習慣外，根本就不會想到自己有什麼傾向。於是就連意志本身也向束縛低頭，縱使在為取樂而要做些什麼事時，人們首先想到的也是從俗；人們喜歡處身在群衆中間。人們只在常做的事情中選擇，對於特殊的趣味，怪癖的行為，都視如罪惡一樣要遠遠避開。而由於人們不遵循自己的本性，最後就沒有本性可遵循。人們的能力枯萎貧乏，變得不能有任何強烈的願望或固有的快樂，而且普遍沒有自發性乃至沒有自己的意見或感覺。在彌爾的觀念中，大多數人由於對人類現有的種種習尚已感滿足，根本不能了解為何那些習尚對每個人並不都是很好，而更壞的是，自動自發不受重視，而且反被人以嫉妬的眼光視為一種討厭的事物，阻礙一般人去接受改革家依照自己的判斷認為是對人類最好的事。

　　事實上，彌爾也不相信大衆對道德與政治等問題會有良好的判斷。他在《自傳》中指出：「我已經從經驗上知道了許多謬誤的意見可以改變成正確的意見，而絲毫不致改變那產生謬誤的意見的心理習慣。譬如：英國民衆自從國家轉變為自由貿易國以來，仍像從前一樣，不能辨別經濟學上的問題；而且對於更高妙的一些問題，仍不能得到較好的思想和感情的習慣，或更具反對謬誤的精神。他們雖已拋棄某幾種錯誤，但在智能和道德上的一般心理訓練却是沒有改變。」[40] 因此，彌爾認為英國民衆的道德和智能亟需改進。尤其，民主政治的實施需要人民有較高的道德

---

[40] *Autob*, p. 142.

和智能，否則就會未蒙民主之利，先受民主之害。但是，一般民眾在政治方面的表現，也令彌爾感到失望與憂懼。

托克維勒在《美國的民主（上卷）》中即指出：美國選民未能選出最適於行使最高權力的人，而傾向於選擇平庸而非能幹的候選人。原因在於：即使經過努力改善，還是無法使人民智力高出一定水平；一般人爲了生活需要工作，很難致力於知識的進步。「正如很難想像一國公民全都富有一樣，也很難想像一國公民的見聞都非常廣博」。況且，「人民不但缺乏選擇眞正值得信任的人的健全判斷力，而且常常不想或不喜歡找出那樣的人。」簡言之，民主制度趨向於激發人心中的嫉妬感情，使得大多數人不喜歡比他們優越的人。❹ 對此，彌爾深感憂懼。雖然他發現在關鍵時期，能幹的美國人會挺身而出擔任領導人，但不幸的是，他也發現在平常，公共活動的範圍深受限制，而致不能吸引有抱負有才智的人。換言之，在美國人的知識與精神修養普遍平等而平庸下，具有優異能力的人通常不願意參加競選，即使參與競選，當選的可能性也不大。因爲「在不將代表權給予全體，只給予當地多數的假民主政治中，有教養的少數在代議團體中就可能根本沒有發言權。一個公認的事實是，建築於這種錯誤模型上的美國民主政治，社會上有高度修養的人，除願意犧牲自己的意見和判斷方式，變成在學問上不及他們的人的卑屈代言人以外，極少會競選國會或州議會議員，因爲他們能夠當選的可能性實在太小。」❷ 在英國方面，情形也不樂觀。彌爾指出：「任何平等觀

---

❹ Cited from J. S. Mill, "De Tocqueville on Democracy in America〔I〕", *CW*, XVIII, pp. 74–75.

❷ *CRG*, *CW*, XIX, p. 457.

念一經進入未接受教育的英國工人心中，他的頭腦就變了，他一旦不受束縛，就桀傲不馴了。」[43]

在評論《政府論集》一書時，彌爾亦表示，他對於人民會知道如何去發現自然貴族（natural aristocracy，指才智與德行卓越者），或當他們發現時會選擇自然貴族之事，沒有信心。[44] 況且，「人類對其所想像的現世主人或神的好惡，都有屈從的根性。」[45] 而在民主時代，多數佔優勢，單憑意願就可支配一切，因此個人的理性如何彰顯也是一個問題。更何況，「民主政治是對崇敬的精神不利的。如果它單摧毀對社會地位的崇敬，那倒應該被認爲是一種好的而非壞的影響。……但民主政治，就它的本質說，旣重視人人都有權利被認爲平等的事，遠過於一個人有權比另一個人更受尊重的事，那就難怪連對個人優越才智的尊敬，也會落在標準以下了。」[46]

顯然，彌爾認爲：羣衆的興起會使他們運用其權力，以打擊或阻礙傑出不凡的思想與行爲，強迫每個人認同民衆平庸的共同標準。他指出：「……這個世界上普遍有着一種逐漸增強的趨勢，亦卽加強社會的權力和減少個人的權力……。不問是統治者或普通公民，人類都有以自己的意志和意向爲行爲規範，施於別人的傾向。由於這種傾向是受着一些人性難免的最好和最壞感情的有力支持，能使它抑止不發的就是缺乏權力。鑒於這種權力並未減少，而且正在增加，除非由道德信念豎起一個堅強的堡壘去

---

[43] *PPE, CW*, II, p. 109.

[44] J. S. Mill, "Essays on Government", *CW*, XVIII, pp. 149–152.

[45] *Liberty, CW*, XVIII, p. 221.

[46] *CRG, CW*, XIX, p. 508.

阻止這個禍患，在目前的世界情況下，我們就必須期待這種傾向的增強。」❹ 因此，對彌爾而言，羣衆社會與民主政治的興起所帶來的多數或社會專制，是很可怕的弊病與禍患。而在社會強迫每個人一致上，眞正可怕的不是羣衆的狂熱，而是羣衆的麻木不仁與因循怠惰。再者，多數若結合其政治與社會力量時，其集體意見卽對個人形成不可抵抗的壓力，而成爲一種對所有社會與政治問題的答案， 皆像是聽命於他人的意見 。 這種意見在政治過程中的不良影響之一， 就是平庸， 乃至愚昧與無能者勢力之抬頭，甚或當權。而集體平庸之造成危害，歸納言之，實可分爲五大成份：「第一，多數意見的認同壓力對自由造成危害；第二，多數意見的認同壓力會進而威脅人性 、 原創性 ， 生活的歧異性(diversity)，這對民主本身的存在構成危害；第三，思想的停滯，從而由於較低的知識水準與興趣對眞理構成威脅；第四，前三項因素所造成一致的平庸，受到商業、交通、傳播媒介乃至教育（未有開明的教導情況下的教育）的進展而增強；第五，商業主義(commercialism) 如未受到高尚意識的矯正，會對人類未來的前途構成最嚴重的危害。」❹

三、階級立法的問題

「每個人都有自私和不自私的利益」， 「也都有眼前和未來的利益， 惟彌爾認爲「寧取私利而捨棄與他人共享的利益， 與寧取一時和直接的利益而捨棄間接和遙遠的利益，這兩種邪惡傾

---

❹ *Liberty, CW*, XVIII, p. 227.

❹ F. W. Garforth, *Educative Democracy: John Stuart Mill on Education in Society*, p. 26.

向是隨着權力的掌握而孳生和養成的特點，現在已是有目共睹的事實。」[49] 因此，彌爾指出：「民主政治最大的危險之一，正如所有其他政治形式一樣，就是掌握權力者的邪惡利益；那也就是階級立法，和政府有意維護當前統治階級的利益（不管事實上有沒有做到），對整個國家造成永久損害的危險。」[50]

在彌爾的觀念中，「一旦一個人或一個階級發覺大權在握時，那個人的個人利益或那個階級的個別利益，在他們眼中就居於一種前所未有的重要地位。」[51] 一個統治階級的利益，不管在貴族政治或君主政體中，都是爲自己取得各式各樣不正當的特權，有時犧牲人民的利益去塡飽自己的私囊，有時只是把自己置於別人之上。雖然在君主或貴族政體中，這些事情都極爲顯著，「可是有人有時却無謂地假定在一個民主政體中，不會有同樣有害的勢力。從一般的觀點去看民主政治，旣然是由多數所統治，其統治權力就一定會受部分或階級利益的支配，做出不是基於公正地尊重大衆利益的行爲。假使這個多數是白人，少數是黑人；或者多數是黑人，少數是白人，多數會讓少數有同等的公平嗎？如果多數是天主教徒，少數是新教徒；或者剛好相反，不是會有同樣的危險嗎？或者讓英國人是多數，愛爾蘭人是少數，或者反過來，不是也很可能發生同樣的弊害嗎？在所有國家中，多數是窮人，而相對來說，却有少數人可以被稱爲富有，而在許多問題上，這兩個階級的顯著利益都完全對立。我們願意假定多數人有足夠的聰明，知道削弱財產的保障對他們並無好處，知道任何隨

---

[49] *CRG, CW*, XIX, pp. 444–445.

[50] *Ibid.*, p. 446.

[51] *Ibid.*, p. 445.

意强奪的行爲都將削弱那種保障， 可是是否會有一種很大的危險，亦卽說不定他們會以很多甚至全部的捐稅負擔，加在那些擁有所謂實際財產以及收入較多的人身上，並且在收取以後，毫不考慮地用於假定有益於勞動階級的用途呢？再假定少數是熟練工人，多數是不熟練的工人，依照許多工會的經驗，我們有理由恐懼收入均等將被作爲一種義務來實施，而論件計資，論時計資，以及一切使最勤勞或能力卓越者獲得最高報酬的方法，也都可能被廢止。在手工工人成爲有統治權的多數時，在立法上企圖提高工資，限制勞工市場競爭，向機器徵稅或限制其使用，以及限制從事種種改進防止現有勞力的閒散，……都將是一種階級利益感非常自然的結果。」[52] 顯然，彌爾也接受權力會使人腐化的說法。在君主或貴族政治中，具有特權的君主或貴族階級享有「邪惡的利益」， 到了民主政治時代，則會爲「階級立法」的弊端所取代。因爲如果先前的統治階級曾運用他們的地位促進自己而非普遍的利益，爲何在民主時代掌權的階級就會有所不同呢？

彌爾更進一步推論說：「現有的選民，以及可能有的任何改革法案所將增加的多數選民，都是中產階級；他們會與地主和大工業家一樣，有着一種和勞動階級不同的階級利益。縱然把選舉權擴大，包括所有熟練的工人，仍會有一種有別於非熟練工人的階級利益。再如把選舉權擴大到所有人；假如把以前一向誤稱的普遍選舉權和現在具有可笑名稱的成人選舉權變成法律，選民也仍會有一種有別於婦女的階級利益。」[53] 如此，在民主政治中，無論是中產階級或勞工階級構成多數，都將產生階級立法。卽使

---

[52] *Ibid.,* p. 442.

[53] *Ibid.,* p. 492.

在代議政治已相當成熟的社會，雖然可以期待其公民會有相當的良知和不偏私的公共精神，但是彌爾仍然認爲要期待多數公民會完全杜絕他們的階級利益，而追求公正和有利於全民幸福的利益，這是荒謬而可笑的。此因彌爾認爲：「這個世界對於每一個人來說，就是指他所接觸的那一部分；他的黨派，他的團體，他的教會，他的社會階級；如果有人能夠較具體地認爲這個世界是包括他的國家或他的時代，比較起來他就可以說是進步和寬宏大量的了。」❹ 顯然，對彌爾而言，他寧可相信一個人會受他的階級所限制，而不相信一個人會去突破他的階級背景，而爲其他階級考慮。擴充言之，每個階級也只會追求自己階級的利益，而不會追求全民利益。

再者，在有權勢階級存在的地方，那個國家的道德意識大部分都是源於該階級之利益與該階級之優越感，而此種意識的孳長，又轉而反映在該階級之人的道德意識和其彼此相處的關係上。❺ 彌爾指出那些存在於斯巴達人與奴隸，種植者與黑人，王子與屬民，貴族與平民，以及男性與女性之間的道德關係，絕大部分都是階級利益和階級優越感的產物。如此，在民主政治中，一個在利害上不與多數人民一致的立法或行政機關，絕不會被容許指定人民有什麼樣的言論，和決定人民將能聽取何種理論或議論。而一旦多數的勢力伸展至政府與代表機關就易於形成一股與社會普遍的公益相違的勢力。這種勢力的作用，無論在意見或行動方面，最常見的會是受到利小我而不利大我之階級利益的左右。而這種利益透過代議制度的運作，顯然首先會支配立法機

---

❹ *Liberty, CW,* XVIII, p. 230.

❺ *Ibid.,* p. 221.

關，進而控制整個政府。彌爾甚至認為：在現代世界中，政治社會幅員的加大，特別是精神和世俗權力的分離（把指導良心的責任交與不管俗事的人），雖然已經阻止了法律對於私人生活細節的干預， 但在有關個人利益的事情方面， 仍會受到掌權者的壓制。❺❻ 他並且指出： 如果議會的組織愈不能獲得足夠的精神條件，它就會用特別法令侵害行政方面的職權；它會驅逐一個好內閣或尊崇和維護一個壞內閣；它會縱容或寬恕他們的失職，為他們的虛情假意和偽裝所欺騙，或者撤銷對那些想要忠於職守的人的支持；它會鼓勵或制定一個對外對內都是自私、浮動和感情用事，短視、愚昧和帶着成見的一般政策；它會廢止好法律，或者制定壞法律，引進新的弊害，或是以頑強的固執堅持着舊有的弊害；甚至會容忍或鼓勵完全不顧法律的議事程序。❺❼

　　雖然彌爾並不認為人普遍都是自私的，也不純粹受世俗利益所支配，但他認為：「個人對任何個別事件採取怎樣的立場，差不多都是依據自己感情的一般趨向，或者依據自己對那件事所感受到的利害程度，或者依據自己對政府做法的一種推測；但却很少由於自己對政府該不該做，有什麼堅定的意見。」❺❽ 由此可見，在彌爾的觀念中，一般人的立場多少是受其個人利益與情感所左右， 很少能有深思熟慮的遠見， 而只要一般人民的傾向是如此，只要每個人單是看重自己自私的利益，不注意或者不關心社會利益， 就不可能有良好的政治。 況且， 彌爾肯定任何社會階級， 整個言之是傾向於自私自利的，「 一切具有特權的有力階

❺❻ *Ibid.,* pp. 226–227.

❺❼ *CRG, CW,* XIX, pp. 440–441.

❺❽ *Liberty, CW,* XVIII, p. 223.

級，作爲一個階級，都只使用他們的權力來圖謀自己的利益。」
❺ 因此，他大膽推論在民主政治多數決的運作下，會使多數利益
相同或相近的人形成一個新階級，而欲獨佔利益。而此新興或正
在形成的民主政治中之支配勢力，偏又是才識與智能均不足以負
起了解與推動整個社會進步之需要的任務者。無論如何，彌爾認
爲：「在民主政治中，絕對的權力……是操在數目佔多數的手
裏；同時他們也會由一個在成見、偏愛和一般想法上相同的單
一階級組成，……因此這種組織仍可能發生階級政治所特有的弊
害，雖然在程度上一定會比目前僭稱民主的某一階級的單獨統治
輕微得多；然而，除非這個階級本身有良好的意識、節制和忍
耐，我們也沒有辦法來約束它。」❻ 因此，彌爾指出：「在政治
方面來說，如果我們把……有着同樣邪惡利益的人，視爲一個階
級──那就是，他們的直接和明顯的利益都是傾向同樣壞的措施
──我們所希望的目標，就是不讓一個階級或可能聯合在一起的
幾個階級，在政治中具有一種壓倒性的勢力。」❻ 而「除非使它
（指多數所構成的階級）脆弱的一面能夠變强，除非在組織上能
使任何階級，縱然是人數最多的階級，不把它自己以外的一切人
的政治重要性抹煞，不能以它單獨的階級利益指導立法和行政的
方向，民主政治就不會是理想上最好的政治形式。我們的問題是

---

❺ *PPE, CW*, III, p. 760.　彌爾使用「階級」一詞是指涉一種社會關
　係的狀態，他說：「當我在此處或他處說到『勞動階級』或勞動者
　『階級』，我的用法是依照習慣的用法，所指的是社會關係的現存
　狀態。這種狀態既不是必要的，亦不是永久的。」(*Ibid.*, p. 758.)
❻ *CRG, CW*, XIX, p. 467.
❻ *Ibid.*, p. 446.

尋求防止這種弊害的方法，而不犧牲民治政府（popular govern-
ment）特有的優點。」⑫

　　顯然，多數專制所可能帶來的弊害與問題，畢竟沒有使彌爾
感到絕望，或使之對民主政治產生欲迎還拒的最終立場。反之，
他是以理性而實際的態度，先對實際的民主問題做一重估，而
後試圖對症下藥的提出解決代議民主可能產生的弊端與危險。因
此，彌爾指出：「吾人認爲一般人民『能夠』統治；能使立法家
成爲其純粹的代表，執行『其』成見。吾人並非謂其『必將』如
此。人民是否會如此，對吾人而言是未來必須解決的大問題；而
民主是否會如其支持者所預期的是社會的更生，或僅是比其之前
的政府或許稍微好些，或許稍微差點的壞政府之形式，亦視其解
決方法而定。」⑬　同時，他在評〈托克維勒論美國的民主（上
卷）〉一文中，更具體指出：「某一部分的貴族做頭，爲共同目
標合作一直是上層階級獨佔權力的手段，現在已是下層階級手中
最可怕的手段。在這些影響下，不足爲奇的是，社會十年來在平
等化的進展上，比前一世紀或三、四個世紀前快得多。」⑭彌爾
引托克維勒的話：「此刻加於事務指導者的主要任務，是教導一
般人民（the democracy）；如有可能去重新喚起它的信仰，使它
的道德純正；陶冶它的行動；用治世經國的學問去代替它毫無經
驗的作爲，用一種對它的眞正利益所在的知覺去代替它的盲目本
能，使它的政府適於所處的時間和地點，並按照環境和特性去改

⑫　*Ibid.*, p. 467.

⑬　J. S. Mill, "Essays on Government", *CW*, XVIII, p, 152.

⑭　J. S. Mill, "De Tocqueville on Democracy in America 〔I〕",
　　CW, XVIII, p. 51.

變自己。」因此，彌爾強調民主的原則應非多數統治，而是由全體人民管理全體人民，而有平等的代表權。

顯而易見的是，在澄清民主觀念時，彌爾是以民主理論平等之矛，攻擊不平等之民主實際的盾，而其強調區分眞假民主的重要性，主要卽在抑制選民中之多數統治爲害的程度，使得全國或社會中不同團體的利益，尤其是少數知識精英的見解能實際反映於代議制度的運作中，而求取平衡。無論多數在數量上如何佔優勢，彌爾認爲此不但不能保障其品質之較佳，亦不能以部分代表全體。在眞正理想的民主制度中，不同的利益與見識都有被聽取的機會，而任由個人意見的性質與論證去影響其他人。旣存的假民主涉及民意被錯誤的代表，以及少數的意見無代表可言。如此，在代議團體中，卽缺乏有效的發言權，以節制或反對多數之易於形成平庸無能乃至獨佔利益的統治團體。而此問題若不得解決，則個人與社會未蒙民主之利前，卽已深受民主之害。因此，亦只有解決此問題，才能實現眞民主而享平等之利。就此而言，彌爾顯然是接受了盧梭絕對民主觀念的平等意含，惟彌爾比較相信才智之爲用，而對知識精英的領導角色始終寄予莫大的價值與希望。而他對假民主形式下多數專制問題的解決，是以眞民主的平等原則加上精英統治爲最高指導原則。

第二節　民主與精英統治

雖然民主可能帶來多數專制的問題與弊端，但彌爾視代議政府或民主並不是要加以辯護或攻擊的原則，而是現代文明的旣成

---

⑥ *Idem.*

事實。他較不關切使代議政府更具代表性與更民主的問題，而較關切如何使代議政府更好的問題，而使政府更好實際上是指如何保存貴族政治的優點與除去民主政治的缺點。對此，彌爾指出：「要想阻遏或糾正民主政治中多數的衝動，只有寄望於有教養的少數。」⑯ 事實上，衆人之事需要有受過高度道德與知識教育的人來管理，是彌爾不斷思考的主題之一。在彌爾的思想中，知識精英代替了國家、君主或貴族，受到尊崇，並被賦予不可剝奪的領導權力。民主對他來說，實際上是應由人民選舉精英來統治。因此，彌爾時常受人攻擊爲精英主義者。⑰

　　然而，彌爾所謂的「精英」(elite) 是指「才智卓越」，「教育確實優越」(authenticated superiority of education)，「有教養的知識分子」(instructed and cultivated minds)，「具有獨特原創性的人」(persons of distinguished originality)，與「較具有才智與主動心態的少數」(the more intelligent and active minded few)。⑱ 簡言之，精英是指才能與智慧優於一般大衆者。而彌爾的精英主義並非像柏拉圖的哲君或世襲貴族那樣簡單的觀念，反之是一個複雜、廣泛而又具有彈性的概念，隨其所強調的重點而有所變異，如他雖主張精英統治，但最後的理想是人民能普遍參政與自治。只是彌爾的確主張無論知識、道德或文化權威的來源，都應是來自教育與經驗（甚或天賦）優於多數的少數所具有

---

⑯ *CRG*, *CW*, XIX, p. 459.

⑰ F. W. Garforth, *op. cit.*, p. 22 and ch. 4.

⑱ J. S. Mill, "Bentham", *CW*, X, p. 109; *CRG*, *CW*, XIX, p. 508 and *Mill's Essays on Literature and Society*, ed. by J. B. Schnee-wind (New York: Collier Books, 1965), p. 279.

的知識與智慧。⑲而在一般民衆缺乏教育與敎養的情況下，最好由精英來統治。

一、統治問題：權力與能力

依據彌爾的進步論：「人類的事務，或者我們可稱之爲國家的較小的政治社會的任何事務，總是處於兩種狀態之一：其一爲自然持續的狀態，另一爲基本上是過渡的狀態；前者可稱爲『自然狀態』，後者可稱爲『變遷狀態』。」⑳在自然狀態中，最適合的人慣常而無可置疑地運用世俗權力與道德影響力。在這類情況下，人雖然有時會不快樂與不滿，但是習慣於遵守規範他們生活的法律與制度，並且經由這些制度尋求補救，而非加以反抗。但是，當社會上有些人比已享有世俗權力與道德影響力者，更適合擁有這類權力與影響力時，亦即世俗權力與最有能力處理世俗事務者不再融合而是分開時，就形成變遷狀態。在此狀態下，輿論界一片混亂，而人只要有理由或對任何事情不滿時，就卽刻想到要改變世俗的權力狀況，以排除其不滿。這種狀態會持續存在，直至道德與社會革命（或一連串的此類革命），使得社會權力與道德影響力置於最有資格者的手中，此時社會就再度進入自然狀態。

彌爾視他自己的時代是處於變遷狀態，必須尋求使權力與知識合一或處於和諧的狀態中。而他由於企求旣有道德又有才智的政府，使他強調精英的角色。他假定有高尙的人存在，「這些人有學問、無私、有節制而關切整體的利益；他們的心態是有敎養

---

⑲ F. W. Garforth, *op. cit.*, p. 60 and p. 69.

⑳ J. S. Mill, "The Spirit of the Age", *John Stuart Mill on Politics and Society*, ed. by G. L. Williams, p. 176.

而受過敎導的，能夠在實際生活中的大問題上，指導與改進民意。」❼ 在〈文官制度的改革〉一文中，彌爾亦指出公共事務應由最有才能者來管理。一個受到良好栽培的知識分子通常都具備審愼、節制、公道以及與他人交際的重要美德，因此有資格管理衆人之事，而「平庸者應專注於除了他們本身之外，較不影響他人的事務，……而且不能處理國家事務。」❼

在彌爾的觀念中，好政府所必須的條件之一是，「由經過選舉產生的機構，而非由公衆集體來管理。政治問題不應直接或間接訴諸無敎養的羣衆的判斷或意見來決定，而應由較少數受過適合此任務的特殊敎育者，深思熟慮形成的意見來決定。這是在一些貴族國家中多少已存在的好政府要素，也是使那些政府享有明智與熟練的管理名聲的原因……。」❼ 彌爾認爲在所有現代政府中，最明顯地具有上述優越性質的，就是普魯士政府。在普魯士王國中，是由敎育程度最高者組成強而有力的貴族政府。英國在殖民地的政府亦具有同樣的性質。當此一能者在位的原則和其他有利的環境結合在一起，尤其是與政府受歡迎變成幾乎是政府安定的必要條件的環境結合在一起時，往往就會產生相當好的政府，而不必明文規定政府向人民負責。至於多數，其本身無須是全智，只要他們能充分意識到卓越智慧的價值卽已足夠。只要他們了解到他們以及未受過專門訓練的所有人對政治問題的考慮，

---

❼ Cited from Graeme Duncan, "John Stuart Mill and Democracy", *Politics*, Vol. IV, No. 1 (May 1969), p. 71.

❼ J. S. Mill, "Reform of the Civil Service", *CW*, XVIII, pp. 207 –210.

❼ J. S. Mill, "Democracy and Government", *DD*, I, p. 468.

多半必定都是很差勁的判官，並且了解到他們的判斷，通常都必須受到他們所指定爲他們解決問題者的品性與才智所左右，而非受到問題本身的影響，就已足夠。如此，他們就會選擇有教養者共同指出的最有教養者，做爲他們的代表；而且只要最有教養者的行爲並未受到與公共福利相違的利益或情感顯著的影響，就仍加以支持。這意味着，人民的智慧莫過於知道自己足以或不足以擔任何種事物的裁判的通俗智慧。❼❹

然而，彌爾所處的時代是貴族政治沒落，民主政治興起的時代。他一方面對英國貴族的統治表示不滿，另一方面又擔心新興的多數是否有足夠的條件與資格來統治。因此，他所希望的是：經由政治改革，使英國政府由貴族政治轉變爲由開明少數所領導的一種特殊民主政治。❼❺關於開明少數，彌爾主要是在強調他們是由特別熱心公務，與受過教育以審愼指導國家事務的人——現存社會中所能產生的最適合的人——所組成。他認爲：自1688年以來，擁有土地的貴族對英國的治理表現很差；貴族反映了缺乏想像力的半調子態度，不能具備政府所需的精確才智，而且受其自己龐大的財富與特權所束縛。由於貴族急於保護自己的地位，因此幾乎不能彌合社會階級的裂痕，使得英國人民日益受到十九世紀工業主義強大的新壓力所危害。對彌爾而言，英國貴族的表現與效率似乎比普魯士貴族差得多。❼❻因此，彌爾主張貴族院的

❼❹ 參閱 *Ibid.*, pp. 468–470.

❼❺ 參閱 J. S. Mill, "The House of Lords", *Globe*, 16 (October 1836), p. 2, and "The Close of the Session", *London Review*, II (October 1835), pp. 271–272.

❼❻ J. S. Mill, "Rationale of Representation", *CW*, XVIII, pp. 23–24.

激烈變革，使之不能嚴重阻撓平民院所擬的改革，甚至想要廢除貴族院的議員世襲制，而由下議院選擇貴族院的議員。

另一方面，彌爾對當時構成多數選民的中產階級，亦不能無疑。因此，他主張：「政府必須是由少數基於多數的利益來施政……。」[77]彌爾認為民主運動使得多數在社會和政治方面，都具有優越的力量，而會產生社會專制、集體平庸和階級立法的弊端。這就亟須有知識精英來指導未受過良好教育的多數，促使社會繼續進步。而「政治包含人類所做的種種行為，如果從政者、選擇從政者的人、從政者要對之負責的人，或者其意見應該影響和抑制上述這些人的旁觀者，都只是一羣愚昧、頑固和帶着有害成見的人，那麼所有政治措施都會做不好。但如人們超越這種水準，政治也會成比例地提高品質。」[78]雖然彌爾期望政府官員本身都具有優越的美德和智慧，同時圍繞着他們的又是善良和開明的輿論，但是他也知道，這種盡善盡美的政治理想是可遇而不可求。比較實際的是，為了對抗民主政治中多數的勢力，在政府與社會中應由開明少數來領導。對此，他說到：「在每種政體中，對於憲法中的優越力量都應該有一反抗的中心，所以在民主國家中，我也主張有一個抵抗民衆的核心，……這是政治的一個基本準則。」[79]況且，「無益且有害的，是一個國家的憲法要宣佈愚昧的人和知識分子有要求同樣政治權力的權利。國家制度應

---

[77] *Examiner*, 1 (July 1832), p. 417 and "Prospects of France", *Examiner*, 10 (October 1830), p. 642; cited from A. Brady, "Introduction", *CW*, XVIII, p. xviii.

[78] *CRG, CW*, XIX, p. 390.

[79] *Ibid.*, p. 515.

該使人民了解和尊重它所關切的一切事情，爲他的利益着想，顯然應該讓他知道每個人都應該具有一些影響力，而優秀聰明的人又該……具有更大的影響力；國家應該明白宣佈這種信念，將它包含在國家制度中。」❽

　　「由於立憲政治的每一原則，都是假定掌權者會濫用政治權力，以達成其特殊目的，……而自由制度的特殊效用，也就在防止這一點。我們所需要的代議政治……就是不會使代表……爲了他們本身的利益推行階級立法。」❽ 再者，「沒有一個民主或包含很多貴族的政府可以在其政治行爲或其培養的言論、品質和風格方面免於平庸，除非那些擁有主權的多數，能讓自己順從一個或少數顯然具有更多才能和更有教養者的忠告與影響。」❽ 如此，在一個民主組織中，眞正節制或緩和多數的力量，必然要在民主的議會和經由議會才能發生作用。因此，彌爾指出：「對於多數勢力任何眞正的抑制，今後都繫於議會中實力的分配，……縱然在人數上佔多數的會因爲在議會中有相對多數而被容許佔有完全的優勢，如果按照嚴格的民主原則同樣允許少數人享有他們應得的權利，有和他們人數成比例的代表權，這樣的規定就會保證在下議院中有很多國內第一流的智者和別的議員具有同樣的頭銜，而且用不着他們自成一個團體或者賦予他們任何招人疑忌的大權，這部分的代表所具有的個人份量，就自會大大超過人數上的實力，同時也會以最有效的方式，產生所需要的精神反抗中心。」❽ 由

❽　*Ibid.*, p. 478.

❽　*Ibid.*, p. 505.

❽　*Liberty, CW*, XVIII, p. 269.

❽　*CRG, CW*, XIX, pp. 515-516.

此可見，彌爾是希望少數精英能有自己的代表，在議會中掌握權力，發揮影響力，以節制多數。

在行政方面，彌爾指出：對政府而言，有兩件同樣重要的事情： 其一是向人民負責， 另一是政府的運行， 應儘可能利用具有卓越知識，對政府的特殊工作有過長期思慮和受過實際訓練的人的長處。❽❹ 而「不管是在君主或貴族政體下，唯一能夠具有高度政治技巧和能力的政府，主要似乎就是官僚政治，而非代議政治。」❽❺ 因此，在民主政體下，彌爾認為：「除非設法把自由和熟練的管理技巧結合起來，否則自由就不能產生最好的效果，甚至常會整個失敗。在代議政治相當成熟的民族中，對於代議政治和理想中最完備的官僚政治的取捨，很可能會有一時的躊躇。然而，政治制度最重要的目的之一，就是在不違反一種制度的情形下，儘量吸取他種制度的長處；只要能夠符合自己的目的，就不妨……同時利用那些一直以從政為職業的人，去處理政務。」❽❻

在司法方面，彌爾認為在政府中，法官的絕對公正、以及不和政客發生關係，比任何官員都更為重要。雖然彌爾並不反對民眾以陪審員的方式參與司法，但他認為法官不宜民選，否則將是民主政治所犯的最危險的錯誤之一，甚或是使現代民主政治退化的首要措施。❽❼

整個言之，彌爾認為在貴族與民主政治中，要獲得英明的政府，關鍵不在人民或貴族本身的智慧，而在於他們願意接受他們

---

❽❹ *Ibid.*, p. 506.

❽❺ *Ibid.*, p. 438.

❽❻ *Ibid.*, p. 440.

❽❼ *Ibid.*, pp. 526–528.

之中最聰明的人指導。然而，才智與品性俱佳的人畢竟是少數，而品性低劣與平庸的人畢竟是多數，因此在民主政治中，仍不宜由平庸的多數來統治，而應由開明少數來統治，使得權力與能力合一。就此而言，「彌爾將政府大權給予精於政治的學者 (scholar in politics) 的構想是典型的邊沁主義急進分子，它事實上是代替貴族控制政府的士紳政治 (gentleman in politics)。邊沁主義者不喜歡貴族政治更甚於對羣衆的不信任。民主對彌爾而言，實爲意指一個統治階級取代另一個階級。民選的知識精英取代世襲的貴族。普選所選擇的獨立的受過教育的團體來管理國家，將會完成彌爾心中的許多政治目標，消除貴族政府，與限制多數的權力。」[88] 只是彌爾並不主張有才能的人都尋求擔任政治職務，反之，他擔心人才集中於官僚，將會發生官僚濫權專制而阻遏進步的弊病。

彌爾指出：「如果國內所有具有很多才能的人，眞的都能被吸收擔任政府職務，……如果社會上每一種需要有組織合作或廣博見解的事業，都操在政府手裏，如果政府的職位永遠是由最能幹的人擔任，……所有國內具有高深教養和實際智慧的人就都將集中於人數衆多的官僚中，而社會上其餘的人也將在一切事情上仰承他們的意旨……；能幹而有大志的人，就只期待個人的昇遷。……在這種政權下，不但在官僚外面的大衆，因爲缺乏實際經驗，沒有資格批評或遏止官僚政治的作風，……任何違反官僚政治利益的改革也會行不通。」[89] 因此，全國主要的人才若都被統

---

[88] J. S. Schapiro, "John Stuart Mill: Pioneer of Democratic Liberalism in England", *Journal of the History of Ideas*, Vol. IV, No. 2 (April 1943), p. 139.

[89] *Liberty, CW*, XVIII, p. 307.

治團體羅致後，彌爾認爲遲早會發生不利於民衆與社會進步的禍
害。況且，統治團體具有優越的才智會使他們已有的權力，如虎
添翼地產生可怕的專制，而要保障免於受官僚政治的奴役，就是
要使統治者受到被治者的才智、活動與熱心公務的精神（public
spirit）所牽制。⑨ 對此，彌爾指出：如果要維持一個幹練有效
率的官吏團體，尤其是一個能夠自作改進並願採納改進建議的團
體，不讓官僚政治退化爲紙上政治，官僚團體就不能完全包辦人
類的管理才能，而且在官僚之外，必須有有能力的團體，能有機
會與經驗，對重大的實際問題作正確的判斷。⑨ 如此，不但在政
治上需要有精英來統治，在社會上也要有精英存在，領導羣衆，
形成促進政治與社會進步的重心。

在社會方面，彌爾指出：「只有極少數的社會中堅分子的各
種實驗爲別人採用時，才會對已有的習慣有所改進。沒有他們，
人類的生活就要變爲一灘死水。他們不僅介紹許多以前沒有的優
點，並且迫使生活保持在已有的優點中」」⑨彌爾深信新觀念與
進步的泉源總是來自少數與個別的天才。在民主政治中，進步的
最大阻礙是一般人習於接受流行的意見與情感爲眞，而「一個時
代的人類信仰，會把該時代的人束縛住，非有天才卓絕之努力與
勇氣，絕不能擺脫它。」⑨然而，天才總比其他人具有更多獨特
的地方，結果就不能使自己免於受社會或多數所壓制，因此彌爾

---

⑨ J. S. Mill, *Comte and Positivism*, *CW*, X, p. 306, and *PPE*,
CW, II, pp. 943-944.

⑨ *Liberty*, *CW*, XVIII, p. 308.

⑨ *Ibid.*, p. 267.

⑨ *PPE*, *CW*, II, p. 4.

呼籲說：「天才只有在自由的空氣中，才能自由地呼吸。」⑭而在大衆的意見構成壓倒性勢力的時候，平衡或糾正那種趨勢的辦法，就是讓思想傑出的人，格外明顯地表現其個性。⑮

同時，彌爾在評〈托克維勒論美國的民主（下卷）〉中，亦指出：「爲了同樣的目的，在政治上需要的，不是民意不應是統治權力，而是爲了形成最好的民意，……社會應該對於與羣衆意見相左的意見與意識大力的支持，……而無疑的組成那種支持力量的是農業階級、有閒階級與有學問的階級。」⑯這種觀念似乎帶有柯立芝的保守主義色彩，但是彌爾最終所強調的還是要尊重有學識者。在他的觀念中，農業階級通常是願意仰賴與接受有學識者的指導，而有閒階級的存在與否，彌爾在經過一番思考後，在 1847 年寫信給奧斯丁（John Austin）表示說：「我甚至已不再去想：一般字義下的有閒階級是最佳社會形式的必要構成部分。……我們必須注意的是：改善的重要來源……。」⑰由此可知，彌爾所重視的是社會必須存在着一個有學識有教養的階級。一旦有教養的階級 (the instructed class)，在知識上有了充分的進步，對道德與政治信條的要點，就會產生普遍的同意。⑱

因此，在社會方面，彌爾所強調的亦是「開明民主」（enlightend democracy），而非多數統治的民主，因多數永不會具

---

⑭ *Liberty*, *CW*, XVIII, p. 267.

⑮ *Ibid.*, p. 268.

⑯ J. S. Mill, "De Tocqueville on Democracy in America 〔II〕", *CW*, XVIII, p. 198.

⑰ *EL*, *CW*, XIII, p. 713.

⑱ J. S. Mill, "Democracy and Government", *DD*, I, p. 474.

有研究精神與智慧去認識與相信眞理，除非他們無比信任少數知
識精英提供他們的眞理。❾ 而無論在政治或社會方面，賦予開明
少數權力與權威，正是多數專制最好的矯正法。簡言之，「英明
的政府與文明的文化必須由少數精英來維護。」❿ 而彌爾盼望爲
知識精英贏取世界性的權力，就成爲其民主思想顯著的特點。

二、統治人才的選擇：選智與能

如果民主國家亟需開明少數來領導與統治，那麼需要的是何
種統治人才？統治者應具有何種特質？什麼樣的人適於統治呢？
對於這些有關統治人才的選擇問題，彌爾的答案是「選智與能」。

在〈民主與政府〉一文中，彌爾卽指出：「人民的利益是，
選擇⋯⋯最有敎養與最能幹者擔任統治者，而在選任後，讓這些
人在最自由的討論與最無保留的批評下，運用他們的『知識』與
『才能』爲民謀利，同時，只要他們的目標是人民的利益，而非
營私，他們就可能最不受其選民直接干涉。如此治理的民主政府
將是結合任何政府所具有的良好性質。⋯⋯多數不受限制的力量
將是經由代理機關，與依據最終必須向多數負責的開明少數之判
斷來運用。」❿ 同時，如前所述在彌爾的功利主義觀念下，只有
由有知識、經驗與道德者來爲一般大衆做決定，乃至治理國事，
才能實現較高品質的快樂，或全體人民眞正的快樂。而依彌爾的
進步論，保證具有最高智慧的人將佔有光榮顯要的職位，是人類
進步的動力之一。如此，彌爾深信，尊重優異的知識與才能不僅

---

❾ *Ibid.*, pp. 473–474.

❿ F. W. Garforth, *op. cit.*, p. 68.

⓫ J. S. Mill, *op. cit.*, p. 472.

是合理的，而且是必要的；他在〈時代精神〉一文中便指出：人類進步的必要條件之一就是，多數必須依據理性而依賴其他較具有知識與才能者的權威。⑩換言之，他認為：「理性本身會教導大多數的人，最終必須依賴更有教養的思想權威，以他們理性的信仰做為最終的裁判。」⑩而唯一能夠正當地使一個人的意見受到重視的是，個人智能的優秀(mental superiority)。⑩「如果兩個人的品德相等，一個人在知識和聰明方面遠超過另一個人，或者如果聰明相等，一個人在品德方面勝過另一個人，那位較有品德或知識的人的意見和判斷就比另一位更有價值，而如國家的制度在實際上主張他們的價值相等，那將是空洞的主張……。」⑩

　　然而，依湯普森(Dennis F. Thompson)的見解，彌爾所謂精英的智能或能力 (competence)，實可分成技術 (instrumental)與道德 (moral) 能力。技術能力是指發現達到某些目的的最佳手段的能力，以及認清滿足個人利益的目的的能力。道德能力是指區分對個人與社會而言，本質上較為優越的目的的能力。具道德能力的領導者能夠認清普遍利益，並且反對不僅存在於政府，而且存在於多數人民 (democratic majority) 的邪惡利益。雖然這兩種能力並不必然合在一起，但是彌爾並未明確加以區分，而總

⑩ J. S. Mill, "The Spirit of the Age", *Mill's Essays on Literature and Society*, ed. by J. B. Schneewind, p. 44;並請參閱 *EL, CW*, XII, p. 48.

⑩ J. S. Mill, "The Spirit of the Age", *John Stuart Mill on Politics and Society*, ed. by G. L. Willams, p. 175.

⑩ *CRG, CW*, XIX, pp. 474–475.

⑩ *Ibid.*, p. 473.

是假定理想上所有的政治領導者都應兼具這二種能力。[106] 在民主政治下，技術能力可以防範集體平庸的危害，而道德能力可以防範階級立法的危害。彌爾通常稱行政人員（尤其是官僚）爲須具有技術能力者，代議士爲須具有道德能力者。但是，民主政治到處都潛伏着無能的危險，因此代議民主必須動員它所有的資源（有能力者）以抵抗無能的危害。

在〈代表的論據〉中，彌爾論稱選民有義務選擇具有充分資格的代表，對公共事務形成周全的決策。在《論代議政府》中，他也表示了同樣的觀點：「選民應該不遺餘力地尋求一個有才能的議員，給予按照其自身判斷行事的權力，這是選民對國人應盡的義務；而且由這樣一個人來代表，對選民來說，實在遠比由一個在很多方面假裝遵守他們意見的人來代表更爲重要……。」[107] 而「在……實際上是由勞動階級壟斷，所有其他階級都沒有代表，意見亦未被聽取的民主政治中，唯一能夠避免最偏狹的階級立法與愚昧的希望，就在於未受過教育的選民要選受過教育的議員和尊重其意見。」[108] 基本上，彌爾認爲正確的代表觀念，是人民必須聰明地選擇他們的統治者，而非本身對公共問題做詳盡的判斷。由於假定人民能夠選擇最好的領導者，彌爾時常運用柏拉圖式的類比，認爲立法委員與醫師之間有着相似之處。「無論是就政治體或自然體（the body of political or natural）而言，人民本身無論是屬於較高或較低階級，……都有資格以他們所能看

[106] Dennis F. Thompson, *John Stuart Mill and Representative Government*, p. 55.

[107] *CRG, CW*, XIX, p. 511.

[108] *Ibid.*, p. 512.

到的證據來判斷不同的醫師的優點，但他們決不可能是不同的診療方式合格的判斷者。他們能說他們病了，而這也正是在理性上所能期望於他們的。而特別為此任務教育出來的知識分子，則對於發現與應用醫療法是必需的……。選民是人的裁判，而代表是措施的裁判，這個原則正是代議政府的實質。」⑩此一類比使彌爾可以提出開明少數領導的論據，而不否定人民的政治角色。因此，彌爾又指出：「設若可確保用意良善，則最好的政府必定是由最有智慧的人所組成，而這些人必定總是佔少數。人民應當是主人，但是他們是必須雇用比他們精練的人擔任僕人的主人，就像一位部長任用一個軍事統帥，或者一位軍事統帥任用一個軍醫。……部長只要使統帥就意圖與結果負責即可，人民對政府也一樣。」⑩

　　然而，在自然狀態下，無教養的人都將信心寄於有教養的人，而在一個變遷的時代，有教養的人意見分歧使得他們的權威盪然無存，而致沒有教養的人對他們失去信心時，又將如何呢？彌爾認為：當社會發展，智者間的共識會增加，而由於智者的共識增加，人民就愈會自願接受統一的知識權威 (the united inte-llectual authority)。⑪

　　再者，彌爾認為：「在一個民治組織中，良好政治最重要的一個原則，是行政官員不應該經由普選去任用：既不應該由人民自己選舉，也不應由他們的代表選舉。」⑫此因「整個政治事務

---

⑩ J. S. Mill, "Rationale of Representation", *CW*, XVIII, p. 40.

⑩ J. S. Mill, "Democracy and Government", *DD*, I, p. 471.

⑪ G. Duncan, *op. cit.*, p. 78.

⑫ *CRG, CW*, XIX, pp. 523–524.

都需要技巧；而擔任這種事務需要什麼特殊和專門條件，也只有多少具備那些條件和有實際經驗的人才能適當地判斷。為公共職務找尋最適當人選，不但是一件非常辛苦的事，更重要的是，各部門的首長必需把用人當作一種特殊的義務，對此事負責。」⑬彌爾指出：所有未經過某種公開競爭而任命的次要官員，其選用都應該由有關首長直接負責，至於共和政體中的元首宜由議會公開任命，就像君主立憲政體中的首相實際上由議會任命一樣。他認為行政首長由議會任命一定會是一個比較特出的人，因為在議會中的多數黨，依慣例總是任命它自己的黨魁，而多數黨領袖在政治生活中不但是重要的人物之一，而且常是非常重要的人物。彌爾舉美國為反面的例證，他認為美國從開國元勳在政壇上消失後，總統差不多總是一個沒沒無聞，或者在政治以外具有聲譽的人，因此並未做到能者在位或選智與能的原則。⑭

在求才方面，彌爾主張必須以制度培養人才。⑮ 例如：為了國家的安全，那些管理國家的人應該從年輕時就從梯子的最低層爬起，而他們能不能爬得高，也應該全看他們在經過一段時期後，能否證明具有足夠的能力 。 而彌爾認為最能顯示一個人的價值的，莫過於實際服務社會的成績。例如：曾經擔任過重要職務，有重大作為，而且以結果證明他的睿智；曾經是法案的制定人，而從那些法案實施的效果，顯示法案曾經過聰明的計劃；曾經作過種種預測，時常經事實證實，而且極少或從未錯過；以及曾經提出忠告，在被接受後有很好的結果，而被忽視後就發生不好的

⑬ *Ibid.*, p. 524.
⑭ *Ibid.*, p. 525.
⑮ *Ibid.*, p. 574.

後果等。雖然從這些方面來判斷一個人的智慧與否仍未必可靠，但彌爾認爲這至少是常人可藉以判斷他人價值的標準。⑯至於職位不隨政治變動而變動的職業文官階級，除非因爲具有確定、經過證實和嚴重的不當行爲，否則不可隨便排除他們過去服務的功績。⑰

在社會方面，彌爾認爲構成工商社會的兩大階級——有產與無產階級（the propertied class and the non-propertied class）——「將會試驗他們的力量，而發現彼此無法征服對方時，可能及時各提出較聰明的領導者，做爲和平妥協的可能模式。」⑱如此，除了少數有教養的階級外，社會的兩大階級也自然會選出才智出衆者來領導。在彌爾的觀念中，富人和窮人，受高深教育和受教育不多的人，以及分割社會的一切其他階級和宗派，都要獲得適當的安置。「而將這個原則和允許以優越力量給予具有優越的精神優點者的公平原則融合後，政治組織才會實現一種相對的美滿，而且也只有這樣，才能適合人類事務的複雜性。」⑲

綜上所述，對彌爾而言，人民選擇才智出衆者之能力與服從其統治的意願，實亦爲衡量眞假代議民主的實質標準。⑳設若能夠選智與能，「使輿論保持在理性與公正的範圍內，並且使它不受那些攻擊民主政治弱點的種種腐化勢力的影響，如此，一個民主的國家將會提供一些有高度知識和品格的領袖。現代民主政治

---

⑯　*Ibid.*, p. 509.

⑰　*Ibid.*, pp. 528–529.

⑱　J. S. Mill, "Essays on Government", *CW*, XVIII, p. 152.

⑲　*CRG*, *CW*, XIX, p. 479.

⑳　J. Hamburger, *op. cit.*, p. 93.

偶然也會有它的伯里克里斯（Pericles 西元前 490-429， 古希臘
時代雅典的政治家），而且時常會有一羣優秀的領導人物。」⑫
如此，民主領導者的必要條件是智識與能力（包括道德能力），
也就是受過高深教育與訓練的精英。

三、精英與民衆的關係

彌爾固然主張精英統治，但主權仍在全體人民手裏，因此在
民主政治下，多數仍然具有支配權（dominant power）， 而精英
與民衆的關係，不純粹是治者與被治者的關係。嚴格言之，彌爾
是主張在教育並不普及與完善的情況下，精英應該掌有統治權，
以及行使主權，而一般公民最好只掌有主權，但不介入統治。而
從貴族政治轉變到民主政治的階段，最好是以精英民主做爲過渡
階段。簡言之，彌爾對改良民主政治之希望，最終是繫於最有教
養的知識分子對一般民衆的影響。

然而，彌爾並不像現代的精英主義民主理論家一樣，他並未
僅以有才能的少數具有優越的統治能力來辯護其對民衆的影響，
而是認爲精英統治能對民衆發生教育作用。現代的精英主義民主
理論却未主張有才能者應負起教育責任。例如：在熊彼得（Joseph
Schumpeter, 1883～1950)的理論中，並不期望競相爭取統治權的
精英教育公民,也不期望精英促使公民對國家的政策問題感興趣,
因爲如果這樣做，將會使公民介入複雜的政治決策制定過程。⑫

---

⑫ *CRG, CW*, XIX, p. 460.

⑫ Joseph Schumpeter, *Captalism, Socialism, and Democracy,* 3rd
ed. (New York: Harper & Brothers Publishers, 1950), pp.
286-288, 290-296.

而在彌爾的觀念中，有教養的少數經由以身作則，可以對民衆發生示範作用。因此，教育是與代議政府密切相關，並且是代議政府的基礎，而代議民主甚至可稱為「教育民主」(educative democracy)。⑫

再者，在現代國家中，民衆大致可分為雇主與受雇者兩個團體，這兩個團體的意見都受其自私的階級利益支配，而除了這兩個團體外，還有一個受過教育的精英團體，這個團體由於具有才智與學識，主要關切的是「普遍的」，而非「階級」利益。彌爾相信：在民主國家中，受過高度教育者會對民衆造成不可抵抗的吸引力；沒有教養的人在本性上不會去反對有教養者一致的權威。⑭「雖然一般人的信仰和觀念多半是由個人地位，而非理智去決定，但……由有教養的人所形成的聯合權威，却常常對他們發生很大的影響。」⑮而在議會中，只要能保證「有幾個全國第一流人物的參加，雖然其餘都是普普通通的人，縱然那些主要人物在許多方面都與一般人的意見和情感相違，他們也一定會對一般人的討論發生影響。」⑯「在實際表決時」，則「有教養的少數雖按他們的人數計算，但作為一種道義的力量，憑他們的知識以及知識所給予他們對別人的影響，他們的作用就會大得多。」⑰況且，「在任何時代中，最有智慧的人總是智慧超過前一代最

---

⑫　參閱 G. Duncan, *op. cit.*, p. 74, and F. W. Garforth, *op. cit.*, p. 72.

⑭　J. S. Schapiro, *op. cit.*, p. 138；並請參閱 J. S. Mill, "De Tocqueville Democracy in America〔I〕", *CW*, XVIII, p. 86.

⑮　*CRG, CW*, XIX, p. 382.

⑯　*Ibid.*, p. 458.

⑰　*Ibid.*, p. 460.

有智慧的人,因為最有智慧的人能夠擁有各時代不斷累積的觀念,從而獲益。但是多數人只有他們自己的時代的觀念,再無其他觀念;如果某一時代的多數人比另一時代的多數人更接近真理,那只是由於他們受到他們之中最有智慧的人的權威所指引與影響。」⑫ 由此可知,彌爾深信知識即力量,知識精英在道德與才智上都可影響一般民衆。然而,精英如何教育或影響民衆呢?

彌爾認為:「教育的效用主要就在允許才智較遜者和才智卓越者發生接觸,這是日常生活中很少有的接觸,而這種接觸的缺乏,將會比任何事情更有助於使一般人停留在一種自滿無知的狀態。」⑫ 因此, 在全國性或地方性的團體中, 都應使精英有機會與民衆接觸。一個公共團體就好像一所學校,「如果……在那裏面沒有品格很高的人物,會使得那個團體在行動上如常見的那樣,墮落到大家都在恣意和愚蠢地追求自己的私利,那所學校就不會有價值,而且也將是一所有害而非有益的學校。」⑬ 而「古老的說法,『教師是什麼樣子,學校就會是什麼樣子』,不但適用於中學和大學青年的學校教育,也適用於公共事務對成年人的間接教育。」⑬ 如此, 在民主國家中, 亟需將精英的才智與品格注入公共團體中,甚至「為實現籌設地方團體的目的,無論是開明或公正地盡到它們的特殊責任,還是培養那個國家的政治知識,重要的是每一個這樣的團體都要包含當地一部分最優秀的人

---

⑫ J. S. Mill, "The Spirit of the Age", G. L. Williams, ed., *op. cit.*, p. 174.

⑫ *CRG, CW,* XIX, p. 539.

⑬ *Idem.*

⑬ *Ibid.*, p. 545.

才，使他們和才智較低者發生最有益的長期接觸，而從才智較低者獲得可能提供的地方知識或特殊知識，同時也以自己遠大的理想和高尚開明的決心，去啓發他們。」[132]

在彌爾的觀念中，精英與民衆的關係雖如同師生，但精英對民衆的啓廸，並非像在教室裏上課般的直接教導，而是透過精英的審議討論 (deliberation)，與民衆對話，以及說服產生教育作用。

對彌爾的權威與領導觀念不可或缺的是對話 (dialogue)，亦即在擁有權威者與尊敬權威者間，在領導者與被領導者間不斷進行相互溝通。[133]沒有對話或相互溝通，領導者的影響力不能滲入被領導者，而被領導者的觀念、意見與情感也不能獲得領導者同情的了解。結果將形成一種有害的關係：權威主義而非信賴權威，服從而非尊敬，從而阻礙民主與進步。反之，如果由特別有敎養的少數所組成的領導階級能與多數對話，就可敎導多數了解政治，並且在道德上使少數精英的利他主義對其他人發生影響；在知識上，也能使少數精英執着於追求眞理的理想傳播給一般人，而做爲民衆思考的刺激與標準。

其次，經由在代表會議、競選活動與其他公共場合的審議討論，精英可以向民衆顯示如何對政治目的與問題做睿智的推理與思考。[134]彌爾對於辯證的討論 (dialectical deliberation) 做爲一種敎育方式的信心，是源自他對希臘哲學的研究與自己參與許多討論團體的親身經驗。然而，一般公民只能參加地方政府、民間

---

[132] *Ibid.*, p. 539.

[133] F. W. Garforth, *op. cit.*, p. 74.

[134] D. F. Thompson, *op. cit.*, p. 80.

組織與團體的討論，而在國家層次上，大多數的人畢竟只是政治
討論的旁觀者。 雖然如此， 彌爾顯然相信政治辯論比演講或講
解，對民衆具有更大的啓發作用。經由討論，精英可以發揮遠超
過他們人數的影響力，尤其憑藉他們的道德與知識力量可對其他
人發生有益的影響。

在說服（persuation）方面，精英也可提升民衆才智。⑱彌爾
相信：只要社會與政治結構存在着自由的制度，精英就可以理性
來說服民衆接受他們的意見與信仰。對此，彌爾亦曾表示：「檢
定政治上什麼是對的， 不是人民的意志， 而是人民的善（good）
……。我們的目標不是在強迫，而是說服人民爲了他們自己好，
限制自己濫逞私意。」⑱但是， 說服畢竟不是強制民衆接受或聽
取某種意見，而是由民衆自己決定接受與否，民衆當然也仍可擁
有自己的意見而不必完全接受精英的意見。因此，彌爾也指出：
「對於卓越智慧的崇敬，不應該達到忘我──否定任何個人意見
──的地步。」⑱

無論由對話、討論或說服使精英對民衆發生教育作用，彌爾
堅信：民衆教育會創造一種心理態度，使得羣衆支持進步。他對
一般人的理性能力雖沒有什麼信心，但是他很相信一般人會想要
傾聽由開放眞理管道所提供的理性意見，以及訴諸事實，而非訴
諸偏見的言論。 只有意見、 討論與集會等管道保持開放， 具有

---

⑱ R. J. Halliday, "Some Recent Interpretations of John Stuart
   Mill", *Philosophy*, Vol. XLIII, No. 163 (January 1968), p. 16.

⑱ Cited from J. S. Mill, *Essays on Politics and Culture*, ed. by
   G. Himmelfarb, p. xii.

⑱ *CRG, CW*, XIX, p. 510.

優異天賦的個人與天才才能就維持旣存秩序反對愚蠢或不當的改
革，或者採取新法律以促使社會穩定地發展與進步，發表意見，
對羣衆產生影響力。況且，「所有聰明或高貴的事物都是來自個
人，而且必然來自個人……。一般人所能分享的榮耀，就是追
隨、適應與接受那種由個人創始的聰明和高貴的事物。」⑬ 顯
然，彌爾相信一般人的內心能夠反應聰明與高尚的事情，會接受
智者的領導與衷心支持精英。而知識精英不僅能產生新眞理、新
觀念與新的卓越標準，他們也能做爲提升其追隨者的榜樣，與提
高整個社會與政治的品質。如果沒有精英或民衆不接受精英的領
導，人類將永遠陷於平庸之中，而民主政治也不能免除集體平庸
乃至腐化的弊病。

　　然而，民衆爲何與如何會受精英的影響與領導呢？ 彌爾認
爲：精英是憑藉個人的特質與成就，在道德、知識、政治與文化
等方面具有權威與領導地位，使得民衆心悅誠服地自願尊崇精英
的優越才能與知識。彌爾所謂的精英不是憑藉地位、特權與權力
而得勢的貴族，而是才智出衆者，精英有責任幫助公民獲得知
識；「精英本身是提升非精英才智的手段，而只有在一個受教育
的社會中，民衆才有可能尊敬精英。」⑬ 如此，精英透過與民衆
的接觸，教育民衆，自然而然地贏得民衆的尊敬 (deference)，絲
毫沒有半點強迫服從的成分。彌爾相信：「只要一個有才能的人
有辦法在多數人面前表現他某一方面的才能，多數人就常會有一

---

⑬ *Liberty*, *CW*, XVIII, p. 269.

⑬ R. J. Halliday, *op. cit.*, p. 16；並請參閱 R. J. Halliday, *John
Stuart Mill* (London: George Allen & Unwin, Ltd., 1976), pp.
88-89.

種確實的本能，加以辨認。如果這樣一個人沒有獲得⋯⋯應有的
影響力，那就一定是受到制度或習慣的排擠。」⑭再者，精英逐
漸由教導 (tutelage) 的作用轉移為與自主的民衆相互的對話溝
通，而民衆自願尊敬才智與知識，並且能夠判斷這種尊敬是正當
的。雖然精英能夠提供行為標準，以及做為道德的榜樣，但是精
英沒有強迫民衆依附其標準的權力。彌爾在 1852 年所寫的一封
信說到：「窮人與富人一樣，所需要的不是被灌輸或填滿其他人
的意見，而是誘導與使他們能為自己思考。」⑭在擔任聖安德魯
斯大學校長的就職演說中，彌爾也強調：「在年輕與心智尚未完
全成熟時」，要適當地尊敬精英，及至心智成熟時，「無論做什
麼，要保持開放的心靈，⋯⋯不要拋棄思想的自由。」⑭由此可
見，彌爾並非希望民衆盲目尊崇與跟隨精英，而是在與精英的接
觸中，民衆會增進思考能力，使得他們對立法與內政等大問題，
愈來愈能接近形成理性信念的理想。

況且，彌爾相信有才能者間的一致性 (unanimity)，就像科
學家間的共識一樣，會使民衆尊敬他們的權威。由於民衆不了解
政治問題的實質，因此如果精英意見不一致，民衆就無法決定接
受那一個精英的意見，如此，精英的意見要具有權威，就必須具
有一致性。尤其在民主政治中，集體平庸必須有知識精英間的共
識來彌補。只是要造成精英間意見的一致性或共識，是一遙遠的

⑭ *CRG*, *CW*, XIX, p. 458.

⑭ *LL*, *CW*, XIV, p. 80.

⑭ J. S. Mill, "Inaugural Address at the University of St.
Andrews", *Essays on Literature and Society*, ed. by J. B.
Schneewind, pp. 400–401.

目標，因為只有在知識發達的階段，才會在精英間形成意見的一致，而彌爾的時代離此階段尚遠，因此彌爾認為在可預見的未來，仍必然會有歧異，而公民也仍須在有教養的少數間作選擇。⑭如此，一般民眾之所以會受精英影響，主要是依精英的表現而定，其次是要由教育使得民眾具有理性認知的能力。

在彌爾的觀念中，要防止民主政治的腐化勢力，一方面要結合負責的行政專家與人民控制政府，要結合領導者的權威與被領導者的自決，要結合優異的少數與其對於多數的教育性影響，另一方面要不斷提升多數的知識水準與使他們充分處理他們的事務，關鍵都在於創造與維持精英，使他們對民眾發生影響。但是精英並不是與社會隔離的政治團體或階級，無論任何階級的人只要受過良好的教育與訓練而有卓越的表現，就可躋身於精英的行列。因此精英是對任何階級開放的，而且隨着教育的發展，精英會愈來愈多，而精英與民眾的知識差距也會愈來愈小。彌爾認為：「在羣眾心中進行的自我教育，很可藉人為的助力，大大的促進與改革。」⑭「辯論會、演說會、公共問題討論會、工會及政治運動亦皆可喚醒公共精神，傳佈各種思想於大眾，在更有知識的分子間引起思考與反省。……同時，勞動階級現今已是羣眾的一部分；他們或他們之中的一部分人亦已參加公共問題的討論，……中產階級的知識來源，現在，至少都市的職工已經可以擁有。有了這種資源，即使任其自求，不加援助，他們亦無疑能在理智方面有所增益。同時，我們也有理由希望，學校教育在質

---

⑭ D. F. Thompson, *op. cit.*, p. 84, and R. J. Halliday, *John Stuart Mill*, p. 88.

⑭ *PPE, CW*, III, p. 763.

量方面的大大改進，可由政府或個人的努力來實現，民衆精神教養的進步，以及德行（以精神教養爲根據）的進步，亦可由政府或個人的努力，更迅速、更無間與更無錯失地進行。」 ⑭ 如此，在社會及學校的教育下，民衆的才智會提升與進步，而精英與民衆的接觸雖只是教育的一環，但會對民衆教育發生很大的助力。尤其，精英本身若能接受更好的教育，則對民衆的觀念與情感便能發揮更有益的影響。

總之，彌爾想要擴展才智與美德，他主張政府必須包含最優秀的人，從而改進一般民衆的水準，使民衆發展他們的才智與道德能力，加強他們的社會本能，以防止多數專制與階級立法。在與精英接觸下，民衆會加強社會一體感，消除使他們與他人對立的無知與自私，而使民衆將其個人的快樂與全體的利益結合起來。雖然衆人之事是由少數精英來管理，但是隨着教育機會的擴展，精英的人數會愈來愈多，而趨向一個同質而平等的社會。誠如現代一位政治哲學家巴里（Geraint Parry）所說的：「彌爾的目標不是在預測與辯護精英統治，而是自由主義的目標，亦卽提升民主社會中的文化與敎化水準。」 ⑭ 而要實現這個目標，政治發展必須在保障才能與提升民衆間維持一種微妙的平衡。

---

⑭ *Ibid.*, pp. 763–674.

⑭ G. Parry, *Political Elites* (London: Allen and Unwin, 1969), p. 18.

第六章　民主政府的設計 (一)

基本原則與代表制度的改革

　　彌爾在消極方面爲了防止多數專制所造成的集體平庸與階級立法兩個政治弊害，積極方面要將政治平等的原則與精英統治或理性政府的原則結合在一起，乃提出對英國旣存的代議制度的改革建議，以促使民主政治的改進，甚至使英國的代議制度，成爲民主理想的典範。

　　在彌爾的觀念中，「政治的大難題終究是如何將好政府所依賴的兩大要素——與人民利益相合及精英（知識貴族）統治——融合得最好；亦卽將最大的優點（源自受過特別教育的少數之獨立判斷）與最能確保目標的公正（源自使少數對多數負責）結合在一起。」❶而彌爾對民主政府的設計亦卽在解決這個大難題。然而，彌爾做爲一個思想家，他不僅對代議制度提出設計，而且在他的設計背後都有一些原則與理想做爲標準。

第一節　邁向民主理想的基本原則

　　彌爾最終的民主理想是參與民主，就像古代雅典的公民可以在公民大會中集會，直接參與決策與制定大至和平與戰爭，小至

❶ J. S. Mill, "Democracy and Government", *DD*, I, p. 469.

琐碎的行政事務的公共政策。❷ 此因彌爾認爲唯一能夠滿足社會一切要求的政府， 就是由全民參與的政府， 而且理想上最好的政府形式就是每個公民不但對最高主權的運用具有發言權，而且至少有時會被徵召去實際參與管理，擔任某些地方性或一般性的公共任務。但是，在現代世界中，每個人不可能直接參與中央政府的工作，而且每個人也不可能都具備從政的條件，因此參與民主畢竟是個理想。要實現這個理想，至少必須經過精英民主的階段。如此，彌爾乃構思邁向民主理想的基本原則。

在《論代議政府》的序文中，彌爾指出：「對於曾讀過我以前的著作的人來說，從這本書可能得不到創新的印象，因爲這都是一些我畢生大部分時間所構思的原則，……然而，在使它們結合在一起與聯貫起來， 與……具有許多論據支持上， 這是有所創新的。」❸ 在《自傳》中，彌爾並再度肯定他的《論代議政府》一書是連結其民主理論的陳述。❹ 事實上，彌爾的民主理想及其對民主政府的設計是蘊含了「參與」（participation）及「才能」（competence）兩個原則。

原來，彌爾認爲一個好政府具有二個目標，其一是保障公民權利與利益；其二是教育公民以增進公民才智與德行。根據這兩

---

❷ F. W. Garforth, *Educative Democracy*, p. 16; *CRG, CW*, XIX, pp. 399–412; and Carole Pateman, *Participation and Democratic Theory* pp. 27–35.

❸ *CRG, CW*, XIX, p. 373.

❹ *Autob*, p. 157. 湯普森亦視《論代議政府》爲彌爾民主理論連結的陳述；參閱 D. F. Thompson, *John Stuart Mill and Representative Government*, p. 9.

個目標，彌爾進而提出參與原則與才能原則❺

一、參與原則

彌爾的參與原則，要求每個人儘可能參與，以提高政府的保障與教育目標。而他對擴大參與的論證，亦即訴諸有必要保障每個人的利益與增進所有公民的政治智慧。參與最終的理想是在每個成年男女都能運用投票權，並且負有公共責任與義務，而所有公民應感到他們是對他們國家良好的政府負責，應該熱望有爲國服務的經驗，而且應在他們能力所及的範圍內，有機會以任何一種方式爲國服務。參與之所以重要，有二個理由：①當個人能夠與習慣於維護他們本身的權利與利益時，才能確保其權利與利益；②人民的普遍繁榮與福利隨着個人精力之用於促進它們的量，成比例地更加增進。對此，彌爾指出：「自由政府理想的完美觀念，就是由大家來參與這些利益。無論是誰，如果不能被允許參與，利益就不能獲得……保障，而以自己的能力去謀本身和社會福利的努力，也就少有伸展的機會，也較少獲得鼓勵。然而所有這些，却是經常與普遍的繁榮成正比的。」❻ 由此可見，彌爾相信每個人的權利與利益在大多數情形下，最好由每個人自己去維護，因此每個人應在與其福利有關的行爲上對政府具有影響力，每個公民愈自由愈主動，國家愈繁榮。急進的功利主義信條：「自由是繁榮的手段，繁榮是幸福的手段」；這是彌爾從未忽略的，但這只是彌爾代議民主論證的一半。❼

---

❺ D. F. Thompson, *op. cit.*, pp. 9–10.

❻ *CRG, CW*, XIX, p. 406.

❼ John Plamenatz, *The English Utilitarians*, pp. 133–134.

對彌爾而言，更重要的是，參與對公民具有教育效果。「民主不僅是一可以保障社會中全民利益的政府制度，而且是一教育過程，在此過程中，人會發展其自己的利益，從而發展他們的品格。」❽ 彌爾一再堅持在所有政府形式中，發展整個社會德行與才智的重要性，而且他主張自由政府最主要的利益是它提升了民眾的教育與才智。簡言之，在彌爾的觀念中：「民主政治制度由於助育公共精神與發展才智，因此具有教育功能。」❾ 在《自傳》中，彌爾表示他相信：努力增加參與將會刺激公民教育。❿他肯定：政治教育要能具有意義，必須鼓勵每個公民參與自治過程，而公民應選擇其自己的統治者，應使其對公共政策的性質、方向與目標產生影響力。他深信自由參與政治決策，會產生責任感與有助於人格的發展，並且會將「成就感」導入更有價值的管道，使人不致專注於經濟上的成就。⓫

在參與的管道與方式方面，彌爾受其人性論與自由論的影響，認為人性應有自由在思想與行為上往各種方向發展，人民應該既為自己設想，並且為自己進行實驗⓬，因此他主張人民應在能力所及範圍內，儘量參與全國性、地方與工作團體的事務。對彌爾而言，「各種民治政府 (popular government) 在這方面的好處，是將公務的執行廣泛分散，一方面儘量擴大選舉權，而在

❽ Andrew Hacker, *Political Theory: Philosophy, Ideology, Science*, p. 576.

❾ R. J. Halliday, "Some Recent Interpretations of John Stuart Mill", *Philosophy*, Vol. XLIII, No. 163 (January 1968), p. 14.

❿ *Autob*, pp. 103–104.

⓫ D. F. Thompson, *op. cit.*, p. 35.

⓬ J. S. Mill, *Chapters on Socialism*, p. 266.

另一方面只要符合其他同樣重要的目標，也要儘可能使各階層公民廣泛參與司法和行政工作，例如參加陪審，讓他們擔任市政工作，而尤其重要的是儘可能使討論具有最大的自由，以便在一定範圍內，不僅經常有少數人，就是整個社會也要參與政治和分享可能有的政治教育和精神訓練。」⑬

在參與全國性事務方面，對一般民眾而言，主要指的是參與選舉或投票方面。彌爾在《對國會改革的思考》（*Thoughts on Parliamentary Reform*）一書中，指出：「擁有與運用政治權利，尤其是選舉權，是對人民的道德與知識訓練主要手段之一。」⑭在運用選舉權時，人民必須學習在衆多的候選人中，做一最佳的選擇與判斷。而在精英參與競選時，他們更能聽到具有獨特見解的言論，進而加以思考判斷，或以精英爲範型，學習到精英優良的風範與理性的思考。其次，一般人民雖未進入國會擔任議員，但是可以做爲一個旁觀者，從國會議員的辯論與表現中，認淸政治問題的性質與如何對政治問題做合理的論述。

在彌爾的觀念中，地方政府做爲公開教育公民公共職責的手段，具有相當大的重要性。此因參與地方政府是參與全國性事務的必備條件，而且參與地方事務，對一般民眾最具教育或改進的效用。彌爾在評〈托克維勒論美國的民主（上卷）〉中，認爲倘若個人在地方政府中尙未準備普遍的參與，則要求在中央政府享有普選權及參與是無用的；因爲惟有在地方政府中，他才能學會如何管理自己。在全國性的政治中，幾年才有一次選舉，平常也

---

⑬　*CRG, CW*, XIX, p. 436.

⑭　J. S. Mill, *Thoughts on Parliamentary Reform, CW*, XIX, pp. 322–323.

未給予公民任何政治行動的機會，而且政府通常也是聽任公民的
智力與道德傾向自由發展。換言之，在大的國家中，個人若要能
夠有效地參與該大社會的政府，則必須在地方政府中培養與發展
此種參與所須備的才智與德行。因此對彌爾而言，唯有在地方政
府中，參與才能發生真正的教育效果。地方政府不僅使參與直接
影響個人及其日常生活，而且個人還有機會被選或輪流去為地方
政府服務──擔任地方行政、立法或司法工作。簡言之，個人藉
着參與地方政府而學會民主政治。「唯有先在一個有限範圍內實
際練習民治政府，人民才能學會如何在更大的範圍中去運用它。」
❶ 對彌爾而言，地方機關是公民政治教育的主要工具，甚至是使
「屬民」（subjects）轉變成「公民」（citizens）的工具。民治的
地方機關是「教導政治能力與一般才智的學校」。❶ 只有具有管
理地方利益的習慣，才能使得才智與精神活動廣布於大量人民之
間，並且將之應用於公共事務。

　　彌爾的參與原則最具特色的是擴張到包括整個新的社會生活
範圍──工業。彌爾在後期的著作中，表示工業是個人能得到處
理集體事務經驗的另一個領域，就像個人在地方政府中能得到經
驗一樣。同時，彌爾也注意到各種社會主義理論和合作理論的真
正價值。他表示參與工作場所的管理也與參與政治一樣，對民主
政治具有重大的影響。在《社會主義論叢》（*Chapters on Soci-
alism*）一書中，彌爾贊同依賴小團體自願組織的社會主義計畫，

---

❶ J. S. Mill, "De Tocqueville on Democracy in America 〔 I 〕",
　　CW, XVIII, p. 63 並請參閱 C. Pateman, *op. cit.*, p. 31.

❶ G. Duncan, "John Stuart Mill and Democracy", *Politics*, Vol.
　　IV, No. 1 (May 1969), p. 73.

並希望藉着那些團體的自我增殖而使國家適用他們的原則。此種
組織形式對廣泛的參與有很大的幫助。彌爾發現合作形式的工業
組織，會使那些加入該組織者發生「道德變遷」（"moral trans-
formation"）。他認爲合作組織一定會使所有人在追求公益時產生
友善的競爭，提升勞動者的尊嚴，使勞動階級產生一種新的安全
感與獨立意識，並將每一個人的日常職業，轉變成認同社會和實
際智力的訓練所。一如地方政治，參與涉及集體利益的政府可教
育個人負起社會責任，因此在工業組織，如工會、工廠與合作社
等，參與管理集體利益也可培養與發展個人在公共活動中所需的
德行。彌爾認爲沒有什麼社會環境，能比社會主義更有助於訓練
個人感受到公共利益，就是自己的利益。他認爲當代世界實行民
主政治是必然的，所以他也指出在工業社會中，實行某種合作形
式是不可避免的。 勞工階級現在已加入他們的「 領導行列 」（
"leading strings"）， 因此雇主與受雇者間的關係將無法長期維持
下去，某種合作形式將會起而代之。彌爾在《政治經濟學原理》
一書中，討論將採取何種合作形式時，認爲人類若繼續改進，最
後將有一聯合形式佔優勢。此形式並非以資本家爲主，而是工人
可以過問任何事務；工人們人人平等，集體擁有資本，運用他們
自己的技術工作，而且自行選舉與罷免管理者。 ❶

倘若參與工作場所的事務與管理是可能的，則工業中的權威
性關係將會從通常的上級與下屬的關係（管理者與工人），轉變
爲一種與全體工人選出的管理者合作或平等的關係，一如地方階
層的代表被選出來的情形一樣。彌爾對於地方政府及工作場所的
參與主張，含蓋所有「較低階層」的權威性結構或政治制度。此

---

❶ 參閱 C. Pateman, *op. cit.*, pp. 33-34.

因對彌爾而言，社會是由許多政治制度所組成，它們的權威性結構，對於其內部的個人心理、德行及態度影響很深，因此為了中央階層的民主政府的運行，惟有藉着所有政治制度的權威性結構的民主化，來發展個人所需具備的德行。如此，工作場所的參與也可視為一種政治參與。⑱ 在《政治經濟學原理》中論及勞工教育時，彌爾亦指出：「現代國家必須學會一個教訓，亦即民族的福利是有賴個別公民的正義感與自治。」⑲ 此外，對彌爾而言，自願參與社羣事務(community affairs)對於個人才能的成長也是很重要的。而上述種種參與活動，也都有助於自我發展的實現。

至於參與的效果，彌爾指出參與具有三方面的教育效果：①參與可增進公民感與政治效能感；②參與可增進政治知識；③參與可增進公益精神。⑳ 他引述托克維勒的話說……「這種感情（指愛國心與公共精神）是由知識產生，由法律所培養，隨民權的使用而成長，最後則與公民的個人利益混合在一起。」㉑ 彌爾認為：「使所有人民對國家的命運關心，最有力與唯一的手段，是使他們參與其政府。」㉒ 「行動是感情的營養品，如果不讓一個人為國家做任何事，他就不會關心國家。」㉓ 除了增強愛國心

⑱ *Ibid.*, p. 35. 當代的參與民主理論，就是強調人民在工作團體與生活團體中的參與；參閱 C. B. Macpherson, *The Life and Times of Liberal Democracy*, ch. V.

⑲ *PPE, CW*, III, p. 763.

⑳ J. S. Mill, "De Tocqueville on Democracy in America 〔I〕", *CW*, XVIII, pp. 87–89; and D. F. Thompson, *op. cit.*, pp. 37–41.

㉑ J. S. Mill, *op. cit.*, p. 87.

㉒ *Ibid.*, p. 88.

㉓ *CRG, CW*, XIX, p. 401.

外，彌爾最重視的參與效果是在道德方面的影響。他相信：人們
隨着處理共同事務經驗的增加，將會使人們超越他們狹窄的私人
生活圈，尤其是超越家庭，而鼓勵他們追求公共利益，尤其是學
到善意與容忍；如此，政治參與正可幫助消除階級衝突，從而加
強社會凝聚力。

在《論代議政府》中，彌爾更明白指出：「由公民參與社會
任務，縱使只是偶然地參與，更有益的是在精神教育方面。在從
事這類任務時，他要衡量的不是他自己的利益；在遇有幾方面不
同的要求時，他要根據個人偏好以外的準則去決定；他在每一場
合都要應用那些爲了共同幸福才有理由存在的原理和準則；而他
也常能發現和他共事的人，比他更熟習那些原理和其運用，發現
他們的研究會加深他的了解，鼓勵他關切普遍的利益。他會從心
裡感到他是社會的一分子，凡是有益大家的事就都對自己有益。
在缺乏這種社會精神教育的地方，個人所處的社會地位既不重
要，他們除服從法律和聽命於政府外，也極少會感到對社會還負
有什麼責任。他們只有自私的感情，每一思想或感覺，不管在利
益或責任方面，都是集中於個人和家庭。這種人從不會想到集體
的利益，或和別人共同追求的目標，他所想到的只是和別人競
爭，而且多少是要犧牲別人去成全自己。由於他從未爲共同利益
參加過集體工作，他的鄰居既不是同盟者或共事者，就只有成爲
對手了。如此一來，社會實際上固然不能存在，就是私人道德也
會受損害。如果這種狀態成爲永久和唯一的狀態，立法者或道德
家的最大抱負，也只能使社會上大多數的人成爲一羣天眞地哨着
草的綿羊。」[24]

---

[24] *Ibid.*, p. 412.

　　況且，「只有在政治影響所及的人都和別人同樣享有充分的公民權利或有希望享有公民權時，自由才能發揮激勵性格的最大作用。比這種情感上的影響更爲重要的是，公民有時會被要求擔任某些社會任務，獲得品性方面的實際訓練。一般人並未充分認識到在多數人的日常生活中，很少有什麼事情會擴大他們的感情或觀念。他們天天工作，並不是爲了興趣，而是爲了一種最根本的私利，就是滿足他們日常的需要，不管所做的事情還是做事的方式，都不能使他們產生超越個人的思想或感情；如果近邊有有益的書籍，他們不會有興趣去讀，而在多數情形下，他們也沒有機會接近在教養上優於他們的人，讓這樣一個人爲社會做些事，就會多少彌補所有這些缺點，如果環境允許他爲社會負擔很大的責任，他就會成爲一個有教養的人。」㉕ 由此可見，彌爾非常強調參與公共職務帶給一般公民的道德教育價值。在這點上，彌爾同盧梭一樣，視政治參與爲道德生活的過程。當普遍參與時，每個人都有機會參與社會的政治生活，雖然參與者未必會放棄個人利益，但他將學習到必須與他人共同生活，且與他人共同決定適用於所有人的政策。只是彌爾強調的是公民的實際參與應由地方政府或工作團體起步，而盧梭所強調的是由公民直接參與國家立法或政治的理想。

　　彌爾舉美國爲例，他認爲：「儘管美國人和歐洲人相比之下，只有極少數是天才和受過良好教育，但是美國整體人民的偉大智慧總是最值得注意的社會現象」；此因「政治生活在美國誠然是一所最有價值的學校……民主制度尚且使美國人的最低階

㉕ *Ibid.*, p. 411.

級，在和英國與別處相似的階級比較之下，產生如此顯著的精神
發展優勢，如果能夠將好的影響保留，壞的摒除，又會是怎樣一
種情形呢？而這一點，在某種程度內也是可以辦到的；但所用的
方法却不是摒棄極少受到別種知識刺激的人民，而是給以適當的
注意，誘使他們留心政治事務，介入重大、遙遠和複雜的利益。
對於以工作爲常業，在生活方式上不能接觸多方面的印象、環境
或思想的手工工人而言，只有經由政治討論和集體政治行動，才
能使他學習爲他人設想和與他人具有共同的想法，自覺地成爲一
個偉大的社會的一員。」㉖　顯然，彌爾相信政治參與的教育效果
宏大，可以促進公民道德與才智的發展，因此，在他的構想中，
代議政府的適當運用，正是訓練人民最有效的工具。㉗而只有在
每個公民被鼓勵參與地方自治過程時，政治教育才能具有意義。

二、才能原則

「代議組織是使社會現有的一般智力和廉潔水準，以及社會
上最聰明人的智慧和品德，對政府發生更直接影響的一種方法，
而且也比其他種類的組織，賦予他們更大的影響力，他們所有的
影響力在政府以內都是一切善的來源，而在政府以外也能阻扼每

㉖　*Ibid.*, pp. 468-469.

㉗　J. S. Mill, "Commencement of the Session-Progress of Reform",
　　London and Westminster Review, XXV (April 1836), p. 274. 彌
　　爾在《論代議政府》中，亦指出：「一個公共機關的理想組織，是
　　使其職員的興趣完全和責任一致。單是制度並不能使它如此，然而
　　如果沒有一種針對這個目的而適當籌劃的制度，也就更不能使它如
　　此。」(*CRG, CW*, XIX, pp. 391-392.)

一種壞事。」❷ 如前章所述，彌爾認為有才能者由於比一般民衆更有知識、才能或道德，因此應該擔任統治工作或為民表率。而且有才能者由於能力與影響力較強較大，更能促進政府保障人民利益與教育人民的目標。換言之，為了保障政府與公衆免除平庸無知及邪惡利益的危害，以及有助於公民教育的過程，必須由有才能的人來領導。這就是彌爾所構思的「才能原則」。

彌爾認為愈有才能者應儘可能使其愈有影響力，主要是基於三個論證。第一，訴諸功利主義的道德理論，認為愈有才能者愈能認識更高級的快樂與全體的利益；第二，由於較有才能者知識與道德程度較高，因此是防止無知與邪惡利益，尤其是防止多數專制所必須的；第三，有才能的領導者對公民具有教育作用。❷而有教養的少數或精英所以獲得公民的尊敬，主要即在於精英能夠直接或間接像春風化雨般的教化羣倫。而「政府是一有目的的事業，其目標，簡言之，是在教育公民，那些擁有公共職位者必須運用其權力，以發展人類的潛能與提升社會中所有人的生活品質。」❸

彌爾指出：「如果大家認清所有該被稱為管理的工作，只有讓受過專門教育的人擔任才能做好，以及所有選擇、監督與在需要時控制統治者的權力，都應該屬於人民而不是屬於執行這些權力的人，知道這兩者之間的界限，就會對政治制度目的的實現有很大的幫助。除非民主政治願意把需要技巧的工作，交與有技巧的人去做，否則就絕不會獲致任何進步，走向一種成熟的民主政

---

❷ *CRG, CW*, XIX, p. 392.

❷ D. F. Thompson, *op. cit.*, p. 90.

❸ A. Hacker, *op. cit.*, p. 574.

治。」❸ 顯然，彌爾認爲民主政治必須有能者在位，才能興利除弊。況且，以他的見解來說，對於全民利益更廣泛的同情與關切，對行爲較長遠的結果有更多的了解，以及具有高度發展的想像力，這些領導者所需具備的條件只能在社會中受過良好教育的人身上發現。因此，受過良好教育的精英在價值上要比未受過教育的民衆高。對此，彌爾表示：「是否主張所有的人在社會所承認的各種權利上皆應平等，我的答案是：不，除非所有的人在做爲人類的價值上是平等的。事實上是一個人並『不』像另一個人一樣好；而試圖提出一個基於與此事實相異的假定之政治組織，是違反了所有理性行爲的規則，即使暫時不考慮道德上之價值，……一個不能閱讀的人，就人類生活的目的言，亦不像一個能閱讀的人一樣好。」❸

　　如此，彌爾的才能原則顯示：民主國家在政治過程中應儘可能給予具有優異的才智與德行者，較大的份量。然而，在民主政府的設計中，彌爾並未給予精英不可抵抗的權力，而只給予具有才能的少數略多於其人數比例的政治權力。此因受到參與原則的限制，在選舉或立法機關中，數量上的多數仍具有支配權，而有才能者的票數並不能勝過數量上的多數，最終只能依賴理性的討論，來說服或教育公民。❸ 無論在專業行政與層級結構的組織中實現才能原則有多重要，參與原則所表現的價值仍必須維持。當官僚開始侵犯這些價值時，彌爾始終肯定參與原則，並且尋求回復參與與才能間的平衡。❸ 無論如何，在彌爾的觀念中，參與原則限制才能原則，正如才能原則限制參與原則。彌爾的目標是要

---

❸ *CRG, CW,* XIX, p. 440.

❸ *LL, CW,* XV, pp. 598–599.

使參與和才能原則並存，亦卽確保能者在位的優點與經由公民參與使政府負責的優點。因此，參與原則和才能原則是「對等的」(coequal)。

對彌爾而言，柏拉圖的優點是他相信管理需要特殊技能或才能，但他的缺點是拒絕承認給予所有公民政治權力的合法性，他錯誤地假定統治者是不會犯錯，而公民是全無才能。⑬ 相對的，邊沁主義者對於擴大參與的要求讓步太多，他們忽略了以「對有教養的才智優越者的尊敬」，來節制多數的權力。⑭ 彌爾則使用二個辦法來調和參與和才能原則。第一是，在任何特定時間，經由設計同時實踐這二個價值的政治制度或過程，來實現參與與才能價值間的平衡；第二是，經由精英逐漸不斷地改進所有公民的才能，來減輕參與和才能原則間的衝突。⑮

就第一點而言，制度是設計來使得經由各種公民參與，可以確保有才能的少數獲得重大的影響力，同時又有大多數公民積極參與政治活動。雖然在最終形成參與與才能原則的融合上，彌爾認為應留待特殊的時空環境做實際的判斷，但他對民主政府的設計，顯然是以這兩個原則做為主要參考架構。彌爾的基本構想是，不能信任未受教導的人民會在全國性的選舉中，明智地投票。

---

⑬ D. F. Thompson, *op. cit.*, pp. 89-90. 彌爾雖然主張複票制，但旨在保障少數精英有其代表，並未提供少數精英勝過多數的投票權。

㉞ *Ibid.*, p. 68.

⑮ J. S. Mill, "Grote's Plato", *DD*, IV (New York: Henry Holt and Company, 1874), pp. 324-325.

⑯ J. S. Mill, "Bentham", *CW*, X, p. 108.

⑰ D. F. Thompson, *op. cit.*, p. 11.

整個國家的需要是太複雜了，因此普遍選舉權必需是逐漸實現，而不是一次完成。同時，地方政府的權力較小，也處理較簡單的問題。因此，在教育民眾上，適當的程序是從只讓人民投票決定地方問題開始。在全國性的權威所規定的條件下，以及由中央政府的官員加以幫助與告誡下，可以交由某一地區的居民處理他們自己的事務。由於有了實際的經驗，他們的技能與智慧將會逐漸增加，而他們政治能力的增加，則將會以不斷授予更多的權力做爲回報。如果一切進行順利，他們最後會獲得承認爲完全合格的公民。彌爾推介此一程序，不僅是爲了英國人民，而且是爲了所有想要達到民主政府目標的人士。就第二點而言，領導權雖屬於能力、教育與道德使他們獲得多數尊敬的少數精英，但是彌爾希望在經濟的公道與教育的擴展實現時，會從各階層人口中增加精英的人數。同時，他也期望當民眾的水準提高時，精英與民眾間的區分會逐漸消失，如此就可除去在代議制度中維護精英的必要措施。因此他認爲暫時將權力放置在比較有經驗與受過良好教育的精英手裏，可能是較爲明智之舉。況且，在具有自由主義思想的少數精英之教導下，羣眾可以慢慢地獲得有效運用公民權的各種技能。當他們的教育有所進展時，他們的政治責任也將以相同的比例增加，最終的結果將是一完全自由民主的社會。在此社會中，無論男女都平等地分享管理的權力與職責。如此，才有可能使得自由主義與民主政治融合在有效的參與與才能原則中。

第二節　代表制度的改革

彌爾早年卽致力於鼓吹民主政府，倡導國會改革計劃。雖然

他有時在信任與不信任一般人民之立場間動搖不定，但他基於參
與原則，始終相信民主政治可以激發人類的潛力，而認爲主動積
極的公民性格常能滋潤好公民所需的性質，開發人力資源，與改
善人類的命運。再者，彌爾的思想進入成熟期後，對代表制度的
改革意見，雖與早期的主張有所不同，乃至大有出入，但其主張
民主改革的原則與初衷則少有變動。尤其，從彌爾的通信與《自
傳》中，可以看出整個 1850 年代，他幾乎無時不在思考國會改
革問題，而對於改革的種種構想日趨定型，終而有了綜合多年思
考成果的《論代議政府》之出版。以下，吾人卽以彌爾成熟時期
對於代表制度的改革意見爲主，並且將之分爲選舉權的擴大與資
格限制，代表選舉辦法的改進，與代表獨立的原則等三方面，來
加以論述。

一、選舉權的擴大與資格限制

早在 1830 年代，彌爾就曾構思健全的代議政府之必要條件，
惟其認爲代議政府的缺點不能僅由制度的設計而無大量與長期的
啓廸民衆過程來完成。因此，他對迅速擴增的新而無知的投票者
的泛濫，深表疑懼。他在評論白雷（Samuel Bailey）的〈代表的
論據〉時，卽寫道：「任何人都不易否認在冒險進行另一次選舉
權的擴張前，必須小心翼翼地行動，與仔細注視每一次選舉權擴
張的影響。」❸此種審愼的態度，使他甚至對他頗爲熱衷與堅持
的婦女投票權之主張，亦覺得若在當時（1835 年）提出，未免過
早過激而不合時宜。1839 年，他在〈改革黨的重組〉（"Reorgan-

---

❸ J. S. Mill, "Rationale of Representation", *CW*, XVIII, p. 35.

ization of the Reform Party")一文中仍然表示:「當其他階級已經逐漸準備好行使選舉權時,普遍選舉權才是可欲與可行的,但是就目前而言,實施普遍選舉權不是不可能有好結果,就是不可行。」㊴同時,他在與人討論普遍選舉權時,也評論說:「幸好,目前沒有必要迅速討論此問題。」㊵然而,到了1850年代,他在《對國會改革的思考》一書中, 表明了英國的輿論自 1832年改革法案實施以來,已有很大的變化,因此他認為國會代表制度的改進勢在必行,只是有着範圍與時間的問題。也因此,他試着提出自己構想的選舉綱領,亦即改革代表制度的一些具體辦法與措施,其中即包括了隨各部分人民能力的增進,逐步實施不分性別的普選與投票資格的最低要件等。㊶這些意見亦大多在《論代議政府》中加以重申。

(一)普遍選舉權

彌爾認為民主權利的擴張本身會產生廣泛的教育影響力。而基於參與原則,「廣泛地擴大選舉權,就擴大良好的政治和崇高的觀念來說, 是絕對必要的。」㊷ 此因人民只有在經由定期選舉,具有選舉與撤換代表與政府的最高權力時,才能使得政府對人民既負責又有反應。就保障利益的目標而言,窮人必須具有投票權才能保障他們的利益,否則國會由於代表資產階級,將會從雇主的觀點來判斷影響勞工的問題。普遍選舉權是防止富有的中

㊴ J. S. Mill, "Reorganization of the Reform Party", *Essays on Politics and Culture*, ed. by G. Himmelfarb, p. 287.

㊵ Cited from G. Duncan, *op. cit.*, p. 76.

㊶ J. S. Mill, *Thoughts on Parliamentary Reform*, *CW*, XIX, pp. 317-340.

㊷ *CRG, CW*, XIX, p. 473.

產階級變成像其他任何寡頭政治一樣，基於自己的私利統治國家的必要手段。另一方面，基於教育的目標，只有在政治影響所及的人都和其他人一樣，同樣享有充分的公民權利時，人人才能追求自我的發展，況且，自由政治的首要利益之一，就是以知識和情感的教育普及到最下層的人民，要他們參與對國家重大利益有直接影響的事務。

彌爾認為選舉是改善人民精神教養的手段。他接受托克維勒的信念，認為美國的民主助育了健全的愛國心與奮進的才智。他在《論代議政府》中寫道：「從未有其他地方，有教養的人的觀念、嗜好與感受如此普遍地傳布，甚或從未想到這是可能實現的。」[43]雖然在前此論美國的文章中，他也承認美國選民具有偏狹與不容忍的精神，但是他很堅持參與原則，而主張普遍選舉權。他認為：凡是沒有投票權以及沒有希望獲得投票權的人，不是變成永遠不滿的分子，就是感到社會的一般事務與他無關；反正事務是由別人為他管理，他除服從法律外，沒有過問法律的權利，除做一個旁觀者外，也與公共的利益和事業無關。在這種情況下，沒有投票權的人對於政治的知識，就甚為有限，於公於私都不利。況且，統治者和統治階級都不得不尊重有選舉權者的利益和願望，但是否要尊重沒有選舉權者的利益和願望，那就要看他們的取捨了。所以只要有任何人或任何階級被斷然排斥，只要選舉權沒有向希望獲得它的成年人公開，就沒有一種選舉方面的措施能令人永遠滿意。而且站在平等或公道的立場，「勞工的意見應該受尊重地聽取，不應該……被置之不顧，而且根本不加理

---

[43] *Ibid.*, p. 468.

會。」❹因此，彌爾對於英國 1867 年與 1884 年的選舉改革法案的擴展選舉權運動，似乎頗有影響。

　　再者，彌爾指出：不分男女，「所有人類都對良好的政治具有同樣的利益，大家的幸福同受影響，而且爲了分享其利益，也有對政治取得發言權的同等需要。如果有什麼差別的話，那就是女人比男人更需要發言權，因爲在體力上較柔弱，她們就更需要依賴法律和社會的保護。」❹純就提倡婦女參政權而言，彌爾實深受精明賢慧之泰勒夫人影響，而致開十九世紀婦女解放運動之先河。❹惟其論據主要仍基於他所抱持的人性論，亦卽性格的可塑性與外在環境決定人之差異兩個主要觀點。對彌爾而言，婦女也是「人」，因此是公眾的一部分。在《婦女的屈從》一書中，彌爾倡導男女平等，同時認爲最實際的表現莫過於給婦女選舉權。他深信兩性間的差異是源於環境、教育與法律的歧視，規範旣存的男女兩性間的社會關係原則──一個性別合法的低於另一性別──在本質上是錯的，而且是人類改良的一個主要障礙。❹「現代最優良的趨勢，就是產業的職業開放給兩性，使貧民無須依賴

----

❹ *Ibid.,* p. 405.

❹ *Ibid.,* p. 479.

❹ 首倡婦女選舉權的先驅是法國的康多塞 (*Condorcet*)，而英國的渥爾斯東克拉夫特 (Mary Wollstonecraft) 女士，在 1792 年出版的《女權證言》(*A Vindication of the Rights of Woman*) 中，亦提出婦女權利問題。

❹ J. S. Mill, *The Subjection of Woman,* in *On Liberty, Representative Government, The Subjection of Woman,* ed. by M. G. Fawcett (London: Oxford University Press, 1960), pp. 427-548.

富人的理由，同樣使女人無須依賴男人。即使爲了公道起見，法律與習慣亦不應命令未享有遺產的婦女，除了爲人妻，爲人母，即無法謀生，而在無需保護的時候，仍強迫她們依賴。婦女如情願爲人妻爲人母，讓她選擇這種職業好了；但若使大多數婦女，除了在家庭擔任瑣務外，即不能有其他選擇，却是社會上一種明顯的不公道。以性別的偶然性作爲法律權益不平等的基礎，作爲社會分類基礎的思想與制度，在社會道德及知識的改良上，早就該被認爲是最大的障礙。」❹ 況且，婦女和男子一樣能夠判別也能夠處理自己的事務，她們現在之所以不能如此，僅因她們所處的社會地位不公道。❹ 彌爾認爲正如把人民的利益視爲包括在君主的利益裏面是一種大錯一樣，婦女的利益不應說成是包含在男性的利益裏面，「如果說應給予任何成年人選舉權，那麼便不應取消婦女的這種權利」。❺ 「……給予婦女一票，她們就會受到政治榮譽的影響。她能學會把政治視爲容許她有意見的事務，……她對這件事會獲得一種責任感，而且也將不再像現在所感到的，不管她可能運用的影響有多大，只要男子能接受她的意見，就可以一切不管，由他負完全的責任。只有鼓勵她形成自己的意見，使她理智地了解到應該本着良知反對個人或家庭利益的誘惑，才能使她對男子的政治良知，不再成爲一個阻撓的力量。」❺ 然而，男子以及婦女之所以需要政治權利，並不是爲了要統治別人，而是不要被別人統治失當，「對人類來說，縱使他們不想

❹ *PPE*, *CW*, III, p. 765.
❹ *Ibid.*, p. 953.
❺ *Autob*, p. 64.
❺ *CRG*, *CW*, XIX, p. 481.

走路，解除他們的腳鐐總是一件有益的事。單是在法律上不再宣稱婦女對人類具有重大關係的事不能有自己的意見，而有自行選擇的權利，在她們的精神地位上就已是一種很大的改進。」[52] 如此，給予婦女選舉權將會激起她們新的尊嚴與社會責任感。

同時，彌爾也強調男女平等之利益良多。綜言之，則有三大利益：「①男子自驕自尊之心理可由減損而消滅，人類彼此之關係可一本於公正；②服務社會與增進福樂之能力因而倍增；③女子在社會中之影響可完全趨向有益。」[53] 這種亟欲為婦女爭平等的觀念，促使彌爾在其任職國會議員期間，對 1867 年的改革法案提出修正動議，建議「刪除一些把選舉權利限於男性的文字，而且認定凡是有男選舉人所需資格的女子，無論從事何種工作，都可享有選舉權」。[54] 雖然這個提議只獲得七十三票，但是彌爾的提議開啟了婦女選舉權運動；甚至在晚年，他仍不遺餘力地協同其繼女大力宣導男女平等，乃至組織婦女參政團體。由此可見，彌爾的確衷心希望「在下一代中，性別的偶然差別，正和皮膚的偶然差別一樣，不再被認為是一種剝奪公民正當權利和受平等保障的充分理由。」[55] 今日婦女的普遍享有選舉權乃至參政權，實有部分不能不歸功於彌爾的先見之明。而就主張男女平等而倡婦女參政權的立場而言，彌爾可謂是理直氣壯，義正而辭嚴，惟其

---

[52] *Ibid.*, p. 480.

[53] 浦薛鳳著，《西洋近代政治思潮》第四冊（臺北，中華文化出版事業委員會，民國六十三年四版），頁七九〇；並請參閱 *CRG, CW,* XIX, pp. 479–481.

[54] *Autob*, p. 179.

[55] *CRG, CW,* XIX, p. 481.

似乎忽略女性在家庭結構中的適當角色與教育功能本身，亦爲對國家與社會的一大貢獻。

無論如何，彌爾認爲普遍選舉權（含婦女選舉權）終究是民主政治不可或缺的條件，也是不可避免的趨勢，因爲透過選舉權的運用，人民才能保障與提升其物質與精神上的利益。同時，他贊成普遍選舉權，不是認爲它是一種抽象的自然權利，而是認爲它是確保良好政府與維護個人自由最實際的方法，況且，自由政治的理想，也就是大衆參與。只是彌爾亦強調才能原則，因此他認爲實施普遍選舉權必須有一先決條件，亦卽「普及教育必須比普及選舉權先做。」㊏ 同時，他也指出：「作爲影響選民和議會意見的一種力量，就是最窮苦最粗魯的勞動階級的意見和意願，也可能有益，然而要在他們目前的道德和知識狀況中，容許他們充分使用選舉權，而給他們壓倒性的勢力，就可能非常有害……。」㊐ 顯然，彌爾擔心在勞工階級多半缺乏敎養的情況下，若過早獲得選舉權，會帶來政治知識水準過低和階級立法的雙重危險，因此他不但不主張迅卽實現普遍選舉權，而且主張在投票資格上要有所限制。

（二）投票資格的限制

彌爾認爲一個合格的選民，除了具備一般的法律條件外，尚須具備一些基本條件。在敎育程度上，選民至少須有閱讀、寫字與算術的能力，以及基本的史地與政治知識。在經濟條件上，選民最好是能自立更生者，至少須是多少都負擔有國家或地方性的稅捐。惟彌爾認爲政府應使徵稅對象普及，此可用減輕稅額，加

㊏ *Ibid.*, p. 470.
㊐ *Ibid.*, p. 493.

徵直接稅，乃至收取象徵性的稅等方法，使民眾無論貧富皆能享
有選舉權。因此，就經濟條件而言，彌爾的基本原則是不勞動而
依恃救濟生活者不得有投票權，簡言之，「不繳稅即無代表」。
因爲「釐定捐稅的議會，不問是全國性的還是地方性的，都應該
由多少負擔那些捐稅的人推選」[58]，而一個不能以勞力維持本身
生活的人，就沒有要求別人以金錢幫助他的權利，也不能享有選
舉權。[59] 況且，彌爾認爲「除了爲一種似是而非的理論湮沒其常
識的人以外，沒有人會主張把管理別人和管理整個社會的權力，
授與那些還沒有具備照顧自己的……條件，也還不能聰明地爲自
己和其最親近的人謀求利益的人。」[60]

　　如此，彌爾雖然主張擴張選舉權，但並非支持漫無限制的給
予任何成年人投票權。對他而言，只有具備最低要求所需之教育
與經濟條件者，才能有自立自主之能力，而唯有具備自立自主之
能力者，才能享有投票權。然而，在《論代議政府》出版後，他
認爲政府必須對自然的不平等予以補償，因爲資本主義社會經濟
的不平等使得窮人不能改善他們的環境。而在《社會主義論叢》
中，他強調努力與技能尚不足以克服貧窮，在當時的社會中，除
了靠出身背景外，成功的主要因素是偶然與機會。[61] 因此，在彌
爾的觀念中，教育的條件終究是比經濟條件重要。事實上，彌爾
非常重視教育，他甚至認爲國家有權堅持主張所有公民所需的最
低教育水準，但教育的目的不是培育共同一致的信念，而是教導
人們爲自己設想。國家必須保證：所有兒童都有機會獲得識字教

[58] *Ibid.*, p. 471.

[59] *Ibid.*, p. 472.

[60] *Ibid.*, p. 470.

[61] J. S. Mill, *Chapters on Socialism, CW, V*, pp. 714–715.

育與其他基本的思想工具，使他們經由學習客觀科學研究的基本
方法與態度，天生的才能受到良好的訓練，而致以後能夠以相當
合理的方式去遵循自己的性向，實現自我。彌爾是務實的，以致
不可能把自由主義的教育想成是能治療各種弊病。然而，他仍將
之視爲是在自由民主的社會中生活的首要條件，而在教育普及的
狀況下，投票資格的限制就不會構成普及選舉權的重大障礙。

二、代表選舉辦法的改進

有關產生代表的選舉辦法與投票方式，彌爾認爲必須改進或
值得採行的是，以比例代表制取代多數投票制，以複票制加強開
明少數的力量，以公開投票取代秘密投票，以及以公費選舉取代
自費選舉。惟無論如何改進，彌爾認爲選舉不應分爲兩個階段，
而以直接選舉爲宜。此因「間接選舉可以獲得的各種利益，都可
由直接選舉獲得；那些……不能由直接選舉獲得的利益，同樣也
不能由間接選舉獲得，而後者却獨有不少缺點。單是它事實上
是機械上一個附加和多餘的輪子，就已是一個相當重要的反對理
由。它確實不是一種培養公共精神和政治知識的好方法，……而
它如果有過什麼效用，……就是阻止選民和議員有密切的關係，
而議員對選民也不會有多大的積極責任感。」[62]

（一）比例代表制

彌爾雖然贊成民主政治，倡導普遍選舉權，但他擔心數量上
的多數統治會造成多數專制，這似乎有着觀念的矛盾存在，但仍
符合他邁向民主理想的基本原則。民主政治對他而言，是承認每

---

[62] *CRG, CW,* XIX, p. 486.

個人，無論男女，都有平等的代表權。實質上，這意味着代議政府應建立在參與與才能兩個原則上。如此，政治安排的主要問題是在代表制度方面，應設計得能防範多數專制與確保少數精英的政治領導。因此，他最熱衷的選舉方案是比例代表制。

在彌爾的觀念中，多數專制在政治上能夠得逞，是由於多數代表制下的投票方式，完全剝奪少數權利的必然後果。因此，他視多數代表制為一種必須革除的大惡，而堅持「民主政治的第一個原則，即按人數比例分配代表權，少數應該適當地被代表，是民主政治的要素。」⑥ 對彌爾而言，議會須是社會不同團體或個人意見之縮影或模型，唯有各種意見，不論其持有者之多少，都能平等而真實地被反映出來，才能實現真民主而非假民主。因此，他殫精竭慮的亟欲找尋出解決有關真假民主問題的方法，在《對國會改革的思考》一書中，他提出了累積投票法 (cumulative vote) 俾使少數能有其代表。但此投票法在彌爾之文章發表後不久，即因海爾的《代表的選舉》(Thomas Hare, *Election of Representatives*) 一書的出版，而被彌爾自行拋棄。原來，海爾所提出的選舉改革法案，主要是在倡行其所設計的比例代表制。此一比例代表制的主要特點是：選民可將其自己對候選人的選擇依喜好順序圈選或列出；選舉商數的平均計算法；選票可依所列順序遞移；以及把全國併為一個大選區。⑥ 對彌爾而言，此無異是保障少數精英能獲選進入國會的最佳方法，因此是「在政治理論

---

⑥　*Ibid.*, p. 450.

⑥　彌爾在《論代議政府》中，曾詳細介紹海爾的比例代表制，參閱 *Ibid.*, pp. 453-454.

和實際方面的一種空前偉大的改革。」❻⑤

　　海爾似乎解決了困擾彌爾二十五年之久的代議制問題：如何
能夠節制多數選民的統治，與如何使全國各個不同團體的眞正形
象與意見表現出來。只有解決此問題，才能成就眞民主而非假民
主。當時在下議院議員的選區都是採用純地域代表制，彌爾毫不
猶豫的樂於接受海爾的拋棄純地域代表制，而以全國爲一個大選
區。候選人無須再爲了獲得或維持其議席，而運用「費時的技
巧，以及爲了地方或階級的意見乃至任何一羣選民的利益，抹煞
自己的信念。」❻⑥ 候選人可經由可轉換的計票法，訴諸更多的選
民，選民方面則對候選人可享有更大的選擇範圍，從而達成如彌
爾所說的個人代表制，而非地域代表制。爲此，彌爾指出說：「還
有些人不能使自己適應那種所謂代表制中之地方特色的損失。在
他們看來，一個國家並不是由人，而是由地理和統計所創造的人
爲單位組成。議會必須代表市鎮和州縣，而不是代表人。然而，
並沒有人想要消滅市鎮和州縣。我們可以假定住在縣市的人被代
表時，縣市就已被代表。如果無人具有地域的感情，就不可能有
地域的感情存在；而如果無人對地域利益感到興趣，也就不會有
地域的利益。如果具有這些感情和利益的人獲得適當的代表權，
這些感情和利益就與那些人的其他感情和利益，同時獲得了代
表。可是我却不明瞭這些把人類按地域排列的感情和利益，爲什
麼要被認爲是唯一值得被代表的感情和利益；我也不明瞭重視其
他感情和利益勝過地域感情和利益的人，爲什麼要被限制以地域
感情和利益去做政治分類的唯一原則。」❻⑦ 顯然，彌爾反對小選

---

❻⑤　*Ibid.*, p. 454.

❻⑥　J. S. Mill, "Recent Writers on Reform", *CW*, XIX, p. 366.

區的地域代表制，他期望以全國爲大選區的比例代表制使候選人的品質大爲改善，公開辯論的聲調增高，而才俊之士介入國會論政者增加。

　　1859 年 3 月，彌爾喜出望外的寫信給海爾說：「我認爲你正確地，而且是首次解決了代議制的難題；依此方法而行，籠罩在未來的代議政府乃至文明事物上的疑雲慘霧，一掃而光。」❻❽ 而在其《自傳》中，彌爾亦表示他在海爾的比例代表制中，「見到了偉大的實際與哲學觀念，代議政府的制度能夠有最大的改善；此改善是以一種最適當的方法，解決與矯正了代議制度的大缺點，與以前被認爲是固有的缺點；以前的制度由於給予數目上的多數全權，而非僅是給予與其數目成比例的權力，使得最強的黨排除所有的弱黨，致使弱黨之意見在議會中不能被聽取……。對此大惡而言，似乎只有不完美的緩和辦法是可能的。但海爾先生的制度提供了激烈的矯正法。此政治藝術中的大發現，……激發了我……對人類社會的前途，懷抱新而更樂觀的希望。少數，只要他們仍爲少數，是而且應該在票數上被勝過，但在任何投票者的集合，達到某一數目時，在立法機關中卽能有其自己選擇的代表之安排下，少數就不會被壓制。公正的意見將會堂堂進入中央議會並且被聽取，這是現存的代議民主形式下時常不可能發生的事情，而且立法機關將不會再除去個人的特性而全由代表大黨與大教派之信條的人所組成。反之，將包含國內一大部分最傑出的個人才思，這些人是由賞識他們個人卓越的才華的選民選出，與

---

❻❼　*CRG, CW*, XIX, pp. 460-461.

❻❽　*LL, CW*, XV, pp. 598-599.

❻❾　*Autob*, pp. 153-154.

政黨無關。」❻在《論代議政府》中，彌爾也明白指出比例代表
制對議員應有的知識條件，提供了最佳保證。他說：「目前被普
遍承認的是，任何只有才能和品格的人要想走進下議院，竟變得
一天比一天困難。能夠當選的只有那些在當地有勢力，靠花費金
錢而獲進展，或者經三、四個商人或律師的邀請，由兩大黨的任
何一黨從他們的倫敦俱樂部派出來，被視為在任何情形下都可以
靠他得票的人。依照海爾先生的制度，那些不喜歡當地候選人或
者不能使他們所喜歡的當地候選人當選的人，就有權從那些全國
聞名的候選人名單，選出一些在一般的政治原則上他們所同情的
人，填在他們的選舉單上。所以差不多每一個曾經正當地使自己
有所成就的人，雖然在當地沒有勢力，也不依附任何政黨，都有
很好的機會贏得足夠當選的票數；而經過這樣的鼓勵後，這類人
也可望以從未想到的人數，自動出來競選。成百有獨立思想，在
目前選舉中絕沒有機會被多數推選的有能力的人，都會以他們的
著作或對社會某一方面有益的努力，使自己為這個王國（指英國）
幾乎每一地區的少數人所熟悉而稱讚。如果把每一地方會投給他
們的每一票都加以計算，他們就可能達到規定當選的票數。看來
除此也想不出其他辦法，可以確實使議會包羅國內的精英。」❼
然而，在比例代表制下，不僅有教養的少數會獲選或有代表，選
民的任一部分也會有成比例的代表，而每一個選民由於可同時依
序選擇幾個候選人，因此也都可能會有一個他所選擇的候選人做
代表。❼而比例代表制也因此可適當地稱為個人代表制。

　　在防止多數專制方面，個人代表制可以發揮妙用。彌爾指

❼　*CRG, CW*, XIX, p. 456.

❼　*Ibid.*, p. 455.

出：「我們要想阻遏或糾正民主政治中多數的衝動，只有寄望於
有教養的少數；但在建立民主政治的通常方式中，有教養的少數
並沒有發言權，而海爾先生的制度却為少數提供了一種發言權。
以聚合少數而獲得當選的國會議員們，會使那種發言權，臻於最
完善的程度。一個單獨屬於有教養階級的組織縱然是可行的，也
會招人猜忌……。但如這些階級的中堅分子形成議會的一部分，
像其他任何議員一樣具有同樣的頭銜——代表同樣數目的公民和
同等分量的一部分民意——他們的出現就旣不會觸怒任何人，而
且在對所有重要問題發表意見和忠告，以及積極參加公務兩方
面，都會居於一種最有利的地位，他們的能力也可能會使他們對
政府實際行政的影響，超過他們在數字上應有的影響。」⓻

　　除了保障少數與防範多數專制外，比例代表制還可發揮平衡
利益的功能。對此，彌爾指出：「一個現代社會如果內部未為種
族、語言或民族的強烈反感所分化，大致都可分為兩部分，這兩
部分雖有局部的差異，大體上總表現兩種顯然不同的利益的方向
……，一部分稱為勞工，一部分稱為勞工的僱用者……。在如此
構成的一個社會中，如果要使代議制度理想完美，以及能在社會
中維持下去，在組織上必須憑藉代議制度的安排，使這兩個階
級——一邊是手工工人及其類似者，一邊是勞工僱用人及其類似
者——一樣平衡，使每一方面在議會中握有差不多相等的選票，
因為我們固然可以假定每一階級的多數人，在他們之間發生歧見
時，主要都是受他們的階級利益支配，然而每一階級却總有少數
人會覺得應該顧到理智、公平和全體的幸福；而每一方面的這些

⓻ *Ibid.*, pp. 459–460.

少數人，在與另一方面的少數人聯合後，也會轉過來反對自己這一方面多數人不應該得逞的要求。……那些為比較高尚的思想所支配的人，雖然太少太弱不能夠說服所有其他人，然而在充分討論和謀劃以後，却常能變得非常堅強，足以扭轉局勢，對在私利上和自己站在一邊的團體，發生有利的影響。代議制度在組織上，就應該把事情保持在這種狀態中；它不應該讓任何部分的利益過於強大，超越真理、公平以及其他部分的總和。」❼❸如此，在比例代表制下，雇主與受雇者都會有其利益的代表，而加上其中有教養的少數的發生作用，可以使得雙方面的利益趨於平衡，而免除階級鬥爭。

綜言之，彌爾對於海爾比例代表制之衷心支持，主要是他認為此代表制有保障少數，防範多數專制與平衡階級利益的作用。而且，海爾的比例代表制對彌爾而言，還有三大優點：①此制度使得選舉團體的每一部分，都有一種和人數成比例的代表權，符合同等公平的真民主原則；②每個選民幾乎都會有其代表，而每位國會議員也都會是一羣無異議選民之代表；③這種代表制的選舉方式，對議員應有的知識條件，提供了最佳的保證。❼❹因此，彌爾不但對比例代表制多方加以評介，而且亟盼比例代表制儘速被採行。1859年12月，他在寫給海爾的信上表示：「如果美國人願採取你的計劃（我恐怕他們永遠不會），其政府與制度壞的一面，亦即實際上排除所有最佳的思想對於政治的影響之現象，將很快消失。讓我們共盼在此古老的國家中，民主政治將以比較好的形式

---

❼❸ *Ibid.*, pp. 446-447.

❼❹ *Ibid.*, pp. 455-456.

來臨。」⑮ 1860 年 12 月，他又告訴法賽特 (Henry Fawcett) 說：「這是一個爬坡競賽，與爭取時間的競賽，因爲如果美國的民主形式領先壓倒我們，多數將與暴君一樣不會解除專制。」⑯ 彌爾堅信：「如果有一個像海爾先生這樣的計劃，很幸運地曾被介紹給美國那些開明和愛國的創立者，聯邦和州議會就都會包含很多傑出的人物，而民主政治也就會免除它最大的恥辱和一種最可怕的弊端（指集體平庸）。海爾所建議的個人代表制，對遏止這種弊害差不多是一種特效藥。分散在各地區的有教養的少數，會團結起來使一些國內最能幹的人，按照他們本身人數的比例當選。……多數所選的代表，除了由於這個制度的實施要改進他們自己的品質外，將不再能操縱整個選舉。他們的確在數目上仍會超過別人，……在投票時制勝別人，但要在別人面前發言和投票，並且要接受別人的批評。在發生任何歧見時，他們就必須以顯然有力的理由，應付那些少數有教養的代表的辯論，……他們的胸襟無形中會受到那些和他們接觸，甚或和他們衝突的人影響而擴展。」⑰ 儘管彌爾認爲比例代表制的實施愈快愈好，甚至認爲如果此制一旦採行，民主政治卽可以與利除弊的方式來臨，而其所建議之複票制 (plural vote) 亦可能變成不必要的措施，但這只使他決定致力於鼓吹此計劃，並未能使之普遍被接受而成爲實際的制度。英國國會從未採取彌爾所要求的比例代表制，理由並不難找。當彌爾在倡導新選舉制度時，兩大黨的主事者都逐漸開始重新改造政黨組織，使得兩大黨在形成政策與贏得選舉

⑮ *LL, CW*, XV, p. 654.

⑯ *Ibid.*, p. 672.

⑰ *CRG, CW*, XIX, pp. 457–458.

上，能夠更有紀律與效果。對他們而言，海爾與彌爾的選舉觀念似乎太具革命性，太複雜，而對政黨命運的影響又太不確定，因此不能接受。因而除了幾個黨員外，他們對於彌爾所支持的比例代表制，沒有什麼興趣，同時也不願意將比例代表制列爲重要的政治計劃。舉例言之，葛拉斯頓雖然在某些改革上，顯然受到彌爾影響，但當他考慮到選舉變化的影響時，他就拒絕比例代表制。❼❽然而，這並不是說彌爾的比例代表制觀念沒有影響，即使是在進入二十世紀後，彌爾在《論代議政府》中所陳述的基本觀念——在民主國家中，任何人或各部分的人都應有成比例，而非不成比例的代表；多數選民應永遠有多數代表，少數選民應永遠有少數代表——仍爲爭取政治平等的有力呼聲，仍然引起許多人的注意。有趣的是，在歐洲各民主國家普遍採取比例代表制的今日，惟獨英國仍實施多數代表制。

（二）複票制

複票制的主張充分表現出彌爾認爲知識卽善或權力的觀念。而與比例代表制相同的是，複票制也是防範多數專制與保障少數精英的一種制度設計。雖然彌爾論稱所有成年人通過最低教育程度檢定者皆應享有投票權，但他始終視受過良好教育或訓練的知識分子爲具有較高價值者。對他而言，接受受過高等教育與較少受教育之選民的平等，是挾泰山以超北海之事。根據才能原則與其功利主義的價值判斷，彌爾拒絕「一人一票」的民主平等信條，而堅持具有優越的學識與歷練者應獲得複數票或額外的投票權，卽使因而有些人會有兩票或更多的票數，他也不反對；這個

---

❼❽ A. Brady, "Introduction", *CW*, XVIII, p. XXXV.

論證與其對比例代表制強調平等的論證並不一致。惟彌爾亦表明其複票制之建議主要是在，「調和每位男士和女士，在與其有重大關係之事務的規定上，有被諮詢權與被允許有發言權。此一不容置疑的主張是基於優越的知識之意見，有其優越的價值。」⓻

　　同時，彌爾也認爲：「較高權力的授與絕不應該根據財產。……唯一能夠正當地使一個人的意見受到較多重視的，是個人智能上的優越。」在沒有適當的方法可以辨別與確定個人的智能時，「個人的職業多少也是一種檢定。」⓼因此，大學畢業生，優秀的中學畢業生，自由業者如律師與醫師等，在彌爾的心目中，都具有行使複票權的資格。但「在所有這些事例中，試驗其合格條件的並不單是取得較高的職位，而是要勝任愉快；基於這個理由，而且也爲了防止有人爲了選票在名義上從事一種職業，那就應該對從事職業的時間也有所規定（例如說至少三年）。在這種條件限制下，對於每一負有較高職務的人，就可以給予兩票或更多的投票權。各種自由職業，只要是眞正而不是名義上的職業，當然也都表示具有較高的敎養；凡在進入一種職業時必須經過充分考試或具備一定敎育條件的，屬於那種職業的人就可以立刻給予複數投票權。同樣的規定可以適用於大學生，甚至也可適用於任何學校修完必修的高深課程，能夠提出各種證件，證明的確修過那種課程，而不是捏造的人。凡是通過牛津和劍橋大學那種受稱頌的，本着服務社會精神所建立的……準學士學位（the degree of associate）考試，或由其他有資格的團體所舉辦

⓻　*Autob*, p. 153.

⓼　*CRG, CW*, XIX, pp. 474–475.

類似考試的人，也儘可給予複數投票權。」❽依彌爾之見，重要的是，提供有無複數投票權的區別與分等不能出於武斷，而要能爲一般人的良知和理解力所了解與接受。因此，彌爾明言過的條件，「就是複數投票權必須依據教育，而不是依據財產」，卽使如此，彌爾「亦不過在普遍選舉權的設想上，加以贊成罷了。」❽此因要獲得徹底普及選舉權的利益，就應給予受過良好教育者較多的投票權，以平衡未受過良好教育的階級在數量上的優勢。❽

然而，「複數票的給與，無論如何不能達到一種程度，使那些具有這種特權的人，或他們所屬的階級（如有這樣的階級的話），能夠利用它勝過社會上所有其餘的人。我們所以進一步堅決主張用教育區分，並不僅僅因爲這件事本身是正確的，而且也因爲如此可使受過教育的人防止未受過教育的人的階級立法；但我們也不要行得過火，反而讓他們能夠實施自己的階級立法。」❽由此可見，彌爾主張複票制主要在節制多數專制，但並未給予有才能者過多的權力。再者，彌爾認爲：「構成複數投票權計劃絕對必要的一部分的，是社會中最窮的人也有要求這些特權的權利，只要他能證明，雖有種種困難和阻礙，他在才智方面有資格享受那些特權。我們應該舉辦……考試，在這種考試中無論什麼人都可參加，而凡證明達到規定的被認爲具有足夠知識和能力的標準，就可給予複數投票權。」❽因此，資產與社會地位都不能

❽ *Ibid.*, p. 475.
❽ *Autob*, p. 184.
❽ *CRG, CW*, XIX, p. 477.
❽ *Ibid.*, p. 476.
❽ *Idem.*

做爲複票制的標準，只有教育程度可做爲適當的參考標準。彌爾深信：人必須利用才智去嘗試創造一個更美好的社會；而他提出複票制就是想要幫助受過教育者造成一更美好的社會。⑯不過在地方團體中，以財產爲標準的複票制仍有其可行性。此因彌爾認爲：「在和全國性團體相比之下，金錢的正當使用和節省就形成了地方的一大要務，而容許那些在金錢上有更大利害關係的人在比例上佔有較大的勢力，也就較爲公平得當。」⑰

　　由於重視才能原則，使得彌爾相當堅持複票制的主張。他說：「我旣對已有投票權，但常在選舉中被制勝，以致選票完全無用的人的解放，如此重視；又對眞理和理性的天然影響寄予如此殷切的希望，只願有人聽取和給予一種有力的辯護——縱然所行使的是平等和普及的選舉權，如能按照海爾先生的計劃做到一切少數都有比例代表權，我也就不會失望了。然而，如果在這方面我能寄予最好的希望，我還是要力爭複數投票的原則。我不認爲複數投票權是一件不好的事，也不認爲它像是一種限制社會一部分人的選舉權，因爲它是一種防止更大弊害而必須暫時容忍的辦法。」⑱對於複票制的堅持，使得彌爾甚至「不認爲平等投票制本身是最好的，……因爲它承認一種錯誤的標準，而且也在選民心目中產生不良的影響。……國家制度應該使公民了解，每個人都應該有一些影響力，而優秀聰明的人又該比別人具有更大的影響力。」⑲然而，民主運動的平等取向，使彌爾的複票制難以

---

⑯　參閱 J. S. Mill, "Recent Writers Reform", *CW*, XIX, pp. 341–370.

⑰　*CRG, CW*, XIX, p. 536.

⑱　*Ibid.*, pp. 477–478.

⑲　*Ibid.*, p. 478.

被採行。即使被採行亦不能長久存在，此因複票制實施起來有客觀標準不易認定與建立的困難。再者，一旦教育普及，國民知識程度普遍提高，複票制亦易失去意義。事實上，彌爾本人對複票制之實施亦有着疑問存在。他在1859年時，卽曾向凱尼斯（John Elliot Cairnes, 1823～1875, 英國經濟學家）坦承， 他以才智條件爲基礎的複票制立意是在，「做爲一種理論上之優越性的標準，而非做爲眼前實際的措施。」⑩ 而且就同一問題，他也曾對白恩（Alexander Bain, 1818～1903，英國哲學家）解釋說：「一個人永不必由於事務本身可能是遙不可及的，卽假定其爲不實際，……吾人亦須記住：數量上的多數尚非政治上最強的勢力。要決定的論點是給予他們多大的權力；而公道總是爲妥協提供最佳的基礎，卽使妥協只是暫時性的，亦可能是極爲有用的。」⑪

總之，彌爾認爲如果實施普遍選舉權爲不可避免的趨勢，而教育又不完善，爲了防止無教養的多數羣衆尤其是手工工人成爲控制議會的壓倒性勢力，就有必要準備實施複票制。雖然他也知道複票制的建議在他的時代難以實行，但他深信無疑的是，「只有循着這個方向，才能實現代議政治的眞正理想，……也才是求取政治進步的途徑。」⑫ 此因在複票制下，可以確保有才能者的參政權，彌爾才竭力主張代議制度應該承認受過較多教育的人的意見，應比受過較少教育的人的意見佔有較大份量，也一直主張不顧政治上任何直接的後果，以複數投票權給予確實受過良好教育的人。⑬

---

⑩ *LL, CW*, XV, p. 596.
⑪ *Ibid.*, p. 506.
⑫ *CRG, CW*, XIX, p. 475.
⑬ *Ibid.*, p. 508.

（三）公開投票與公費選舉

對彌爾而言，投票是一不僅涉己，而且涉人的行爲，因此在沒有威脅利誘等可虞之一般情形下，投票應採公開方式，以示負責。惟彌爾原爲無記名秘密投票方式的支持者，其對投票方式首次公開表示在立場上有了極大的轉變，是在《對國會改革的思考》（1859 年）一書中。

在 1830 年代，彌爾與其他哲學激進派分子一樣，頌揚秘密投票在推翻統治英國的寡頭政府上，幾乎是與擴張選舉權一樣重要。沒有秘密投票，投票權可能就沒有什麼意義。對他及其同志而言，主張秘密投票實際上變成是他們激進主義的象徵。他們期望經由建立秘密投票制，推翻貴族與特權階級的政治權力，從而打開激進黨前進之路。秘密投票將會保障佃農不受地主壓制，雇客不受店東壓制（反之亦然），以及相對的，雇員不受雇主壓制，而一般民衆不受各式各樣邪惡勢力的壓制。秘密投票將使得人民在激進派所重視的各方面受益。1837 年，彌爾曾以簡潔有力而斷然的口吻，告訴托克維勒說：有了秘密投票制，「改革終必勝利，貴族政治的原則將完全被廢止，而吾人將進入政府的新紀元。」❹當時，他相信英國的激進主義，若無秘密投票就將受到壓制。兩年後，在寫給甘伯爾（John M. Kemble）的信上，他以較溫和的措詞來表示他的意見，但仍認爲「秘密投票是激進運動成功所不可或缺的。」❺到了 1850 年代，彌爾對投票方式觀念的改變，引起了許多人士，尤其是激進的民主主義者之震驚。爲此，彌爾辯稱早期他與哲學激進派首倡無記名的秘密投票方

❹ *EL*, *CW*, XII, p. 317.

❺ *EL*, *CW*, XIII, p. 410.

式，原是根據當時的環境做了正確的判斷。當時有許多選民受到地主與雇主狡猾地控制，因而不能在公開的選舉中，揭示自己眞正的信念。然而，廿五年之後的情況已有所不同。富人已不再是國家的主宰；中產階級與勞工已較不奉承上層階級。在大多數選民中，眞正的罪惡已是選民本身的偏私，亦卽選民較不關注公衆的利益。因此，彌爾認爲公開投票最能矯正選民自私自利的態度，培養健全的公共責任感，以及使得選民重視投票是對社會負責的信託（trust）。⑯

在《論代議政府》中，彌爾卽再度重申其反對秘密投票，倡導公開投票的論調。他說：「在三十年以前，要說在國會議員選舉中最需要防止的主要禍患，是以無記名投票所要避免的禍患——地主、僱主和顧客的威脅——仍舊是眞實的。現在，在我的想像中，一個更大的禍患的來源，却是選民本身的自私或偏心。我深信：目前由於選民的個人利益、階級利益或存在他心中卑劣的情感而投下不正當而有害的選票，遠比由於恐懼別人的勢力而投的票爲多，無記名投票就是使他屈服於這些自私的勢力，不受羞恥或責任感的束縛。」⑰況且，彌爾認爲在歐洲較進步的國家，尤其是英國，脅迫選民的力量已經不斷在減弱，反之，選民以個人或階級利益的感情投票情況則在增多，而選民在投票時所要討好的，不是別人而是他們自己，因此，「在每次選舉中，選票愈來愈成爲選民自己的票。現在更需要解放的，是他們的意志，而不是他們個人的環境。他們不再是別人意願的消極工具——只

---

⑯ J. S. Mill, *Thoughts on Parliamentary Reform, CW*, XIX, pp. 331-335.

⑰ *CRG, CW*, XIX, p. 491.

是把權力放到寡頭的手中——正變成寡頭的倒是選民自己。」❾❽
如此，彌爾在權衡利害得失後，認爲公開投票已比秘密投票利多
弊少，乃大力提倡公開投票。其主要的立論根據是：①「在具有
政治色彩的事情上，秘密只是例外，却不是常規。……一種制度
的精神，在公民心目中所造成的印象，是其最重要的效果之一。
……無記名投票表決的精神……是以選舉權交給他自己，爲他的
特別用途和利益去行使，而不是大衆的一種委託。因爲如果眞是
一種委託，如果大家有權支配他的選票，不是也有權知道他選誰
嗎？」❾❾簡言之，彌爾認爲投票不是一種私人權利，而是一種委
託與義務，因此必須公開。❿②按照自己認定的，對社會有益之
最好與最公正的見解去投票，這完全是一個責任問題。⓫雖然選
舉權是保障自己的手段，但就保護每一個公民而言，他的選票並
不是可以由他任意處理的，而是應和陪審員的裁決一樣與個人的
願望無關。因此，「在任何選舉中，……選民都有一種絕對的道
德義務，尊重社會而非私人利益，按照自己最好的判斷去投票，
就像他是唯一的投票人，選舉將由他一個人決定那樣愼重。」⓬
③「多數選民都有兩類偏愛，基於私人立場的偏愛和基於公共立
場的偏愛」；「在秘密投票中比在公開投票中，更易投入那些基
於私利、怨恨、不滿、私人競爭，甚至階級或教派的利益或成見
而不正當或卑鄙的選票 。……這類情形可能愈來愈多，而對於多

---

❾❽ *Ibid.,* p. 492.

❾❾ *Ibid.,* p. 488.

❿ *Ibid.,* pp. 488-489.

⓫ *Ibid.,* p. 489.

⓬ *Ibid.,* p. 490.

數壞人……唯一的約束，就是使他們不由自主地尊重少數公正人
士的意見」⑩，而選舉的目標應該是集合各方面的優秀分子，合
力追求公共利益，而不是容許多數人的階級情感在選舉中任意發
揮，和受到少數懷着階級情感的人的操縱。⑩因此，彌爾認爲公
開投票正可迫使選民採取公正的立場投票。④環境因素的改變，
「不但已使每一階級明瞭它本身的集體力量，而且也把較低階級
者置於一種可以堅決抵抗較高階級者的情況。在多數情況下，現
在選民所投的票，不管是違反或符合地位高於他們的人的願望，
都不是威脅的結果」，而「正因選民投票決定於本身的意願，而
非……另一個人的意願，他的地位就和一個議員相似，而公開投
票也就有了必要。」⑩

　　總之，彌爾認爲投票是一種社會責任或義務，而投票者的主
客觀情勢已有變化，因此有必要以公開投票取代秘密投票。而他
甚至提出說：「選民要在公共投票所，當着一位負責官員的面，
在他的選舉單上簽名，如果無方便的投票所，就是在一個公開的
辦公室也可以。」⑩此因彌爾認爲只有如此，才能達到選智與能
的目標。然而，雖然誠如彌爾所觀察的社會環境已有了改變，
但是對大多數自由主義者而言，秘密投票是減輕金錢與暴力影響
選舉的必要手段，因此社會環境改變不能消除秘密投票的實際效
益。彌爾與其夫人遂在改革者的大軍中落單，因爲改革者大多堅
持主張秘密投票制；同時，許多權威的選舉制度研究，似乎也都

---

⑩　*Ibid.*, p. 494.
⑩　*Ibid.*, p. 498.
⑩　*Ibid.*, p. 492.
⑩　*Ibid.*, p. 495.

支持說秘密投票制具有實際效益。[107] 少數幾個活躍的哲學激進派分子如格羅特（George Grote, 1794～1871）與普雷士（Francis Place, 1771～1854）都為彌爾的主張公開投票，感到遺憾。時常批評彌爾的普雷士更為彌爾公然反對秘密投票的意見，感到憤怒。他尖刻地寫說：「如果詹姆斯彌爾預先想到他的兒子約翰史徒亞特會傳佈這樣可惡的異端，……將會砸破他兒子的頭。」[108] 普雷士指責彌爾令人震驚地首尾不一致，但是彌爾本人認為：僅只首尾一致是個微小的德行，當環境改變了情況時，改變意見就只是一種常識而已。[109] 平情而論，彌爾似乎對客觀環境情勢之改變觀察得不夠透徹，尤其是對人之投票行為會由於公開而趨於理性估計得過分樂觀。事實上，至今為止，秘密投票仍比公開投票利多於弊。而能有效防止或減輕選民之受到威脅利誘操縱與人情因素等之困擾的投票方式，亦是秘密投票，而非公開投票。

　　至於公費選舉方面，彌爾始終認定：「一個候選人不應因為擔任一種公務，而負擔絲毫的費用。這種與候選人沒有特別關係的正當選舉費用，應該歸入公家開支，由國家或地方負擔。」[110]

---

[107] 參閱 H. J. Hanham, *Elections and Party Management: Politics in the Time of Disraeli and Gladstone* (London: Longmans, 1959); Charles Seymour, *Electoral Reform in England nad Wales: The Development and Operation of the parliamentary Franchise, 1832-1835* (New Haven: Yale University Press, 1915), p. 432. 英國的秘密投票制，是在 1872 年葛拉斯頓執政時，才告確立。在愛爾蘭地區，由於盛行威脅，秘密投票最具效果。

[108] Cited from J. Hamburger, *Intellectuals in Politics*, p. 274.

[109] A. Brady, "Introduction", *CW*, XVIII, p. xxxii.

[110] *Autob*, p. 166.

如果候選人的支持者爲了使候選人向選民提出政見，所需的費用應該由純粹盡義務的選舉機關或自願的捐款承擔。假使選民或他人爲了使他們信任的人依正當手段獲選進入國會，而自願捐款，這是無可非議的。但是，如果要由候選人負擔選舉費用，彌爾則堅決加以反對，而他本身的出馬競選國會議員就是以不負擔任何選舉費用爲條件之一。此因彌爾認爲：候選人花錢參加選舉，就等於拿錢去鑽營議席。「只要當選的議員以任何方式爲他的席位付了代價，要使選舉不成爲自私的交易的一切努力，都將白費。只要候選人本身和這個世界的習慣……不是把國會議員的職務視爲要盡的義務，而是一種需要祈求的恩惠，我們要努力在一般選民的心中，培養選舉議員也是一種義務的感覺，要選民知道除了考慮候選人的特長外，不能隨便投票，也都將全無效果。」⑪

再者，彌爾認爲：自費參加競選會使人把政治職務視爲候選人要去謀求，甚至要花錢去買的職位，而在當選後用以追求私利。如此一來，就破壞了選舉制度的精神。⑫彌爾假定凡是出錢擔任公衆職務的人都是居心叵測，而選舉人必然會受候選人品格的影響。如果候選人從未慷慨地把錢捐獻給慈善事業，而在競選議員時，却彼此競賽用錢，對選民顯然會造成不良的影響，甚至使選民對選舉的意義不能具有正確的認識。彌爾雖然沒有明白指出賄選是種罪惡，但他的確擔心候選人的大量花錢會使選舉腐化。

更重要的是，彌爾擔心由候選人負擔競選費用，會使國家斷絕了所有不能或不願拿出這筆費用的人，以議員資格替國家服務的機會。如此，貧窮而有才能的人與潔身自愛的精英都會視選

⑪ *CRG, CW*, XIX, pp. 498-499.

⑫ *Ibid.*, p. 498.

舉爲畏途，對國家與社會來說，也是一種莫大的損失。換言之，
「選舉的靡費可以排除很多競爭者，有利於那些花費得起的人，
……只要富人感到唯有他們這一階級的人才能被選，他們就不太
會在意選他們的是誰。他們知道可以依賴他們這一階級的人彼此
互助的感情，……毋庸憂慮會有非常仇視其階級利益或感情的事
情發生。」⑬ 如此，自費選舉，會使富人以惡濟惡而不是團結
爲善，並且排除了不能或不願負擔競選費用的精英擔任公職的機
會。因此，爲了使有志之士不論貧富都有爲民喉舌，擔任議員的
機會，公費選舉似乎是一個較公平而值得採行的措施。

三、代表獨立的原則

「如果維護代議原則的種種保障，不爲憲法所承認，譬如
並未規定少數應有其代表權，或不容許依照選民教育程度而使選
票的數值有所區別，……那麼在原則上允許議員自由抉擇的重要
性，將無可倫比，因爲這將是在普選制度下，可以使非多數的意
見在國會被聽取的唯一機會。」⑭ 顯然，對自己的良知負責，而
行使獨立判斷不受階級利益或私利影響的代議士，也是彌爾改進
代表制度以防多數專制希望之所繫。

在彌爾的心目中，理想的代議士是「堅持其有依自己認爲最
佳的判斷去行事的充分自由」，也「同意只在此條件下爲人服
務」，而其最神聖的責任，「就是不放棄那種引起很多反對的主
張，也不因此而就不發表那些最能有所貢獻的意見。」⑮ 簡言

---

⑬ *Ibid.*, pp. 497–498.

⑭ *Ibid.*, pp. 511–512.

⑮ *Ibid.*, p. 510.

之，彌爾認爲一個有識之士做爲一個代議士，應有「自反而縮，雖千萬人吾往矣」的精神與道德勇氣；相對的，選民不應該要求代議士立下任何誓言或提供任何實際的承諾或保證。彌爾認爲選民固然有權充分知悉候選人的政治意見和感受，但應該在不觸及自己基本信仰的問題上，容許代議士表示不同的意見和爲其自己的意見探取行動；選民應盡力去尋求一個在才能方面，能夠依其獨立判斷行事的代議士，並且賦予全權。反之，如果「人民由於具有確保好政府的最終控制權，因此……使他們的立法者成爲僅只是將多數的成見付諸實行的代表，他們就看錯了利益所在，而這樣的政府雖比大多數貴族政治要好，但是却非智者所欲求的那種民主政治。」❶❶❻ 顯然，彌爾依據才能原則，認爲選民應選舉有才能者擔任代議士，並且尊重他們的意見。再者，選民盡力把有才能者選進議會，不僅是一種個人權利，也是選民「對其國人應盡的義務」。❶❶❼ 此固然是因彌爾認爲選舉是一種社會責任，但對選民而言，選舉一個公正而獨立不屈的代表也遠比選舉一個陽奉陰違、巧言侫色與假公濟私的代表，獲益要大得多，而且對社會的貢獻也較大。

　　這種強調代表的獨立性，而非強調反映民意，因而代表自毋需向選民提供保證的觀念，在彌爾的思想中早就定型。而這問題在 1830 年代亦曾在激進分子間，引起激烈的爭辯。尤其在 1832年時，彌爾論稱雖然在代議組織變遷時，議員向選民提供保證的辦法可以視爲是正當的，但一般言之，這是不好的，因此更激怒了一些激進分子。惟彌爾仍不爲所動，他寫道：「人民的主權實

---

❶❶❻ J. S. Mill, "Democracy and Government", *DD*, I, pp. 472-473.

❶❶❼ *CRG, CW*, XIX, p. 511.

質上是委任的主權 (a delegated sovereignty)。」⑱ 在評論白雷的〈代表的論據〉一文中，彌爾又重申其論點。他辯稱，選民必須選擇有充分能力來形成公共事務上周全的決策之代表，但不應期望他們所選的人在國會盲從於大衆的判斷行事，正如病人不應期望醫師依病人自己選擇的醫藥觀念來治療一樣。⑲ 況且，彌爾同托克維勒一樣認爲：以有承諾的代表 (delegation) 來取代獨立的代表 (representation)，是民主政治的一大危險。⑳

顯然，在彌爾的觀念中，議員向選民提供保證，無論如何，是與代議政府的本質及才能原則相衝突。選民可以運用再度投票或拒絕投票的方式，對任期終了的代表自由地加以賞罰，但自始卽以不容變通的指示束縛代議士，只會破壞代表的創制力與責任感。彌爾深盼着：勞動階級一旦被賦予政治權利後，會自動贊同以選舉有教養的議員而尊重其意見的方式，對本身的意見和意願加以若干的限制。如此，勞工階級將證明其本身是比其他任何階級聰明，因爲任何階級在掌握絕對的權力時，都不免表現出墮落的傾向。㉑ 再者，彌爾不能忍受任由階級勢力的抬頭，因而拒絕普遍流行的對利益代表制之需求。他表示自己獨特的觀點是，當利益與公益不符時，利益代表愈少愈好。「我們企求的是一種在思想觀點上不同的代表制，而非在人的利益上不同的代表制。船

---

⑱ *Examiner*, 1 (July 1832), p. 417. 在1830年，彌爾亦表明了相同的論點，參閱: "Prospects of France", *Examiner*, 10 (October 1830), p. 642.

⑲ J. S. Mill, "Rationale of Representation", *CW*, XVIII, p. 40.

⑳ J. S. Mill, "De Tocqueville on Democracy in America 〔I〕", *CW*, XVIII, p. 74.

㉑ *CRG*, *CW*, XIX, p. 512.

東可望由於其能教導我們有關船的知識，躋身於國會，而非由於他們對保障利益的職責有興趣。」[122]

　　綜言之，在代表依其卓越的見解而維持超然獨立的原則之問題上，彌爾畢竟課予選民太多的義務，寄予過高的期望，而對代表的獨立性則過於理想化，且給予太多的信任，而致難以落實於經驗世界上。事實證明，代表獨立的原則只是一種可遇不可求的理想，也不必然就會導出代表不應向選民提供任何保證的論點。代表既為民選，在理論上與實際上，即不能不反映選民的意見，亦不能以選民的導師為主要使命。再者，彌爾自己亦承認：「選民不一定會選應該被選的候選人，也不一定要對候選人的一般長處有所判斷，而只是宣布誰最受他們個人的信任，或最能代表他們的政治信念」[123]，如此，選民所選出的代表會不受選民意見的影響，或與選民的意見有太大的距離嗎？況且，彌爾也認為：「假定所選的議員具有最經得起考驗的能力與公認的卓越品格，選民也還是不應該完全放棄私人的意見。」[124] 如此，選民與議員的意見相左時，又應該依據何者的意見為準呢？

---

[122] J. S. Mill, "Recent Writers on Reform", *CW*, XIX, p. 358.

[123] *CRG*, *CW*, XIX, p. 527.

[124] *Ibid.*, p. 510.

第七章 民主政府的設計 (二)

政府結構的改變

民主理論如果要轉變爲民主的實際情況，除了代表制度的改革與建立外，仍必須創立政府制度，而創立適當的民主政府制度，並非易事。彌爾卽深深了解到民主政府的事務是複雜萬端，而民主政府的適當組織並非可以憑空架設，而是要在參與和才能原則或平等與效率的基礎上，建立一方面旣能反映被治者的普遍需求，另一方面又能供給社會需要與促進社會福利乃至進步的機關。然而，在彌爾的時代中，沒有一個政府能表現出適當的民主形式與功能，這使得彌爾不能不積極構思一個理想的民主政府之組織與結構，以適應民主政治不可抵抗的潮流。再者，彌爾的理性經驗主義，使其不願在烏托邦的藍圖上耗費心神，而寧願集中心思於旣存制度的改進之道。在這點上，彌爾可說是繼承了邊沁功利主義的改革精神，而致力於將英國的政府結構轉化爲一種民主政府的典型。

從大處言之，彌爾試圖改變政府結構的基本觀念是：沒有技能，自由社會中的政府之複雜問題不得解決；沒有參與，就沒有好政府的保證，亦卽公民權利不得保障。至於其改變政府結構的指導方針，析言之有四：①權能區分❶，②專家政府，③地方自

治，與④中央與地方分權。以下，吾人卽就中央與地方機關的組織職權，以及中央與地方的關係，配合上述四個指導方針，來論述彌爾改進政府結構的構想與觀念。

第一節　權能區分的中央機關與專家政府

彌爾認爲其時代之政府之所以不能充分表現代議民主，主要是國會在政府中的角色沒有被正確地了解。依彌爾之見，在政府的認知上，一般的錯誤是主張人民的代表應實際統治。然而，政府的功能，無論立法、司法與行政，皆是需要高度技能的活動，需要具有經驗與受過良好訓練的人來擔任。而一般的人民並未具備此種技術與知識，旣不適於統治，也不適於選擇處理國家大事的人才。如此，彌爾可說是相信專家政府。惟在民主國家中，主權亦卽對政府的最高控制權是操在人民手中，人民本身卽使不直接運用此權力，亦可經由定期選舉的代表有效運用此權，而終能控制專家政府依公益運作。因此，就彌爾而言，人民的代表並非卽爲政府，而是爲人民控制政府。由此亦可見，彌爾對民主政府的設計的確蘊含着權能區分的觀念。他在《論代議政府》中，便曾明白指出：「所有該被稱爲管理的工作，只有讓受過專門教育的人擔任才能做好，……所有選擇、監督與在需要時控制統治者

---

❶ 於此，「權能區分」之「權」是指人民的主權或對政府的最高控制權，「能」是指管理與處理衆人之事的能力；第五章提到統治問題中的權力與能力，權力是指政府的統治權或管理權，與「權能區分」之權力意義不同，而能力所指涉之意義則大致相同，惟第五章所稱之能力含有才華之意。

的權力都應該屬於人民……，知道這兩者之間的界限，就會對政府目的的實現有很大的幫助。」❷

一、國會的角色與功能

　　民選的代表所組成的國會，在彌爾的心目中，主要爲一公開討論與審議的機關，可說是扮演着議而不治的角色。「所有實際了解代議制度的國家都承認，人數衆多的代議機關不應掌管政務，此準則不但是基於良好政治的種種最重要原則，其所根據的也是成功處理任何事務的重要原則。人民團體不宜行動，團體比個人做得好的是在討論方面。在有必要或需要聽取和考慮許多相反的意見時，一個審議的團體就必不可少。所以這種團體通常是有益的，甚至對行政事務也是如此。然而，一般言之，它只能居於顧問的地位。」❸ 因此，「議會的正當任務，不是行使其完全不能勝任的統治權，而是監督和控制政府；對政府的行爲公開表示意見，對任何人認爲有問題的政府行爲，逼迫政府公佈全部眞象和說明理由；如果發現該予譴責就加以非難，而如政府中須負責任的官員有負所託，或是以一種與全國審愼之觀念相違的態度去盡被託付的責任，就解除其職務，以及明白或實際任命其繼任者。……此外，議會還有一個和這同樣重要的任務，就是同時成爲全國的訴願委員會和言論委員會。」❹

　　彌爾在他所有的政治著述中，一再指出選民不能統治，並強調國會的一般議員也不能統治，選民的任務是在選擇國會議員之間作決定，而國會適當的功能，是在監督、控制與批評政府，而

---

❷ *CRG, CW,* XIX, p. 440.

❸ *Ibid.,* p. 404.

❹ *Ibid.,* p. 432.

在必要時可以解除政府官員的職務 。 惟國會之能產生適當的功能，主要是由於其包含有各階層的有識之士，不斷的在表達、反應與討論所有與公共問題有關的意見。此因彌爾期望實施比例代表制，使得國會能反映社會各階層各方面的意見，而「獨立意見的發表，在國會中將會有得到人們注意的機會，……立法會議將不再為個人的特權所操縱，不再完全為一般代表大政黨或大教派主義的人們所霸佔；國會裏面的大多數議員，將都是國內最優秀的分子，而他們的當選，不是因為黨派的關係，而是因為選舉人知道他們個人特長的緣故。」❺ 另一方面，比較實際的是，彌爾認為選民可以透過代表影響政府；如果選民相信某一法案的通過將會影響其個人利益，可以訴願，而由於代表依賴選民的支持，因此選民的觀點與利益不會完全被忽略與置之度外，同樣的，政府依賴代表的支持，因此代表的意見也會受到政府的重視。

　　然而，當選的國會議員應承認其能力之限制，國會亦須滿足於反應民意、監督、控制與批評政府的職責。此因「議會的職責說明議會必須成為一個適應人民要求的機構，和反覆討論有關公共問題之一切意見的場所，……而且是以批評，有時也以撤回支持，約束那些真正處理公務，或曾委派別人去處理的政府高級官員。只有把代議團體的職掌限制在這些合理的範圍內，才能享有人民控制權的利益，並且實現另一個同樣重要的前提，亦即熟練的立法和行政。除非把這兩方面的職掌分開，將管制和批評的任務交給多數人的代表，和將實際處理事務的任務交給少數受過特殊訓練和具有經驗的人，此外就沒有兼顧這些利益的其他辦法。」

---

❺ *Autob*, p. 154.

❻因此，立法與行政實務，在彌爾的觀念中，並非國會所可越俎代庖。對此，他指出：「大家不久就會承認在立法以及行政方面，議會可能勝任的唯一任務，並不是自己去做，而是要人去把它們做好，決定把它們交給誰或那些人去做，而在做完後，給予或拒絕給予國民的認可。」❼

先就立法而言，彌爾認爲制定法律與使良法被制定的功能應劃分開來。「人數衆多的人民議會極不適合立法，而使良法被制定則爲其適當的任務。……因此有必要成立一立法委員會，做爲自由社會之憲法的永久部分；此委員會是由少數受過高度訓練的政治人才組成，在國會決定制定某一法律時，宜由其負起立法的任務；國會擁有通過或拒絕法律草案的權利，但不能加以改變，而只能將提議的修正案送交該委員會處理。」❽因爲「立法不但需要有經驗有才能的人去做，而且需要有過長期用心研究，對這件事有訓練的人去做。」更何況，「每種法律的每一條款的擬定，都需要就其影響具有最正確和最深入的認識，而在訂立之後，法律也要和原有的各種法律融合爲一體。」❾由於立法職務是一切公務中最重要的問題，彌爾認爲邊沁雖曾首先充分地加以討論，但未圓滿的加以解決，因此他相信在《論代議政府》中提出立法委員會的設立，是公共事務的完全民治與最圓滿的代議機關的混合。

由於英國法律在彌爾的時代是以隨意而延宕的方式制定，又

---

❻　*CRG, CW*, XIX, pp. 433–434.

❼　*Ibid.*, p. 430.

❽　*Autob*, p. 157.

❾　*CRG, CW*, XIX, p. 428.

很少關切法律的制定是否在邏輯上符合旣存的法律架構，因此彌爾提出補救辦法說：「任何適用於高度文化狀態的政治，都有一個人數不超過閣員數目的小團體，做爲它的基本組織之一，其作用就像一個立法委員會，而其任務就是擬訂法律。如果這個國家的法律要被修改爲一種有系統的形式，主持這件事的法典編纂委員會就應該成爲一個永久機構，監督工作的推進，防止工作的退化，和隨時視需要繼續作更大的改進。沒有人會希望這個團體本身具有制定法律的權力；它只包含構成法律的智慧因素，而議會却代表意願的因素。除非經過議會明白的認可，沒有一件法案會成爲法律；議會或兩院中的各院不但都有權加以拒絕，也有權把它送回委員會重新考慮或修改。各院也可行使創制權，將任何問題提交那個委員會，指定它擬訂法律。對於國家所希望的任何立法，它當然是無權拒絕的。」⑩顯然，依彌爾之見，代議機關本身不應起草法律，而只應確保法律能夠適當地起草。他甚至建議獲任命爲立法委員會的委員者，應成爲終身貴族，以擴大貴族院的專業知識成分。彌爾深信：「經過如此的安排以後，立法將取得適當的地位，而被視爲一種需要技巧、特殊研究和經驗的作業，而國民最重要的自由，就是只被其所選的代表同意的法律所統治的自由，也會充分保存，同時由於免除了那些嚴重的，但不是不可避免的，隨着無知和考慮欠周的立法而來的缺點，也將使這種自由更有價值。」⑪

其次，就行政事務方面而言，議會亦是不宜管理或在細節上指揮負行政責任的人。縱然議會存心善良，若過分干涉行政也多

---

⑩　*Ibid.*, p. 430.

⑪　*Ibid.*, p. 432.

牛是有害的。彌爾認為議會干涉行政瑣事，將是代議政治的實際危險之一，因為「公共行政的每一部門都需要技巧，且有其本身特殊的原則和傳統的規定，其中有許多除為實際辦理該部門業務相關的人所熟習外，根本不為外人所知，而且外人也不會給他們適當的評價。……一個公務部門種種行為所涉的利害，以及以某種特殊方式加以處理所會產生的後果，都需要事先有一種衡量評估的知識與特別嫻熟的判斷，而這種知識和判斷幾乎很難在那些沒有受過訓練的人身上發現，正如未曾專門研究過法律的人，極少有改革法律的才能一樣。」⑫ 無論如何，彌爾認為：「控制政治事務和實際去執行，是有極大的分別。同樣一個人或團體也許能夠控制每件事，却不可能去做每件事；而在很多情形下，如果它企圖親自去做的事愈少，它對每件事的控制就會愈圓滿。」⑬因此，議會的正當責任不是投票表決行政事務，而是注意決定與執行行政事務的人選是否適當。⑭ 簡言之，在立法與行政方面，議會主要都是負監督之責，至多亦只有任命權與同意或批准權。就彌爾而言，這不是他一廂情願的想法，而是文明發展日趨專業化的必然結果。事實證明彌爾在這方面確有先見之明，今日英國等國家的國會卽可為明證。

　　整個言之，彌爾認為議會的適當角色與功能，在全國性的事務上是「起而行」不如「坐而談」，以免弄巧成拙或為書掣肘。他指出：「如果議會了解並承認談論和批評是它份內的事，但討論以後的『做』，却不是一個龐大的團體，而是受過特殊訓練的

---

⑫　*Ibid.,* pp. 425–426.

⑬　*Ibid.,* p. 423.

⑭　*Ibid.,* p. 426.

人的任務；知道議會的適當職掌是監督行政單位公正明智的選擇執行人，除了應用無限制的自由去建議和批評，以及給予或拒絕給予全國性的認可外，不再進一步干涉行政單位，那就不會讓『談論』妨害『做』。」況且，談論和批評也有其重要性。尤其是在議會中所談論的問題，是全國人民注意的焦點，又是代表某一重要人民團體的意見，使政府不得不聽取與加以考慮時，就更足以顯示代議政治的優點與價值。❺

然而，爲了補救一般民主議會缺乏專門訓練與知識的缺點，以及防範多數專制，彌爾提出說：「適當的補救辦法是使代表人民的議會和一個以專門訓練和知識見長的團體聯繫在一起。如果議會的一院代表人民的感覺，另一院就代表經過實際服務的驗證，以及爲實際經驗所增強的個人特長。如果一個是人民的議院，另一個就應該是政治家的議院──一個包含所有健在，而曾經擔任過重要政治職務或任務的公僕的議院。這個議院所將勝任的，將不止於做一個節制的團體。它不止是一種抑制的力量，也是一種推動的力量。在它手中，抑制人民的權力是由最能幹，通常也最熱心領導人們走上正確途徑的人所掌握。這一個將被授權矯正人民錯誤的議院不會代表違反人民利益的階級，而是在進步的過程中，由人民中自然的領袖所組成。」❻簡言之，一個第二院的最佳構造，是要包含有極多不具有多數的階級利益和成見，而本身又沒有什麼觸犯民主情感的特質的人。❼以英國爲例，彌爾認爲構成第二院適當的人選是：立法委員會的委員，曾任大法官或法

---

❺　參閱 *Ibid.*, p. 433.

❻　*Ibid.*, p. 516.

❼　*Ibid.*, p. 519.

庭庭長者，資深法官，曾任內閣閣員兩年以上者，曾任總司令或
有戰功之軍隊司令官、高級外交官、殖民地與屬地總督者，乃至
曾在國家研究機構研究的教授。但是，彌爾又認爲：緩和多數的
優勢主要不能依賴任何一個第二院，因爲任何一種代議政治的特
色，都是由人民議院 (the popular house) 的組織所確定。**⑱**
他強調不應將貴族院視爲抵制多數在下議院抬頭的主要工具，也
不相信在眞正民主的社會中，貴族院會有任何節制多數的實際價
值。基本上，彌爾認爲兩院制之存在必須有一前提，那就是憲法
對多數專制的問題沒有適當地加以考慮與解決，例如比例代表制
或複票制未被採行。因此，彌爾所構思的第二院亦只是在必要
時，做爲節制多數專制與推動社會進步的助力而已，彌爾本人對
其存在與否，並不重視。如此，彌爾當然更不會承認在一眞正民
主之社會中，有一代表特權階級的世襲貴族議會存在之必要，而
欲除之爲快。顯然，對於二院制或一院制的問題，彌爾認爲這是
民主的形式而非實質問題，可以因時因地而制宜。再者，爲了提
高代表人民的議會素質，彌爾亦主張議員候選人須經過公開競爭
的考試而成績優秀，才能取得擔任公職的資格。同時，爲了適當
發揮議會的功能，議員應有固定的任期，而不能一朝爲代表，終
身爲代表。而議員任期旣不宜太長亦不宜太短，原則上是足以使
其能熟悉代表職務，表現其能力而不致玩忽職守爲度。

二、首長責任制的專家政府

　　負責任的中央政府之結構與專家在行政與制定法律上的優越

---

⑱ *Idem.*

角色，是彌爾對政府制度之設計上的一大特點。在此方面，彌爾亦充分表現其爲經驗主義者與功利主義者的色彩。他企盼政府革新，但顯然賦予經驗上爲可能或已證實爲有效的事物高度的價值。他支持責任內閣制與國會的控制行政即爲明證。但他除了注意美國之外，很少再注意英國以外的任何其他制度，而美國也只是提供他做對比的基礎而已。

在《論代議政府》中，彌爾簡單明瞭的討論支配負責又有效能的行政部門的法則。他強調同一性質的事權必須統一，以利行政，以明權責。因此，他指出：「做爲一種通則，每一種行政任務，不管重要的或次要的，都應該指定由一個人負責。誰做什麼事以及什麼事沒有做好是由於誰的過失，都應該讓全世界看得清清楚楚。如果沒有人知道誰該負責，那也就沒有責任可言了。」⓳再者，他強調人非全知全能，焉能無過，而集思廣益，正可補個人才智之不足。因此，他認爲：「一羣顧問中有着智慧的存在；一個人在習慣上只憑自己的知識，或只憑某一個顧問的知識，很難對自己的事情判斷正確，更難對公共事務判斷正確。」⓴對彌爾而言，這也是一個經驗通則。惟在權責的歸屬上，顧問羣應該只是諮詢性質，而最後的決定權則應該完全操在單位首長手裏。如此，單位首長對其主管事務當然亦應總其責，但顧問羣不應被視爲或自視爲無足輕重的團體。「在應議會或輿論要求時，顧問羣隨時可以把文件公開出來，讓大家知道每個顧問曾有什麼建議和建議的理由何在，而由於他們具有尊嚴的地位和對政府一切行動的積極參加，他們也會有專心於政務和對每件事情形

⓳ *Ibid.*, p. 520.

⓴ *Ibid.*, p. 521.

成與表示非常愼重之意見的強烈意識，就像整個責任是落在自己身上一樣。」[21]

　　至於行政官員的甄選與任用，彌爾認爲最重要的一個原則是：「行政官員不應該由普選去任用；旣不應該由人民自己選舉，也不應該由人民的代表選舉。」[22]此因整個行政管理事務都需要技巧，而擔任這種事務需要何種特殊和專門條件，也只有多少具備那些條件和實際經驗的人才能做適當地判斷。有鑒於此，彌爾主張：「所有沒有經過某種方式的公開競爭而任命的次要官員，其選用都應該由有關首長直接負責。所有各部首長當然都由首相遴選，至於首相自己，雖然實際上是由議會指定，在君主立憲政體中，却應由國王正式任命。」[23]此種選任行政官員的程序，才比較符合用人唯才的理想。尤其是經此程序所產生的最高行政首長，彌爾認爲一定會比美國每四年選舉一任總統好得多。其原因有二：①如此任命的首相一定是個比較特出的人，因爲如第五章所述，議會中的多數黨依慣例總是任命其黨魁爲首相，而黨魁在政治生活中總是扮演非常重要的角色者；②在一國之最高行政職位每隔數年都要經由普選更動一次時，其間隔時期就都會花費在遊說方面，乃至產生其他流弊。[24]顯然，彌爾處心積慮要保持與維護的是政府與領導階層的素質。由此觀念，他更進一步堅持，需要運用獨立思考與判斷乃至專門知識的司法官員，絕不宜由民選產生。大衆對司法行政的參與，亦僅限於陪審員的身分，擔任

[21] *Ibid.*, p. 523.

[22] *Idem.*

[23] *Ibid.*, p. 524.

[24] *Ibid.*, p. 525.

一部分司法的職務。

　　由於深深恐懼人民易於容忍平庸者的存在，而破壞了政府的能力與品質，彌爾的確期望藉着受過高度訓練的人才來匡正一般民主政府的缺點。在爲「諾斯寇特──屈味林的文官制度報告」(the Northcote-Trevelyan Report on the Civil Service) 提出辯護時，他已提倡不論社會階級，經由競爭性考試甄選全國才俊之士任官的論點。㉕ 在《論代議政府》中，他又深具信心地提出這個主張，並且爲民主國家的實行此一制度，提出辯護。㉖ 簡言之，在彌爾的觀念中，不但高級的行政與司法官員要有良好的素質與適當的選任程序，一般的文官與擔任政府職務者也要由公開競爭考試來甄選；惟公務人員的升遷，則適用年資和選拔混合制。1869 年，彌爾曾寫信給一位美國通訊員說：「任命職位而不考慮資格，是美國制度最壞的一面；這是美國制度的實際運作之所以受到正當的抱怨的主因，也是矯正其錯誤的主要障礙，以及民主制度惡名滿天下的原因。」㉗ 即使在英國，他也看到一個相當普遍的傾向，就是忽視官吏需要特殊資格。他憤懣地說到：「除了一個應受絞刑的人外，人人都被視爲與其他人一樣，幾乎適於擔任任何事情……。」㉘ 此外，彌爾還批判英國的自滿與貴族統治階級的散漫，而不斷讚揚專業人員與專家的地位是在業餘人員與外行人之上。

　　惟就民主政治的理想──民治──的觀點而論，彌爾對於專

㉕ A. Brady, "Introduction", *CW*, XVIII, p. xxxviii.

㉖ 參閱 *CRG*, *CW*, XIX, pp. 529–533.

㉗ *LL*, *CW*, XVII, p. 1572.

㉘ *CRG*, *CW*, XIX, p. 427.

家政府的統治和依賴，實離開了民治兩個階段。由人民的代表統治是離開了一個階段，由人民的代表控制的專家統治又離開了另一個階段。彌爾之所以如此，不僅是基於政府實務上的考慮，而且是基於無控制或領導的民主會像暴君一樣專制的認知。

三、政府職能的擴大與限制

　　彌爾的信賴專家政府統治並未使其趨向集權國家觀，或傾向於無限增加政府的權力。他認爲英國人很自然地不信任政府與其權力的擴張。❷ 此「因國民歷史發展上的差別，擴張政府範圍的主張，在理論與實際上，均最適行於歐洲大陸諸國；相反的精神，則一向在英國佔優勢。」❸ 依彌爾之見，英國人通常只在其他方法，尤其是自由市場的制度，不能滿足社會普遍的需要時，才會想到運用政府的力量。而他本人站在維護自由促進社會進步的立場，在《自由論》中，亦曾提出反對中央政府過分干涉私人行爲的三大理由：①私人基於利害關係，往往比政府更能有效處理的事情，政府自不宜干涉；②個人雖比公務人員更不適合做的事情，但能在提供服務中獲取珍貴的公共教育經驗者，政府亦不宜干涉；③避免過分增加權力的禍害，因爲政府權力愈大，個人與團體的獨立創造性範圍愈小。❹

　　就第一個理由而言，彌爾認爲：人民比政府更了解亦更關心他們自己的事業和利益。❺ 就第二個理由而言，彌爾認爲：「這

❷　J. S. Mill, "Centralization", *CW*, XIX, p. 609.

❸　*PPE*, *CW*, III, p. 799.

❹　*Liberty*, *CW*, XVIII, pp. 305-310.

❺　*PPE*, *CW*, III, p. 942.

也是提倡陪審制度、自由和民間的地方機構，和由自動組成的會社去經營工業和慈善事業的主要根據。要使人民超出個人與家庭自私的狹隘範圍，習於了解共同的利益，管理共同的事業，這就牽涉到一個公民的特殊訓練和一個自由民族的政治教育。沒有這些習慣和力量，自由的制度就會行不通，也不會長久存在。」㉝就第三個理由而言：「凡不必要的增加政府權力，就是大害。」㉞而且，增加政府的職能，就是以新的職務，加在責任已經過重的身體上，此亦違反分工原則。㉟上述三個理由中，彌爾認為第二、第三個理由較為重要，而第二個理由，亦卽「培養人民共同活動的習慣，是反對政府干涉增加最強而有力的理由。」㊱

在《政治經濟學原理》中，雖然彌爾的立場一版比一版趨向社會主義，但他仍站在自由民主的立場指出：「若人民習於自己處理自己的事務，不將自己的事務交給政府處理，依此，他們的願望不會是專制，而是排斥專制。若一切眞正的建議與處分，都聽命於政府，個人思想與行為習於受政府永久的監護，則民主制度不會發展出自由的願望，只會發展出無窮的地位慾、支配慾，使全國的智力與動力，不用於重要的職務上，却用於鈎心鬥角，以求取私人的爵祿。」㊲況且，人民由處理自己的事務培養得來的才智，散佈於全社會，是一件最有價值的國寶。「統治團體具有高度知識才能，此外卽不許人民有知識才能，比什麼情形

㉝ *Liberty*, *CW*, XVIII, p. 305.

㉞ *Ibid.*, p. 306.

㉟ *PPE*, *CW*, III, p. 940.

㊱ *Ibid.*, p. 942.

㊲ *Ibid.*, p. 944.

都更危害人類幸福。這種制度比任何制度都更包含着專制的觀念，使擁有法律權力的人，再享有優越的知識做武器，就等於以牧羊人統治羊，但牧羊人對於羊羣的發育狀況，具有深切的利害關係，統治者對其所統治的人民，却沒有這種利害關係。要防止政治上的奴隸制度唯一的保障是以智力、動力以及公共精神，分散於被統治者，以牽制統治者。……因此，……社會上的一切階級（那怕是最低的階級）皆應有許多自己要做的事情，應儘量使他們必須運用智慧與德行；政府不僅應當儘量把僅與他們自己有關的事情留給他們去做，而且應當讓他們（或者說鼓勵他們）儘量由自動的合作，來處理他們共同的事物；因爲共同利害關係的討論與處理，卽是培養公共精神的大學校，也是公共事務智慧的大源泉。」❸因此，彌爾對政府權限的基本觀念，可說是在促使政府採取行動前，通常應先由人民試過自願的方法之效果。「放任應當是一般的辦法；凡與這辦法相背的措施，若非有某種巨大的好處，便一定是有害處的。」❹

雖然彌爾顯然相信文明的進步會帶來立法的增加，但他否認立法的增加會帶來官僚或政府權威的增加。在論〈集權化〉一文中，他指出：「立法的擴張並沒有賦予行政機關新的委任權，也沒有賦予其自由裁量權，而仍舊要求行政機構對每一項新事務，給予較少的管制與較少的義務。」❹在彌爾的觀念中，政府的主要職能是維持社會生活，亦卽保障人身與財產不受暴力與詐欺的

---

❸　*Ibid.*, pp. 943–944.

❹　*Ibid.*, p. 945.

❹　J. S. Mill, "Centralization", *Edinburgh Review,* 115 (April 1862), p. 345.

危害，而用法律規定所有權的行使不但是政府的必要職能，且與文明社會的觀念完全融合。❹ 只是，彌爾亦日愈了解到工業革命後的社會變遷已迫使政府的職務與活動，必須與日俱增。在經濟事務方面，他同意：①國家對於私人或私人公司經營的龐大企業必須加以管制與監督，如鐵路可由私人公司建造與經營，但是國家可以有效的限制運費，加諸安全規定，保護商業利益與確保股東不受刁蠻的經理人欺詐；②私人與公司經營的企業之不斷成長，必然擴大而非縮小現代政府的管制活動；③與日俱增的社會良心，反映出人類在倫理上的需要，因而大大地擴增了政府活動，使之時常成為窮人與非特權階級的名譽機構。❷

就第一點與第二點而言，彌爾認為私人經營龐大而複雜的企業，在放任狀態下只能由股份公司經營，但這種企業常常可以同樣由國家經營，就實際的成效來說，有時還是由國家經營必較合適。況且，有許多種以服務為目的的事業，必定會發生實際的獨佔，如煤氣公司與自來水公司由私人經營，不如由政府經營，而交通運輸事業經營權雖可歸私人公司，但最好由國家擁有所有權。❸ 就第三點而言，彌爾認為英國國會多少受到社會福利觀念的影響，已規定了工時，禁止雇用低於某一年齡的童工，不准雇用婦女與兒童當礦工，並且強迫製造商使工廠維持減少意外事件

---

❹ 參閱 J. S. Mill, "Coleridge", *CW*, X, p. 156. 早在 1840 年，彌爾即有此觀點，到了 1848 年，《政治經濟學原理》第一版出版時，亦表明此觀點。關於這點，彌爾認為這是家所同意的政府職能。（*PPE, CW*, III. p. 801）。並請參閱 R. J. Halliday, *John Stuart Mill*, p. 95 and p. 104.

❷ J. S. Mill, "Centralization", *CW*, XIX, pp. 593-613.

❸ *PPE, CW*, III, pp. 954-955.

與減輕危害健康的情況。然而，彌爾始終堅持任何國家的政府，其角色必須視社會與經濟的需要而定。卽使他在晚年已有較明顯的社會主義傾向，但他對政府在經濟上所扮演的角色之觀點，至多亦只能稱爲一個經驗主義的集體主義者。❹

在教育方面，彌爾指出：「任何一個用心良好而相當開明的政府，都可以認爲自己的敎化程度比社會一般人的敎化程度更高，或應當更高，因此政府供給人民的敎育與訓練應比多數人民自然需要的敎育與訓練更優良，所以敎育這件事，在原則上，應由政府提供給人民。」❹政府應以經費補助小學，使貧民的子弟，能夠全體在免費或納費極少的條件下，受小學敎育，以補救敎育不足的缺陷。此因彌爾認爲：「……某些基本的知識成分和手段，極應使社會上的每一個人在幼年卽獲得。如果他們的父母或監護人有能力却不給予他們這種敎育，便……放棄了對兒女的義務，也放棄了對社會的義務。社會一般人，會因同胞無敎育無知識，而蒙受嚴重的損失。所以，政府卽使運用權力，課予父母法律上的責任，使父母必須讓兒女受基本敎育，亦未嘗不可。但要父母負擔法律上的責任，則政府必須擔保這種敎育可以免費享受，卽使必須繳費，費用亦極少。」❹但是彌爾並不主張國民敎育應全部或大部分都操在國家手裏。他擔心：普及的國家敎育，只是要把人民塑造得彼此一模一樣，而用以鑄造他們的模型是政府中的當權者所喜愛的。❹如此，「無論在理論上或在事實上，

---

❹ A. Brady, "Introduction", *CW*, XVIII, pp. lxvi-lxvii.

❹ *PPE, CW*, III, pp. 947–948.

❹ *Ibid.*, pp. 948–949.

❹ *Liberty, CW*, XVIII, p. 302.

政府完全控制教育，都不是長久之計，有這種控制權並實際運用這種控制權，便是專制。」⁴⁸ 因此，彌爾堅決主張政府不應享有教育的獨佔權。⁴⁹ 而「一種由國家建立和控制的教育，如能存在的話，也只能存在於以它做為許多競爭性的實驗之一，以示範與鼓勵為目的，使其他教育保持某種完美的標準。」⁵⁰

在促使人民努力上進方面，彌爾指出：良好的政府必須幫助人民，促進與發展個人努力奮鬥的精神，排除私人事業的障礙與挫折，給予各種必要的便利與指導，並儘可能獎勵、勸導與扶助私人的努力，而對私人企業的扶助，應儘可能當做一種教育，使人民的技能得以增進。⁵¹ 況且，「在現在已達到的最優良的社會狀態下，亦有一大部分的精力與才能，僅用來相互抵消。……為儘可能減少這種悲慘的浪費，政府極應採取對策，使人類現今用來互相妨害或抵制的能力，轉用於適當的用途，那就是征服自然力，使之日益在物質方面及精神方面，為人類造福。」⁵² 但是，彌爾亦認為：政府不能有過多的幫助和刺激個人努力與發展的活動。⁵³ 同時，在從事試驗方面，「國家能夠有益地去做的，是使它成為許多嘗試所得的經驗的中央貯藏所，以及成為經驗的積極流通者和傳播者。它的職責是協助每一試驗者從別人的試驗中獲益，而不是除准自己試驗以外，就不許人民從事其他試驗。」⁵⁴

❹ *PPE, CW*, III, p. 950.

❹ *Idem.*

❺ *Liberty, CW*, XVIII, p. 302.

❺ *PPE, CW*, III, pp. 970–971.

❺ *Ibid.*, p. 971.

❺ *Liberty, CW*, XVIII, p. 310.

❺ *Ibid.*, p. 306.

顯然， 彌爾認為隨着工商社會的來臨， 政府的職能勢必擴大，但他對政府職能的擴大都提出相當節制的看法，為的是保護他所珍視的價值目標——自由。因此，他指出：「現代文明既如此趨向於要以全體行動者的權力，當作社會上唯一實在的權力，所以保持精神的創造性及品性的個別性——各種真實的進步，以此為唯一的源泉， 人類較優於禽獸的大多數性質， 亦以此為唯一的源泉——在現在，亦需要以最強固的防禦來保護個人在思想上、言論上及行為上的獨立。所以在民主主義的政府下，亦應以不放鬆的嫉惡心，看待政府擴大干涉及擅取權力的趨勢。尤其在民主政體下，這種看待也許比在任何其他政治社會形式下還更重要。因為在輿論是國王的地方，受這個國王壓迫的人民將有有寃無處訴的危險。」❺❺ 在《自由論》中，彌爾更具體指出：「如果道路、鐵路、保險事務所、大規模的合股公司、大學以及公共慈善事業都成為政府的分支機構，還有市自治團體和地方機構，以及目前由它們所主辦的一切事務，也都成為中央的行政部門，而所有這些事業的職員都由政府委派和支薪，將一生的昇遷寄望於政府，縱有再多的出版自由與人民的立法組織 (popular constitution of the legislature)， 也不能使國家的自由免於名存實亡。」❺❻ 再者，儘管在維多利亞時代，英國政府的職能的確在擴大，但並未呈現出具有何種正式的意識型態，也少有平等主義的意識型態。在《自由論》出版前一年（1858 年）， 彌爾告訴馬志尼（Giuseppe Mazzini，義大利革命家，1805～1872）他對英國人民的看法是：「英國人無論是出身那一階層，本質上都是自覺為貴

❺❺ *PPE, CW,* III, pp. 939–940.

❺❻ *Liberty, CW,* XVIII, p. 306.

族。他們對自由具有概念，也賦予價值，但是平等觀念，對他們
而言，是旣陌生又可惡。只要有人在他們之下，他們就不喜歡有
人在他們之上。因而他們從不同情，而以目前的心態而論，他們
也將永遠不會同情其他國家眞正的民主黨或共和黨。他們所同情
的，只是那些他們視爲模仿英國制度的人，儘管這會使得其他方
面的舊事物秩序，仍具有種種不平等與社會不公的情形，他們也
會認爲不願忍受這種情形的人，不配擁有自由。」❺❼　如此，彌
爾顯然是將自己的價值觀念投射在英國人身上，因此，他更認爲
鑒於自由所帶來的種種優點，應該提倡地方管理純粹地方性的事
業，和由自願供給財源者所組合的團體管理大企業，而反對中央
集權。

　　然而，隨着資本主義自由經濟制度弊病的顯現與缺點的暴
露，彌爾對政府的職能亦由自由民主的立場，轉趨民主社會主
義。雖然他不信任社會主義者所提出的一些促使社會變遷的手
段，但他支持社會主義的平等目標。他指出：「我們與邊沁一樣
主張平等，……好的社會能夠在不破壞做爲個人努力成果與報酬
的私產安全下，實現平等。一套不支持平等措施的制度，實質上
就是爲了少數而傷害多數的壞政府。」❺❽　因此，他認爲：「將來
的社會問題，就是如何將個人行動的最大自由，同地球上原料的
公有權，以及大衆共同工作上的利益平等享受權結合在一起。」
❺❾　只是要使這樣的社會變遷成爲可能的事實，彌爾認爲社會主義
同民主一樣，需要人民有高度的知識與道德。而政府職能或干涉

---

❺❼　*LL, CW*, XV, p. 553.

❺❽　Cited from R. J. Halliday, *op. cit.*, p. 101.

❺❾　*Autob*, p. 138.

的合法擴大必須具備兩個條件：①政府做成衆所同意而負責任的
選擇；與②政府基於公益或社會義務所採取的措施。⑩

第二節　地方自治的機關與功能

　　在《自由論》、《論代議政府》以及許多文章中，彌爾都讚
揚地方自治是人民之福利與教育的要素，而提倡地方管理純粹地
方性的事務。彌爾認爲地方自治可以使得公民獲取爲共同目的工
作之寶貴經驗，引介公民共同協調的技能與規範，因而是民主國
家不可或缺的預備學校或初步訓練。況且，在英國，地方政府是
中央國會本身必要的輔助機關；國會就是經由地方機關才看得到
與意識到地方選民，並且直接向選民負責。沒有地方機關，國
會就會受到最好交由地方團體處理的公務所困擾與糾纏。彌爾相
信：健全的地方制度將會助長負責的公共精神與培育公民對政治
的開明態度。而負責的精神與開明的態度，正是擴張選舉與民主
政治的活力所必須的條件。

　　在這些觀念上，彌爾是繼承了功利主義與激進派的傳統；因
爲邊沁曾強調地方政府的固有價值，以及在英國有必要重整地方
政府，而彌爾卽由邊沁獲得啓示。同時，彌爾亦受到其摯友查德
威克（Edwin Chadwick, 1800～1890）的影響。查德威克是一個
熱誠而精力充沛的功利主義者，在1830與40年代是英國地方政府
改革的主要推動者。而在彌爾的心目中，查德威克是其時代「最
傑出的精通政府實際藝術者之一。」⑪ 因此，彌爾所支持的地方

---

⑩ R. J. Halliday, *op. cit.*, p. 105.

⑪ *EL, CW*, XII, p. 211.

政府革新措施，都是源自查德威克的構想；尤其是1834年的「濟貧法修正案」，1835 年的「市自治法」與 1848 年的「國民健康法」，這都是地方行政與公共事務新形式的演進上，大放異彩的里程碑。

　　1861 年，當彌爾在寫論地方政府的一章時，他觀察到日益複雜與不可理解的混亂現象。工業與人口的迅速成長，已使聚居於都市的大量人口吵着要求各種新的公共設施。1830 與 40 年代所興辦的市政機構，忙着嘗試解決社會問題。「濟貧法保護局」(The Boards of Poor Law Guardians)、縣市議會，與負責特殊公共事業的許多特設機構與委員會，都試圖在變遷社會中給予市政管理新意義。但是在郡 (Counties) 中，自古以來的太平法官 (justice of the peace) 一年四次在地方法庭 (Quarter Sessions) 中集會的制度，仍然存在。身為改革主義者的彌爾，嚴苛的批評此一制度說：「這些機構的形成方式是最不合理的，因為他們既非民選，又非可適當的稱為提名產生，而是像他們所繼承的封建貴族般，實際上是以土地權而據有重要的職位……。此一制度是目前在英國仍然存在的，最具有貴族政治原則的制度，可謂比貴族院還貴族化得多，因為它對於公款的使用與重要公共利益的處置，都是自行做決定，無須與人民會議共同決定。」[62] 他想以民選的郡議會取代地方法庭，來改正郡政府的缺點。由此可見，彌爾地方自治的觀念根深蒂固。

一、地方自治的機關

　　彌爾認為：「要有地方代議制的目的，主要是在使那些具有

---

[62] *CRG, CW*, XIX, p. 537.

地方上之共同利益者，能夠自行管理他們的共同利益。」❻ 每一市鎮不管大小都有它特殊的地方利益，爲全體居民所共有，因此也都應該有其議會。同樣顯然的，是每一市鎮應該只有一個議會。同一市鎮的各地區，極少或絕不會在地方利益上有什麼實質的不同，他們都要求做好同樣的事情，負擔同樣的費用，因此沒有必要分別設立議會。彌爾攻擊英國地方政府的胡亂增設政府單位，分割與弄亂了英國的公民生活。他倡導將現有的公共事業，諸如修路、照明、給水與排水等，統交一個民選的議會管理，而非交由各個特設委員會管理。簡言之，他建議：每個地方應該只有一個總管一切地方事務的民選團體，而不是有不同的團體，分別管理着不同的事務。❻ 而地方議會的議員，是由繳納地方捐稅者選出。彌爾批評倫敦劃分成六、七個獨立單位，每區各有其處理地方事務的方式，不但阻礙了爲共同目標合作的可能性，而且迫使中央政府不得不處理那些如果地方當局的權力能夠遍及整個都市，最好由地方政府去處理的事情。

　　然而，「民選團體的任務，不是去工作，而是監督別人把工作做好，凡有必要做而沒有做的事情，也要叫別人去做」，而且「以集中和概括的觀點去監督。」❻ 彌爾認爲把一切地方事務置於地方議會的監督之下，有一個重大的理由，就是要使地方設法羅致當地最優秀的人才，使得地方議會進而「成爲一所培養政治才能和一般知識的學校」。❻ 同時，謀求地方利益，當然也是地

❻　*Idem.*

❻　*Ibid.*, p. 538.

❻　*Idem.*

❻　*Ibid.*, pp. 538–539.

方議會的正當任務。

　　在地方議會之外，地方還有行政部門。惟地方行政部門和國
家之行政機關一樣，適用一切社會委託原則。「首先，每一行政
官員都應該是單一的，單獨爲交給他的全部任務負責。其次，他
應該被任命，不應該被推選。」❻此外，一地的行政責任的確需
要由不同的部門負擔，就像國家的行政責任同樣需要分擔一樣。
因爲不同的行政工作都需要特殊的知識，而爲了有適當的表現，
也需要各有一位具有特殊條件的官員來負責。至於地方行政首
長，在地方上的地位和中央政府中的首相相似，而在組織良好的
制度下，其最主要的職責也將是任用和監督地方官員。地方行政
首長本身則是由地方議會任命，或者每年改選一次，而在議會經
過一次不信任表決後卽須離職。

　　在地方政府的職權方面，彌爾認爲：「所有純粹地方性的事
務，亦卽只關係一個地方的事務，都應該交由地方當局去做。」
❻雖然在行政原則的知識方面，地方當局和地方議會都比中央
低，但這無礙於地方事務的管理，因爲地方人士有一個可以補償
的長處，就是對結果有更直接的利害關係與關切。如此，在管理
細節方面，地方團體自行管理地方事務，的確是具有其優點。況
且，在地方事務中，精神訓練的重要性高於行政素質，因此，不
似在一般立法和處理國家事務方面，非有很高的行政素質不可。
惟在較大的地區，如省或郡的層次上，爲使地方任務的逐行，找
到最優秀的人才，彌爾認爲地方民選團體應該有權管理一切地方
共同事業的準則，可適當地加以修改。

<hr>

　❻　*Ibid.*, p. 540.

　❻　*Ibid.*, p. 541.

二、地方自治的功能

在彌爾的觀念中，地方自治至少有四項功能。首先是地方自治具有教育的功能。彌爾對地方政府的論述，很明顯的強調地方政治生活中的公民教育。他寫道：「在地方團體方面，除選舉的任務以外，許多公民都有輪流被選的機會，而很多人也會藉選舉和輪值擔任地方行政職務。在這些職位上，他們爲了公共利益不得不行動，不得不想，也不得不說話，同時也不能在一切事情上都要代理人替他們去想。」況且，「地方任務通常爲地位較高者所無意尋求，而它們又是實施重要政治教育的工具，因此正可把這種教育帶往社會的較低階層。」⑩再者，地方團體的每一目的，不管是開明或公正地盡到它們特殊的責任，還是培養政治知識，如果地方團體包含了當地一部分的優秀人才，就可使他們啓迪民衆。顯然，公民在地方上的政治參與，對彌爾而言，是實施民主政治所需的政治社會化過程。

其次，地方自治可以擴大政治自由的範疇。由於地方自治，政治權力普遍分散於全國各地，使得個人與團體能成爲政治體中有力的因素。對彌爾而言，官僚政治與集權主義的弊端是相互結合與不可分的，而對此弊端之防範，最佳的方法即爲確保最多而與國家成爲一體的地方政府。⑩反言之，「在各個小地方沒有民主制度，只在中央政府有民主制度的民主組織，不僅沒有政治的自由，而且往往創造一種恰好相反的神精，以致社會的最低階級

---

⑩　*Ibid.*, pp. 535–536.

⑩　*Liberty, CW*, XVIII, pp. 309–310.

亦有政治宰割的願望與野心。」⑦ 因此，彌爾認爲托克維勒視地方
自治爲政治自由的學校以及國家民主的安全瓣，並非沒有理由。

第三，地方自治可減輕中央政府的負擔。由於工業與人口的
迅速成長，使得人口大量流向都市，因而需要增加許多新的公共
服務事業。這些事業若皆由中央政府統籌辦理，則無法應付日益
增加的負荷與問題。因此，地方自治正可減輕中央政府在工商社
會中日益沉重的負荷。

第四，地方自治可增進地方人民的利益。地方上的人士自行
管理地方上的共同事務，對實際問題的了解遠較中央政府清楚，
利害關係也較直接而密切，因此較能符合與增進地方人民的利
益。

無論如何，彌爾認爲在考慮地方自治的問題時，有兩點値得
注意：「如何把地方事務做得最好，以及如何使這些事務的處
理，最有助於公共精神的培養和智慧的發展。」⑫ 而在其對地方
自治的構想中，可以看到他融合了參與原則與才能原則，惟參與
原則似乎優先於才能原則。

第三節　中央與地方的關係：地方分權

在論及中央與地方的關係上，彌爾主要是以單一國爲對象，
而特別重視中央與地方權限的劃分。基本上，他認爲一個聯邦政
府當然必須包含一個立法部門和一個行政部門，而適用於代議政
府一般組織的那些原則，也同樣適用於聯邦政府，因此對於聯邦

---

⑦　*PPE, CW*, III, p. 944.

⑫　*CRG, CW*, XIX, p. 535.

政府的組織無需多加說明。只是，「在具備形成聯邦政府的條件時，成立聯邦愈多就愈對世界有益。聯邦的增加，正像任何合作辦法的擴充一樣，會發生有益的效果，使弱者藉聯合而與強者平等地相處。」⑦ 而一個決心聯合的國家要成為單一國或聯邦，則須視全部領土大小而定。

一、地方分權的意義與中央集權的弊病

就中央與地方的關係而言，彌爾極力反對過分的中央集權，而主張適當的地方分權。 在這方面， 彌爾實深受托克維勒的影響。托克維勒對英國與美國的研究提出證言說：地方分權的政府是珍貴無比的自由學府⑦。在《自傳》中，彌爾表明在中央集權的根本問題方面，他因研究托克維勒的著作而獲得很大的益處。他寫道：「托克維勒對美國和法國的經歷所應用的哲理分析，使他看重這一點，認為人民不受政府的任何干涉、監督與指導，能夠自行穩當地做出社會的集體事業。在他看來，各個人民這種實在的政治活動不但是訓練人民的社會情感及實用知識最有效的方法，而且可以消除民主政治特有的弊端，杜絕民主政治流入專制政治的唯一去路。誠然，在英國方面不會從此發生迅速的危險，英國十分之九的國內事務，不像其他各國，都是由不受政府節制的機關辦理；中央集權不僅從來是理論上不贊成的問題，而且被認為是無理的偏見； 在英國， 妒恨政府的干涉是一種盲目的情感，乃至對於革除地方自治的弊端，也要加以阻止或拒絕。……假使沒有托克維勒的教訓，我或者要像許多在我以前的改革家一

⑦ *Ibid.,* p. 559.

⑦ Cited from A. Brady, "Introduction", *CW*, XVIII, p. Ixiii.

樣，不會激烈地反對這無理的偏見。……實際上處於這兩種錯誤（過分中央集權與極端反中央集權）之間，我自己是極其審愼的，無論我在這二者之間是否劃分了一條正確的界線，我至少已經同樣注意雙方的弊端，而且把那調和雙方利益的方法當作一個重大問題去研究。」⑦⑤顯然，彌爾想在中央集權與地方自治間找出一個適當的平衡點。

在論〈集權化〉("Centralization")一文中，彌爾攻擊法國在拿破崙三世時代所實行的集權主義，譴責法國的集權主義混淆了精神與世俗權力，無端干涉個人私事，並且限制地方自治團體處理其地方事務與任命地方官吏的權利。在論述杜邦懷特(Dupont-White)對集權主義的討論時，彌爾指出杜邦懷特假定：隨着社會的演變，個人與階級的自私心會愈來愈強與愈普遍，因而必須有強大的中央集權政府來控制明顯的階級裂痕與衝突；沒有強大的中央集權政府，社會可能由於深仇大恨而分裂；國家做為穩定與進步的主要工具，有義務保護弱者不受強者壓迫，這個任務隨着工業社會的擴張而愈加重大與複雜；國家干涉經濟生活不但不是罪惡，而且是社會進步不可避免的結果，以及不斷進步的主要條件。彌爾對這些論點很感興趣，並且還同情其中的一些論點，但是他拒斥杜邦懷特對集權主義的偏好，以及輕易相信集權主義總能成就大事，包括減少人際間天生的不平等。對彌爾而言，杜邦懷特的信念正可用來說明法國、英國與美國政治文化的強烈對比。法國人執着地認為集權主義是革命的輝煌成就，並且是使他們國家強大所永遠需要的。那些活躍於政壇的人都是集權主義政

---

⑦⑤ *Autob*, pp. 115–116.

權下的旣得利益者，卽使在批判集權主義時，也是如此。托克維勒卽曾批評說：「在法國，發言反對中央集權的人，多半不是眞的想要看到廢除中央集權；有些人是因爲他們已具有權力，其他人則是想要掌握權力。」⑯彌爾指出：集權主義使得整個法國的個人與團體不能具有適當的實際事業與公共精神；與英國相比之下，法國政府的過分干涉束縛與削弱了私人創造力。他論及杜邦懷特說：「這位作者指出許多必須去做，而個人基於私利絕不會去做的事情，但是似乎不曉得吾人可預期的到的個人熱心公務精神，會做出任何事情；顯然這是因爲在他最熟悉的國家中，此種形式的熱心公務精神，由於他所誇讚的集權化緣故，幾乎都被壓制了。但是，在我們非中央集權的國家中，甚至連公衆所需求的救生艇，都是由私人慷慨解囊經由自願組合的機構所供給的。」⑰

依彌爾的意見來說，中央集權制度主要的缺點是：造成大量的庇護，以及官僚不斷以犧牲人民的自由爲代價來運用大權。中央集權的行政機關，由於可給予或收回許多恩惠，因此可以支配選舉與控制立法機關，甚至使得選民成爲追逐利益與權位者。⑱因此，除非是在危機時刻，行政機關對公共事務的管理不易受到質問。而歷史證明，過分集權的政權除了革命之外，可能沒有有效的牽制可加補救；法國 1830 年與 1848 年的革命就是明顯的例證。如此，過分集權實易於造成政治動亂。再者，集權制度亦助

---

⑯ Quoted in J. P. Mayer, *Prophet of the Mass Age* (London: Dent, 1939), p. 20.

⑰ J. S. Mill, "Centralization", *CW*, XIX, p. 603.

⑱ *Ibid.*, pp. 608–609.

長對官吏的因循態度。法國公民在各小官僚面前，幾乎普遍顯得膽顫心驚；彌爾認爲這就會造成使人民不能有許多自由的環境。「當每個人都穿上政府的制服……可以對所有其他人任意作威作福時， 人民如何不卑屈？」⑦ 對他而言， 法國政府無論如何自稱是自由主義的政府，却由於中央集權而一直未能除去其獨斷獨行的專制權。在與法國相比之下，彌爾認爲英國的制度具有較高程度的眞正分權。在英國，地方當局不僅提供了政治才能與創造力的訓練場所，而且抑制了中央或地方政府的專制傾向。地方機關相當獨立，但是僅能在國會爲他們設定的範圍內運作。它們從經驗中，普遍學會了以適當的才能來處理自身的事務，它們的活力普遍增添了國家的活力。然而，在法國，則因地方單位太多太弱，而不能貢獻有價值的平衡作用。

二、中央與地方政府權限的劃分

依彌爾之見，中央政府的主要任務是給地方以指示，而地方政府的主要任務，就是奉行這些指示。除此，「中央當局應該和地方團體保持不斷的聯繫，獲知地方團體的經驗和以它的經驗告訴地方團體；在被要求時，儘量給予指導，在看到有必要時就自動給予指導，迫使地方團體把處理的事情公開和紀錄，並貫徹議會對地方管理方面所訂的每一條法律。」⑧ 凡是議會未曾干涉的地方，任何行政部門也不應該以它的權力加以干涉；而在遇有認爲應該予以譴責的行爲時，也只有做一個忠告和批評者，一個執行法律者，一個對當地議會或選民的責難者，才能使中央行政部

---

⑦　*Ibid.*, p. 587.

⑧　*CRG, CW*, XIX, p. 544.

門的作用具有最大的價值。爲應付極端的事例，也許需要擴大中央當局的權力，使它能夠解散當地議會，或免除當地負責官員的職務，然而中央行政當局却不能任命地方官員，或停止地方機構的職權。

再者，彌爾認爲應在不影響效率的前提下，儘可能將權力分散，但要儘可能將情報集中，並由一個中樞機構去傳播。如此，在都市行政中，就可使不宜由直接有關方面辦理的事情，在地方所選的官員間有非常詳細的分工。然而，除此之外，「在地方事務的每一部門中都要有一個中心來管理，成爲中央政府的一個機構。這種管理機構將如一個焦點，要把各地實施公務，外國採用類似措施，以及從政治科學的一般原則中所獲得的情報和經驗集中起來。這個中心機構有權明瞭一切地方所做的事，而它的特殊責任就是將一個地方所獲得的知識，介紹給其它地方。它旣有很高的地位和廣泛的視察範圍，可以擺脫地方卑劣的成見和狹隘的見解，它的意見就自會有很大的權威。但……做爲一個永久機構，它的實際權力應該限於迫使地方官員服從法律所規定指導他們的事項。在一般規則沒有規定的一切事情上，那些官員在對選民負責的情形下，應該被容許自作判斷。他們違反規則應該向法律負責，而規則也應該由議會去訂立。中央行政當局只能監督規則的執行，如果執行不當，也可以按照實際情況要求法院執行法律，或者要求選民罷免那些未能按照規則的精神去執行的官員。」[81] 而在搜集與交換情報上，最活躍的中央權威機構，由於給予地方團體勸告，甚至定下一般規則要它們遵守，因而對於使地方自

---

[81] *Liberty, CW*, XVIII, p. 309.

治成爲敎育人民的手段，不但不是障礙，而且是有助益。❷此因在管理細節方面，地方團體大體上是較淸楚，但在理論的了解方面，甚至在純粹地方管理的理論方面，只要中央政府組織健全，就比地方具有絕大優勢。❸

然而，彌爾雖然強調在處理攸關全國利益的事情時，中央政府的機關固然有充分的理由，具有行政上的強迫和擬訂輔助立法的權力，但以這些權力來管理純粹地方性的利益就全然失當了。換言之，地方團體對於地方的事務仍具完全而充分的自治權。

綜言之，彌爾認爲在有關全國利益之事務上，中央政府有指示權，而地方政府須遵從之。惟權力與行動必須地方化，而知識由於有益於全國人民，必須中央化。他指出：「權力可以分散，然而要使知識發生最佳的效用，就必須使它集中；所有分散的光線都應該由一個焦點去集中，由它把別處存在的斷續和帶有色彩的光線，加以必要的連貫和淨化。對於每一個影響一般利益的地方行政部門，中央都應該有一個相對的機構，由一位部長或其他特別指定的官員主持。」❹中央與地方兩個層次的政府，應是密切合作。中央政府固應設立一特殊部門以負責監督、諮詢與評鑑地方上所做的事情，與儲存各地方所需之有益的特殊知識，惟此一中央機構尤應監督與全國利益有關而交由地方執行的事務，但其權力亦僅止於監督地方官員遵守有關法令。此種監督型態的主要實例，就是英國「濟貧法律局」(the Poor Law Board) 對各

---

❷ J. S. Mill, "De Tocqueville on Democracy in America (II)", *CW*, XVIII, p. 169.

❸ *CRG, CW*, XIX, p. 543.

❹ *Ibid.*, p. 544.

地方的濟貧委員會（Local Guardians）所採取的監督形式。然而，在純粹有關地方利益的事務上，中央政府無權干涉地方政府，卽使地方政府可能犯錯，也要讓地方政府以它們自己的見解，管理地方事務，俾使它們能在錯誤中學習正確的知識，獲致進步。顯然，彌爾對中央政府與地方政府之關係的觀念，主要亦是將傳統的英國制度予以調整，以適應新工業時代的要求，而充分顯示其功利主義的改革思想型態。在 1871 年之後，英國組成了有效的中央權威以執行彌爾長期倡導的監督市政管理工作，由此可見彌爾對中央與地方關係的論述，顯然有其影響。惟於此，重要的是，彌爾認爲集權化的趨勢可由限制中央政府的權限於普遍的監督地方政府，使得地方的創發性不致受摧毀。而更重要的是，彌爾始終反對會導致地方團體乃至個人失去自主性與創造性的中央集權，而企圖以地方分權與自治來節制中央集權的專制傾向，以成爲促使社會與政治進步的動力。

第八章 思想的特性與評估

　　彌爾的民主思想充分顯示出其志不僅是要在固定與有限的目標上，力圖矯正偏差的觀念，改進與革新既存的英國民主制度，而且是要促使較理想的民主形式之實現，樹立代議民主的典型與模式，終而達到參與民主的最高理想。雖然彌爾的民主思想可以自成一個理論體系，❶但是其思想的主要目標不在建立經驗或規範的民主理論，而是在興利除弊的解決民主政治所可能帶來的問題，與引導民主政治走向比較健全合理的途徑。因此，從理論基礎到民主政府的設計，彌爾的民主思想顯示出其具有自己之特性。吾人分析彌爾民主思想所顯現與蘊含的特性，大致可歸納為崇理尚智，務實又具有理想色彩，以及折衷而周全等三個主要特性。

第一節　思想的特性

　　崇理尚智是彌爾民主思想的第一個特性。彌爾主張一個民主的社會，就是一個教育的社會，而教育的目標是要將人教導成一

---

❶　參閱 D. F. Thompson, *J. S. Mill and Representative Government*. 湯普森將彌爾的代議政府觀念，分析為具有參與與才能兩個原則，而這兩個原則又結合成政府論及發展論。

個理性人。❷再者，彌爾將其功利主義之質重於量的原則，加上其本身對歷史進步論的觀點，亦展示其獨特的崇理尚智民主思想於民主政府的論述中。

依彌爾的功利主義，一個有知識的人的判斷要優於一個沒有知識的人的判斷，而且價值也較高。依進步論，則知識或才智是人類進步的主動力，因此彌爾深切盼望在歷史上每一個演進階段的政府，能引導與發展人的理智。此種想法促使其進而想到設計與運用代議民主制度，使人受到前所未有之合理目標的管理，並且充分運用與提高人民的才智與道德。如此，接受非必然為善而是有其相對優缺點之民主時代的來臨，對彌爾而言，重要的是如何改進其可能有的弊病與缺點，而非在於完全的迎合或一味拒斥之，更非在於對民主思想的附會或曲解。在民主的社會與政治中，提供理性而開明的領導——選智與能——亦卽彌爾對民主的思考中一個嚴肅的主題。這個主題在防範多數專制與支持知識精英統治兩個重要的觀念下不斷延伸，而擴及整個民主政府的架構。他視多數人民傾向自私近利、平庸與愚昧，但寄望他們能支持知識精英的領導，並且在知識精英的教育下，開啓理性與慢慢地獲取民主所需的德行與才能。他認為知識精英的發言立論或討論辯難，可對民衆產生良好的教育作用，使得民衆學會理性的討論問題與知所選擇。他主張知識應與權力合一，有知識與有才能者應居於領導或統治的地位。

在民主政府的設計中，比例代表制與複票制乃至貴族院的改組為政治家議院，皆在確保高級知識分子的政治地位以節制多數

---

❷ 參閱 F. W. Garforth, *Educative Democracy*: *John Stuart Mill on Education in Society*.

專制，教育民衆；而在立法委員會與專家政府的構想中，也力求智者與能者在位，以確保立法與行政的品質。同時，他也期望投票行爲應爲決心受理性主宰的人所做的理性決定，從而甚至主張公開投票，以示大公。顯然，在彌爾的觀念中，理性與智慧具有很高的價值，而在民主制度中必須充分運用與融合理性與智慧。如觀念經由社會與政治生活中理性的討論過程，成爲促進公民教育與政治才能的主動力，這個假定就遍佈於彌爾的民主思想中。

務實而又具有理想主義色彩是彌爾民主思想的第二個特性。由於對實際的政治問題非常關切，彌爾絕不只是一個冷靜的分析家，他的民主政府設計主要即是基於實際的考慮提出可行的改革建議，而非基於純粹政治哲學的思考興趣與形而上的問題探討。他所提出的種種改革建議，主要即是意圖致力於以較廣泛的人類利益，修正與詮釋邊沁的功利主義傳統之實際成果。然而，彌爾雖然是以實際的眼光看問題，代議政府的設計固然多少具有精英民主甚或訓導民主的色彩，但最終的理想畢竟是自由民主或參與民主。進步論是彌爾民主思想的礎石之一，他總希望人類不斷獲得改善，以實現進步。他認爲每個人易於有理想，他自己也不例外。普拉曼那玆（John Plamenatz, 1912～1975）就曾指出彌爾富於理想，「當他想到他正以最大的熱忱支持某論點時，他可以完全拋棄另外一種學說……。」❸事實上，彌爾也充滿了理想主義的色形，當他聽到法國 1830 年與 1848 年革命的消息時，都欣喜若狂；當他看到海爾設計的比例代表制時，也興奮得掃清了多

---

❸ John Plamenatz, *The English Utilitarians*, p. 22.

年來對多數專制的擔憂與愁悶。對他所嚮往與喜好的事物，總是給予最高的讚美，對他所厭惡與排斥的事物，總是給予最多的譴責。在一接觸邊沁功利主義的著作時，他立即有了一種宗教，一種哲學，一種信條，但在發生精神危機後，又從浪漫主義的詩與著作尋找情感的慰藉，而發現邊沁的功利主義偏於冷酷理性的弊病。因此，杜威爾（R. S. Dower）更指出：「彌爾是一位經驗哲學家，但他幾乎變成一位理想主義者。」❹

從彌爾的自由論與政府論，也可看出彌爾的理想主義色彩。彌爾相信無限制的意見與討論自由可以帶來社會的進步，促成個性與幸福的生活；政府的主要目的之一是促進人民才智與道德的進步，而多數人的政府最有助於形成主動積極的性格。民主最終的理想是：在一自由的社會中，人民無論男女，皆享有平等的政治權利與義務，獲得自我的實現。惟彌爾的經驗主義冲淡了其理想主義的思想成分。他對人類社會與實際政治的觀察，使他深知進步是由不斷的改進現有的缺點而獲致。理想並非一蹴可及；當改善來臨時，也只有非常緩慢地來臨，而且處處是一點一滴的實現，而非美麗新世界的驟然呈現。因此，他未提出烏托邦的觀念，也未提出到達完美社會的捷徑。他既非空想家亦非革命家，而是一個務實而又具有理想主義色彩的改革家。因此，他雖然具有自由民主的理想，但有關自由與民主社會的理想之論述，是很少明顯而詳細地述及，甚至是隱而未發的。他的思想焦點是集中

---

❹ Robert S. Dower, "John Stuart Mill and the Philosophical Radicals", *The Social and Political Ideas of Some Representative Thinkers of the Age of Reaction and Reconstruction*, ed. by F. J. C. Hearnshaw, p. 132.

於現階段的改革，與連接現階段與未來美好社會的下一階段。

　　華特金士 (F. M. Watkins) 教授即曾論及：「彌爾的政治觀點幾乎不能不受其（殖民地管理）經驗之染色。然而，此亦使之立於一相當獨特的立場，就像許多十九世紀的自由主義者，他信仰自由與民主是基本的人類價值，而同時又服務於既不自由又不民主的殖民政權。此矛盾只有假定殖民地的人民太落後，不能處理自己的事務，而歐洲的殖民統治者是較先進文明之代表人，其功能是在給予殖民地人民負起自治政府的責任前所需的教育，才能解決。因此，殖民地的管理者是熟悉於運用具有特殊資格的少數，來為多數統治鋪路的觀念。彌爾的『論代議政府』即反映了此思想路線。」❺

　　無論如何，彌爾的民主思想雖具有殖民與訓政的色彩，但畢竟是結合了自由主義與民主政治的理想。他總想到美好的未來的可能性，但他的理想主義並未使他不注意眼前的問題與危險。❻因此，他一方面歡迎民主時代的來臨，另一方面又思考如何克服與解決民主實際上存在或可能有的弊害與缺點。只有了解到彌爾此種務實而又具有理想主義的思想特性，才能正確了解到他對民主的思考與複雜情感。

　　折衷而周全是彌爾民主思想的第三個特性。許多研究彌爾的學者，都認為彌爾的思想具有折衷的特性。事實上，彌爾本人亦

❺ F. M. Watkins, *The Age of Ideology*: *Political Thought*, *1750 to the Present* (Englewood, Cliffs, New Jersey: Prentice-Hall, Inc., 1965), p. 62.

❻ G. Duncan, "John Stuart Mill and Democracy", *Politics*, Vol. IV, No. 1 (May 1968), p. 82.

認為武斷的哲學本身就應該是被排斥的事物，因此他的民主思想也的確具有折衷的特性。從其思想來源的寬廣與多面性，就可看出彌爾成熟時期的思想是不執於一端的，而總想從各種思想來源汲取其最好的成分，卽使是從兩種對立的思想如邊沁的功利主義與柯立芝的保守主義中，他也可以分別找出其優點，而加以發揮。拉斯基(Harold Laski) 甚至認為：「沒有人可以辨清彌爾，彌爾自己也不了解其思想的形成是受到如何廣泛的影響……」❼

再者，哈立德 (R. J. Halliday) 指出：「彌爾構想的政治理論很少有最終的定論，他有興趣的是不斷維持運作，而非達到特定的終點。就此而言，每個極端出現時就可加以抵制，而每個激烈的爭論都能被溫和地化為同意。這就是彌爾的折衷主義及其做為一個政治思想家最為持續的關注。和諧確實是他的基本價值。儘管彌爾強調觀察法、分析與歸納，而且至少在政治上一直具有科學哲學家的聲譽，但是他事實上是熟記着時、地與環境的限制。他認清了技能只能應用於有限的地方，而知識就像經驗本身，從不可能完整無缺。以他的意見來說，判斷的藝術不能與根植於特殊情況的限制分開；雖然政治並非只是在追求日常所出現的事物，但是從政者不得不逐案與就各個問題，實際地去處理到手的確定事物。這有助於解釋彌爾能夠關照的主張，範圍廣泛而且種類繁多。他堅定的信仰：在政治上有時是某種理論正確，有時是另一種理論正確，而必然要使用適合某一特定時間的理論。因此，武斷主義永遠是他的敵人，而他審慎又半信半疑的悲觀主義，正與他的決定維持開放的心靈相配合，此所以彌爾雖時常可

---

❼ H. Laski, "Introduction", J. S. Mill, *Autobiography* (Oxford：Oxford University Press, 1924), pp. xiv-xv.

能發出不平之鳴，　但他同時也預備學習。」❽　林賽（A. D. Lindsay）也指出：「很少有思想家像彌爾一樣，對於許多相異的意見如此包容與同情。他繼承功利主義傳統，實現了其父親的希望，但是，……他所主張的是有所不同的功利主義。折衷主義是彌爾著作的優點，也是弱點——優點是……其思想的廣受歡迎主要是由於顯著同情於相對立學派間最好的論點，弱點是由於其思想時常與同情心並行而致思想不一致與缺乏眞正的明確。」❾

　　然而，更重要的是，誠如湯普森所指出的：「彌爾的民主理論結構反映出折衷主義……。彌爾本人不僅承認採取折衷的研究途徑，而且宣稱折衷是哲學必要與可欲的特點。有些哲學家，如邊沁呈現出對世界的一偏之見，一心追求狹隘界定的一套人性前提的邏輯結論。這些『半面眞理思想家』（"half-thinkers"）很清楚地看見了世界的某些方面，但是他們的著作必須由『更周全的思想家』（more complete thinkers,　如彌爾）加以補充，因爲更周全的思想家增添了其他哲學家的見識。」❿ 在彌爾的民主思想中，　卽呈現出折衷而周全的特性。　就彌爾對民主政府的設計而言，他是綜合了參與與才能兩個原則，而未陷於一偏。如果執着於參與原則，就會走向純粹民主或大衆民主的結論；如果執着於才能原則就會走向精英主義的民主理論。但是彌爾對政治理論性

❽ R. J. Halliday, *John Stuart Mill*, pp. 142-143.

❾ A. D. Lindsay, "Introduction", J.S. Mill, *Utilitarianism, Liberty, Representative Government*, p. vii.

❿ D. F. Thompson, *op. cit.*, pp. 177-178. 並請參閱 G. Duncan, *Marx and Mill : Two Views of Social Conflict and Social Harmony*, pp. 209-212.

質的一般觀點以及其民主理論的整個架構，顯示出綜合的確是他的目標，而其理論或思想主張實不能以現在所使用的參與民主或精英民主的名詞正確地加以描述。

　　擴充言之，以麥克佛森所提出的自由民主模式而言，彌爾的民主思想即兼具了四種民主模式——保障性民主（protective democracy）、發展性民主（developmental democracy）、平衡性民主（equilibrium democracy）與參與性民主（participatory democracy）——的特點。❶保障性民主是視民主政府最主要的功能是在保障人民的利益，發展性民主是視民主政治有助於改善人類的情況，而且將民主社會與國家視爲具有道德理想性質。平衡性民主亦可稱爲「多元主義的精英平衡模式」(the pluralist elitist equilibrium model)，是視公民爲政治市場上具有不同需求的消費者，並且視爭取公民選票的從政者間的競爭爲民主體系的動力，而民主政治的功能即在平衡各公民團體所積極爭取的利益。參與性民主是要求公民普遍參與政府決策的觀念。顯然，彌爾的民主思想在主張政府是具有保障人民利益與教育人民的目標上，即含攝了保障性與發展性民主觀念。此外，在彌爾的思想中，同樣重要的是，他亦關切在現代國家中強大與相爭的勢力間形成一種平衡。對他而言，工業社會似乎是階級乃至具有不同目的的團體的猛烈鬥爭。鑒於這種鬥爭，只有在政府的「組織使得沒有一個階級，乃至人數最多的階級，不能去除所有其他階級的政治影

---

❶　參閱 C. B. Macpherson, *The Life and Times of Liberal Democracy.* 麥克佛森認爲彌爾是發展性民主的代表人之一，但彌爾的民主思想實不僅限於改善人的道德才智。

響力」時⑫，民主才能提供最佳的政府形式。而民主也必須如此
運作，使得多元利益產生作用，以防止任何一種勢力主宰所有其
他勢力。彌爾所談論的政治機構，大多是有關想要使得社會中的
單一利益不能獨佔權力，而時常是很複雜的手段。就他的目的而
言，他一直深信：相抗衡的利益存在是政治自由存續所不可或缺
的。如此，彌爾顯然具有平衡利益乃至平衡性民主的觀念。在參
與民主方面，彌爾亦主張人民參與地方自治、陪審與工作場所的
管理（工業民主），以做為參與全國政治的準備，而參與民主甚
至可說是其最終的民主理想。因此，彌爾的民主思想包括對民主
政府的設計，可謂考慮得相當周全。況且，在論民主的條件時，
彌爾亦結合了民族主義、自由主義與民主主義的觀念。

　　以下吾人即就彌爾的民主思想與現代民主理論做一比較分析
與評估，以了解彌爾民主思想的重要性與影響，同時亦可看出彌
爾的民主思想顯然比現代民主理論周全。

第二節　彌爾的民主思想與現代民主理論

　　在二十世紀的前半葉，英美的自由民主理論家大多追隨彌爾
的民主思想，雖然他們除去了彌爾的複票制主張，但是對於民主
理想所提出的論據，大致與彌爾相似，甚至更富於道德色彩，也
更不實際。無論是持新唯心主義立場的巴克（E. Barker），林賽
（A. D. Lindsay）與麥基佛（R. M. MacIver, 1882～1970）或倡
導實用主義的杜威（J. Dewey, 1859～1952）都憧憬着具有道德

---

⑫　*CRG, CW*, XIX, p. 467.

理想性質的福利民主國家，也都具有多元主義的道德社會觀，而無視於社會中存在的階級分立與剝削事實，也未正視資本主義市場社會與發展自我的民主理想間存在的矛盾。他們的確都是主張以教育與應用實驗與思想交流的方法，來提高社會的知識水準與孕育培養科學態度，從而使得民主社會更爲完美。但是，由於他們過分肯定人的善意與理性，又未發覺政黨制度的運作，使得政府可以減低對選民的直接反應性，同時也將社會與國家描述得過分理想化，甚少觸及經驗世界的事實⓭，因此，旋卽出現了至今仍頗爲流行的精英主義民主理論。

過去幾十年，精英主義民主理論一直是民主學術論著中的主流。此一理論最早是在 1942 年，由熊彼得在其《資本主義、社會主義與民主政治》一書中提出。⓮熊彼得的理論指出民主政治的特點是領導者競相爭取政治職位，而限定人民的角色是在定期選舉中選擇其領導者，或產生政府。⓯換言之，在熊彼得的觀念中，人民選擇代表或執政者的角色重於對政策問題的決定，而民主政治的重心是在精英角逐政治職位。而「從熊彼得之後，西方許多政治思想家都開始將精英理論與民主思想調和，他們的目的是希望建立一個經驗民主理論，足以解釋民主政治的運作『過程』。因此，從熊彼得爲先導的修正民主理論，其要點是不管民主的『價值』與『設計』是否完美，而以民主政治的實際運作爲探討焦點。基本上，他們將精英理論中的『精英流轉』之觀念，

⓭ C. B. Macpherson, *op. cit.*, pp. 6–76.

⓮ 參閱 *Ibid.*, p. 77, and D. F. Thompson, *op. cit.*, p. 192.

⓯ Joseph A. Schumpeter, *Capitalism, Socialism and Democracy*, 3rd ed., p. 269 and p. 272.

運用到民主政體，強調政治過程應以精英控制及精英之間彼此競爭爲基礎。進一步提出在民主政治中，參與競爭的民主精英之間，對於民主有相同的政治價值，並成爲他們的信念的一部分，即所謂民主的共識。將精英理論納入民主理論的學者認爲這種對傳統民主思想的修正，一方面將必須能眞實地解釋民主國家的政治現象，另一方面能夠將對維持民主政治有重大貢獻的專業化及特殊才能的精英納入民主理論，加以考慮。無論如何，自本世紀40 年代以降，精英理論與民主理論的滙合，已成爲當代民主思想的特色之一。」 ⑯ 由於精英民主理論主要是根據學者的經驗研究與調查而建立的模式，因此大體上是相當正確地描述與多少解釋了西方民主國家政治體系的實際運作。而追隨熊彼得之後的現代民主理論家有些固然鼓勵更多的公民參與，也有些反對大量的參與，但他們都視精英或領導階層的性質是民主理論主要關切的問題。⑰

　　同時，當代有些民主理論家，尤其是多元主義者，將他們的

---

⑯　彭懷恩著，《精英民主理論評介》（臺北，正中書局，民國七十二年），頁一七～一八。

⑰　精英主義的民主理論家，除熊彼得外，尙包括: Bernard R. Berelson, et al., *Voting* (Chicago: The University of Chicago Press, 1954); Robert A. Dahl, *A Preface to Democratic Toeory* (Chicago: The University of Chicago Press, 1956), and *Who Governs: Democracy and Power in an American City* (New Haven: Yale University Press, 1961); John Plamenatz, "Electoral Studies and Democratic theory: A British View", *Political Studies*, Vol. VI (February 1958), pp. 1-9; Seymour Martin Lipset, *Political Man*: *The Social Bases of Politics*, expanded

理論擴展至包含團體政治 (group politics)。⑱ 熊彼得認爲在非選舉期間， 政治背後並沒有動力存在， 但多元主義者認爲政黨與壓力團體是多少不斷影響政府的工具。他們相信這些團體雖然只包括較少的公民，但足以促使領導者注意社會中所有重要的問題，而這種「多重少數決」(minorities rule) 使得政策的制定儘可能符合普遍的利益。⑲

然而，現代也有些學者批判精英主義民主理論家與同夥的多元主義理論家。⑳ 批評者指控精英主義理論家忽視了參與的教育

(續)and updated edition (Baltimore, Maryland: The Johns Hopkins University Press, 1981); V. O. Key, *Public Opinion and American Democracy* (New York: Alfred A. Knopf, 1961);and Giovanni Sartori, *Democratic Theory* (New York: Frederick A. Praeger, 1965).

⑱ 最常被提及的多元主義者如下： Arthur F. Bentley, *The Process of Government* (Bloomington, Ind.: Principia Press, 1949); David Truman, *The Governmental Process* (New York: Alfred A. Knopf, 1951); Nelson W. Polsby, *Community Power and Political Theory* (New Haven: Yale University Press, 1963); and Robert A. Dahl, *op. cit.*

⑲ 「多重少數決」(minorities rule) 是道爾 (Robert A. Dahl) 所創的名詞，意指許多個少數團體在某一政策上具有共同的立場，而形成多數，以致使該政策被制定。參閱 R. A. Dahl, *A Preface to Democratic Theory*, p. 132.

⑳ 批判精英主義與多元主義民主理論者如下： Grame Duncan and Steven Lukes, "The New Democracy", *Political Studies*, Vol. XI (June 1963), pp. 156-177; Lane Davis, "The Cost of Real-ism", *Western Political Quarterly* Vol. XVII (March 1964), pp. 37-46; T. B. Bottomore, *Elites and Society* (London: Watts, 1964), pp. 105-121; Christian Bay, "Politics and Pseudopolitics:

目標，只注意於參與的保障利益功能，而且通常對民主採取靜態的觀念，強調穩定而非改善。基於這兩個理由，精英主義理論家不能認識到參與機會的增加是可能，而且是可欲的。彌爾的公民教育論證、進步論到參與原則則提供了認識參與之重要性的基礎。因此，彌爾對民主政府的設計比熊彼得與其他大多數精英主義民主理論家賦予公民更大的角色。例如：在彌爾的觀念中，公民在選擇代表時必須考慮問題，而且在非選舉期間多少仍要控制他們的代表，同時也要參與地方自治。因此，彌爾的民主思想無異亦對有些精英主義理論家所使用的公民冷漠的論證，提出了辯駁，而且對於多元主義者對團體政治會有好結果的信心表示疑問。彌爾認為參與可促進公民的公共精神，精英可發揮平衡利益的效果，這都是當代的精英主義與多元主義民主理論家未適當加以考慮的。卽使批判精英主義與多元主義民主理論的學者提出了比彌

(續) A Critical Evaluation of Some Behavioral Literature", *American Political Science Review*, Vol. LIX (March 1965), pp. 39-51; Jack L. Walker, "A Critique of the Elitist Theory of Democracy", *American Political Science Review*, Vol. LX (June 1966), pp. 285-295; Charles Taylor, "Neutrality in Political Science", in Peter Laslett and W. G. Runciman (eds.), *Philosophy, Politics and Society*, 3rd series (Oxford: Basil Blackwell, 1972), pp. 25-57; Peter Bachrach, *The Theory of Democratic Elitism: A Critique* (Boston: Little, Brown & Company, 1967), pp. 10-64; J. Peter Euben, "Political Science and Political Silence", in Philip Green and Sanford Levinson (eds.), *Power and Community: Dissenting Essays in Political Science* (New York: Random House, Incy, 1969), pp. 3-58; and Carole Pateman, *Participation and Democratic Theory*, pp. 1-21.

爾更充分的批評理由或論點，但沒有一個批判者像彌爾一樣提出
了完整的民主理論。例如，彌爾認爲代議政府可促使人民進步的
觀念，這是完整的民主理論所必要的論點，而且他也認爲對民主
僅採取平衡利益的觀點是不周全的。二十世紀大多數的民主理論
家只要基於彌爾的精神贊成公民參與者，似乎也都在尋求類似彌
爾的進步論，但是大多數精英主義民主理論家都拒斥民主會發展
人的才智與道德的理論。然而，批判精英主義者雖指出精英主義
忽略人的改善，却未就他們的反對理由像彌爾一樣試着去建立民
主理論的基礎。有些批判者甚至未看出類似彌爾的進步理論是支
持更多的參與所必要的。

　　此外，對於批評精英主義民主理論的理由，彌爾還增加了爲
人所忽視的另一重要理由。雖然大多數反對精英主義民主理論的
主張都振振有辭，但他們都未掌握促使精英主義者修正古典的民
主理論的首要理由——有才能者的領導是必要的而且是可欲的。
有些批評者似乎構想着一個羣龍無首的公民社會，每個人都實現
其自治的潛能，而不受任何優越權威的限制。由於批評精英主義
者急於在民主理論中恢復參與原則的適當地位，而致不能爲才能
原則保留適當的位置。而彌爾的民主思想則具有保存與注重批判
精英主義者所強調的參與，而又承認精英主義民主理論家強調才
能重要性的重大優點。這種將參與和才能的價值結合在一個概念
架構中的思想，對現代民主理論不但是一種有力的補充，而且具
有重大的啓發作用。道爾（Robert A. Dahl）與羅爾士（John
Rawls, b. 1921）即都開列自由民主的基本原則，而試圖將這些
原則排列優先順序而形成民主理論。㉑

㉑ Dennis F. Thompson, *The Democratic Citizen: Social Science*

　　再者，由於競爭性的精英政黨制度，可否使得政治商品的供需形成「最適宜的平衡」，與提供某種程度的公民「消費者主權」，實不無疑問，因此現代的精英主義民主理論是否能爲西方的自由民主提供正確與適當的辯護，亦有待商榷。尤其，自 1960 與 70 年代以來，由於西方人民已逐漸感受到寡頭集團壟斷經濟乃至政治所帶來的問題嚴重，精英主義民主理論的適當與否逐日益受到懷疑。簡言之，精英主義民主理論即使是良好的政治模式，但仍不夠民主。因此，自 1960 年代以來，已有了「參與民主」運動的發生。而麥克佛森即在「自由民主的時代與經驗」一書中，提出了參與民主的理論。❷❷ 依麥克佛森之見，西方國家目前要邁向參與民主必須有二個先決條件：①人民由扮演消費者的角色轉變爲運用與發展自己的潛能者，亦即要有較強烈的社羣感以激發政治參與；②大量去除社會與經濟不平等現象。❷❸ 這些觀念顯然也都是彌爾早在一百多年前就已提出的。由此可見，彌爾對民主的思考可謂面面俱到，才能在許多方面開啓或超越了現代的民主理論。

　　湯普森在研究彌爾的代議政府觀念後，即指出：「儘管彌爾

(續)*and Democratic Theory in the 20th Century* (Cambridge, England: Cambridge University Press, 1970), pp. 19–22 and 23–24; Dennis F. Thompson, *John Stuart Mill and Representative Government*, pp. 196–198; R. A. Dahl, *After the Revolution: Authority in a Good Society* (New Haven: Yale University Press, 1970); and John Rawls, *A Theory of Justice* (Cambridge, Mass: Harvard University Press, 1971.).

❷❷ C. B. Macpherson, *op. cit.*, pp. 93–115.

❷❸ *Ibid.*, pp. 99–100.

的民主理論有其缺點，但在許多方面仍比當代民主理論優越。彌爾的民主理論仍能做為辨別現代理論缺點的指引，以及未來發展民主理論的基礎。彌爾不僅早就提出現在對於當代民主理論的許多批評論點，而且更重要的是，創造了包含批評論點以及批評者所忽視的重要價值觀念的理論架構。因此，思考代議民主現在與未來狀況的人，如果漠視《論代議政府》的教導，將是很不智的。」❷ 無論如何，彌爾的民主理論即使不能令人完全滿意，但在經過一個多世紀後，仍可做為現代民主理論有價值的來源。而民主理論的發展實應走向彌爾所指出的方向——應然與實然並重，以及參與與才能並重。

第三節　思想的評估

彌爾的民主思想雖相當周全，甚至有值得現代民主理論取法之處，但是並非無可批評。再者，彌爾雖拒絕對應然與實然的理論加以區分，因此，他的民主理論不能簡單地劃分為經驗與規範的部分，但是他畢竟是個經驗主義者，歡迎後來的人試圖評估其民主理論在經驗上的正確性，「彌爾指出在他的時代任何民主理論，都應由『後來的思想家與準確的觀察家』，證諸『未來的經驗』，重新加以思考。」❷ 湯普森也指出：「要在目前適當地討論民主理論，而不顧及行為主義的社會科學之發現是不可能的，但是當我們考慮這些發現時，仍應會重民主理論的傳統目標；我

---

❷ D. F. Thompson, *John Stuart Mill and Representative Government*, p. 201.

❷ *Ibid.*, p. 3.

們仍應保留民主理論的評價面與規範面。當我們以行為主義的社會科學來辯護或修正民主理論時，民主理論所含的價值標準與經驗所得的知識，我們都應給予適當的重視。」❷因此，吾人對彌爾民主思想的批評在有調查研究的發現或其他經驗作證據時，將用之來評估彌爾的民主思想在經驗上的正確性，另一方面對涉及規範價值的論點，亦加以概要評論，並指出其優缺點。

一、理論基礎

在理論基礎部分，彌爾的人性論雖認為有可能建立人性科學或法則，但他對人性的論述，並非很有系統，而只是將一些社會現象化約為心理現象，而說成是人性法則。例如，他認為任何人或任何階級只要掌握權力，就會用以追求私利。基本上，彌爾認為人是追求快樂與私利的動物，但是也具有社會情感。再者，人性與環境是交互影響，而在較好的環境下，人性會有較好的表現。因此，人性是可塑造的，而彌爾主張：人性最好是在良好的教育與社會環境中自由發展。由此可見，彌爾亦了解到人性的複雜，而未執着於性善或性惡說，也未對人性形成固定不變的觀點，以致有時不相信多數人的必然為善為理性，有時又希望多數人在受到少數精英或良好的教育影響下，會有理性與利他的表現，這也造成彌爾對民主形成既不排斥又不完全接受的複雜情感。然而，依彭諾克 (J. Roland Pennock) 之見：「一個周延的民主理論，其對於人性的假設必須是多元的，抱持此種信念並不

---

❷ D. F. Thompson. *The Democratic Citizen: Social Science and Democratic Theory in the 20th Century,* p. 96.

是一種缺點，反之是適當地認識到人類的複雜性。」❷ 如此，彌爾雖未建立有系統的人性論，但是的確掌握到人性的複雜現象。同時，這也可說明彌爾爲何在《邏輯體系》中，只提出「人品學」(Ethology) 的大綱，而未建立旨在連接心理學與社會學的人品學，❷ 致使他對人性的觀點並不十分明確。

此外，彌爾的心理學是以聯想律爲基礎，他認爲人心有一種自然的趨勢會將道德義務感與通常產生最大快樂的行爲聯結起來。但是，聯想心理學的主要理論是認爲觀念類似身體上分開的各部，由骨骼把它們連接起來，這樣的類比思想就人類精神活動的某種範圍來說，可證明是正確有效的，如有些人從讀書聯想到快樂或痛苦，但是如果再做進一步的詳細研究，就可看出此一類比不適用於若干精神上的活動過程，因爲在人們精神的活動過程中，有些根本就不需要經過若干分開的觀念聯繫而構成。❷ 如有些人求仁得仁，有些人明哲保身，只是基於自己的道德價值觀念，並未與苦樂或其他觀念相連。

彌爾對功利主義的詮釋，有些部分亦是以聯想心理學爲基礎，如他認爲應使人由美德而聯想到快樂，由無美德而聯想到痛

---

❷ J. R. Pennock, *Democratic Political Theory* (Princeton, New Jersey: Princeton University Press, 1979), pp. 525–526.

❷ 彌爾的「人品學」是指根據心理學原則，對於人的個性的形成所做的研究。在彌爾的觀念中，心理學爲研究社會現象及建立一切社會科學之基礎，但由於他並未建立有系統的心理原則或人性法則，因此人品學亦僅成爲他的初步構想而已。參閱 *Logic, CW*, VIII, pp. 861–874.

❷ 勞伯‧蕭勒士著，林炳錚譯，《如何使思想正確》（臺北，協志工業叢書出版公司，民國七十年十四版），頁九三～九四。

苦，使人追求美德等於追求快樂。這種觀念似乎過於理想化，因
爲很多人都向美德鞠躬，然後走開，而未必是快樂地走向美德。
況且，彌爾認爲快樂是人之唯一大欲與人生最高目的，另一方面
又認爲追求快樂不應以快樂爲直接目的，並且要人爲善而行善，
如此快樂究竟是否爲人生最高目的，即變爲不明確，也使原來簡
單明瞭的功利主義變得晦澀難解。雖然彌爾把追求人類或別人的
快樂詮釋爲一種美德或善，但人爲何要追求別人的快樂而不追求
自己的快樂呢？依彌爾之見，自己的快樂可以建築在別人的快樂
上面，但事實上要追求別人的快樂，常需犧牲自己的快樂，而且
別人與自己對快樂的看法可能不同。如此，追求別人的快樂未必
帶來自己或別人的快樂。如果說利他是追求別人的快樂，但利他
是屬於道德的範疇，而非純粹的快樂主義，甚或與一己的快樂無
關。即使自己的快樂可以建立在別人的快樂之上，但究竟何者是
目的，也是一個問題。

　　再者，功利主義的道德基礎是建立在苦樂的經驗上，而苦樂
可否由同一標準來加以量化或排列等級，實爲一大問題。以少數
人強烈的痛苦爲代價，來換取多數人的快樂，這是否道德，也
是問題。彌爾本身即認爲少數人不應由於多數人無知的快樂而受
苦，因此認爲對快樂除了量的考慮外，還要加上質的考慮，如此
在計算或做選擇時，質如何處理呢？是以品質高低爲取捨呢？還
是將質也量化呢？如果是前者，則功利主義的基本原則已失去意
義。如果是後者，則質如何量化呢？這似乎沒有一客觀的標準可
循。而依彌爾之見，對快樂的選擇，要以有知識、有道德與有經
驗者的判斷爲準。如此，功利主義道德律最後的標準也是在少數
知識精英內心的主觀感受，而非最大多數人的最大快樂。如以少

數知識精英爲功利主義價值的判斷者，則功利主義在邏輯上即不必然導致民主政治的結論。開明而仁慈的貴族政治一樣符合此一原則。因此，彌爾以功利主義做爲民主政治的前提，可能是從聯想而非邏輯推理而來——由功利主義聯想到民主政治與參與原則，由質的限制聯想到精英統治與才能原則。

　　彌爾的進步論顯示出強烈的唯心主義色彩。他強調知識是進步的動力、條件與標準。但他對進步的條件的論述，在不同的著作中，指出不同的條件，而除知識與道德能力外，尚有限制人口、解放婦女、政治制度或政府形式、社會穩定、自由、合作與社會情感等條件。雖然他未像黑格爾一樣指出觀念是決定歷史進展的唯一因素，也未像馬克思一樣指出決定歷史進展的唯一因素是物質或經濟條件，但他列舉了許多因素與條件，却未辨明這些條件的優先順序，也未分清這些條件相互間的關連性。如合作與社會情感實際上是相關而可合併在一起的因素或條件，同時，合作精神與社會情感也可能是人類進步的產物，而未必是條件。因此，彌爾的進步論並非有系統的理論。再者，彌爾的進步論隱含一直線進步的歷史觀，而且帶有濃厚的價值觀念。如他認爲除了偶然或暫時的例外，歷史是不斷的改善，並且是朝好而快樂的方向發展。彌爾甚至認爲物質文明會發展至一理想的靜態社會，但是人類的精神仍會不斷的改善。然而，歷史證明自有人類社會以來即有人與人之間不斷的衝突，彌爾生活在大英帝國國勢強盛與和平時期，未感受到人類社會之間強大的衝突；他不能想見二十世紀尚有兩次世界大戰的爆發，而目前的核子戰爭威脅更使人類的前途與命運蒙上一層可怕的陰影。即使核子戰爭不可能爆發，現代人類也面臨着環境污染與能源危機，乃至工業社會下精神空虛苦

悶的問題。雖然科學知識是在進步，但是人文精神與道德精神仍亟待建立。人類面對的仍是一個不確定的未來，而未必在邁向彌爾理想中的社會。此外，彌爾認為自然社會或理想的社會是由最適於統治的知識精英統治，運用社會的主要權威，這是個具有個人主觀價值觀念的理想，而未合乎歷史事實。此因最有知識者未必願意也未必能夠擔任統治者，而統治者也未必是最有知識者。雖然歷史上是有聖君賢相的出現，但也有昏君愚臣的存在，更普遍的是僅具平庸之資者亦擔任統治者。而歷史的發展是否可分為自然社會與變遷社會的交替演進，也是個問題。只是彌爾的進步史觀並未使其陷於獨斷論，因為他雖然相信社會進步的可能性與可欲性，但不相信進步的必然性。況且，他認為人類社會的進步是漸進的，而非戲劇性的突飛猛進。這使得他的進步論即使未必科學，但却是正確而有益的人生觀。更重要的是，彌爾指出隨着人類的進步，應有相對應的政治制度，而政治制度也可促進人類的改善，這使他對實施民主政治的意義與條件有了相當深刻而特出的認識。

　　在自由論上，彌爾最有價值的論點是：民主政府的背後，必須有一個自由的社會。他指出民主政治帶來多數統治，而在教育不完善的情況下，多數統治可能變成多數專制。多數專制最可怕的不是政治上的專制，而是帶來社會專制。在社會專制的幽靈下，不僅壓制新觀念的出現，而且使得個人，尤其是傑出的知識精英不能吸收到自由發揮個性與才能的空氣，乃至使社會進步停滯。雖然彌爾以「涉己」與「涉人」來劃分自由的範圍，並不恰當，但是他堅持意見與討論自由的論證至今仍鏗鏘有力，而且現代民主國家的憲法也都保障人民的言論自由。只是，彌爾似乎過

於強調「歧異」(diversity) 的作用。在一個僵化或「禮教吃人」
的社會，強調歧異或許可以促成社會的進步，但是一個社會的存
在畢竟需要有成員對其基本規範的同意或共識，如果過分強調歧
異，恐怕會破壞共識乃至社會存續所需的基本規範。就此而言，
彌爾只注意到需要維護個人自由以對抗社會專制，却未想到無限
的意見與討論自由也可能破壞社會的基本規範或共識。尤其在一
個社會遭遇分裂或紛亂的危機時，無限的意見與討論自由恐怕會
增加混亂和無序，而不是帶來社會的新生。

況且，誠如政治社會學大師李普塞 (S. M. Lipset, b. 1922)
所指出的：「穩定的民主政治需要衝突或分歧，俾有統治地位的
爭奪，對執政黨的挑戰，以及執政黨的轉換。……然而，衝突必
須節之以共識，或競爭者普遍的同意。」[30] 在一個民主的國家
中，對於民主程序的運作，應有基本的共識，而衝突必須在社會
可容受的範圍或共識的基礎上進行，如果任由反民主、反自由的
意見在社會中毫無限制的發展與傳播，則民主的基礎難免受到影
響或動搖。因此，彌爾主張無限制的意見與討論自由，未免失之
過激，也未免過於理想化。

二、民主的意義與條件

在民主的意義與條件方面，彌爾做了較有系統也較詳盡的論
述。而誠如我國已故政治學者鄒文海先生所指出的：「彌爾《代
議政體之探討》，其貢獻不在於內容的詳博，而在於論代議制的

---

[30] S. M. Lipset, *Political Man*: *The Social Bases of Politics*, An
Adaptation (Bombay: Vakils, Feffer and Simons Private, Ltd.,
1963), p. 156.

條件。」❸ 況且，彌爾認為民主政治的實施是與時間、地點及環境有關的問題。析言之，彌爾指出實施民主政治，必須具有社會心理基礎、民族文化條件、社會經濟與環境條件。就此而言，誠如塞班(George H. Sabine) 所指出的：彌爾掌握了兩個周密而重要的觀念，①政治制度依賴社會制度，與②社會的心理性質。❸ 而現代民主政治的經驗研究則指出：「民主政治在……現代化社會中實施得最成功。在這些社會中，主要的社會與經濟衝突已被經濟成長的成效所解決或緩和。民主政治似乎太脆弱，而不能生存於有着種種衝突存在的較貧窮落後的社會環境中。」❸ 李普塞亦指出：經濟發展與民主政治，具有很高的相關性；並且特別強調教育是民主政治的必要條件。❸ 顯然，民主政治的經驗研究證實彌爾對民主需要有社會經濟條件做基礎的論點。

　　然而，並非所有當代學者都同意社會經濟的不斷發展是與民主政治的不斷發展永遠相關。因為一旦社會經濟發展到某一階段時，其他因素在決定民主政治的發展與實施上即變得更重要。況且，非民主的國家在社會經濟發展的指標上，亦有其中之一種或一種以上的指標是高度發展。有些學者甚至論稱：經濟發展由於其規模龐大，技術複雜，非個人性與官僚化，有時迫使人逃避自

---

❸　鄒文海遺著，《西洋政治思想史稿》，頁四〇一；並請參閱 J. H. Burns, "J. S. Mill and Democracy, 1829–61: II", *Political Studies*, Vol. V, No. 3 (October 1957), p. 292.

❸　G. H. Sabine, *A History of Political Theory*, 3rd ed. (Taipei: Central Book Co., 1968), p. 719.

❸　Chareles F. Cnudde and Deane E. Neubaur, "New Trends in Democratic Theory", *Empirical Democratic Theory*, p. 516.

❸　S. M. Lipset, *op. cit.*, ch. 2.

由與民主，而奔向極權主義的意識型態與政權。❸ 但是，卽使經濟發展並非民主政治的充分條件，也是必要條件之一。況且，彌爾並未強調經濟發展是民主政治的唯一充分或必要條件，而是還強調其他條件或因素對民主政治能否實施的影響。

除了經濟條件外，現代的經驗研究亦發現社會與歷史環境因素（包括文化條件）影響民主政治之發展與存續。❸ 而彌爾卽特別強調實際政治不能完全隔離歷史環境（民族文化的發展）、經濟發展的程度與社會組織的性質。這是與現代的經驗研究若合符節的。

然而，在民主政治的社會心理基礎方面，彌爾認為人民積極的支持或同意、主動的參與，與致力於促進政府目的之實現，是代議政府所需的一般基本條件。現代的民主理論家則時常假定，對於民主基本價值與競賽規則的共識，是民主政治發生作用與穩定的必要條件。❸ 如此，彌爾所強調的社會心理基礎與現代民主理論家所強調的共識，亦有異曲同工之處。只是，經驗研究指出：卽使許多公民並不同意民主程序，政治體系仍很可能維持相當穩定的民主程度。❸ 此因對民主政治的觀念與施行認識不清者與持

---

❸ Eric Fromm, *Escape from Freedom* (New York: Farrar and Rinehart, 1941); *The Revolution of Hope* (New York: Harper and Row, 1968); and Eric Hoffer, *The True Believer* (New York: Harper, 1951).

❸ Charles F. Cnudde and Deane E. Neubaur, *op. cit.,* pp. 516-519.

❸ Herbert Waltzer, "Political Democracy", in Reo M. Christenson et al., *Ideologies and Modern Politics,* 2nd ed. p. 207.

❸ Charles F. Cnudde and D. E. Neubaur, *op. cit.,* p. 530.

反對態度者，傾向於對政治冷漠。再者，獻身民主規範最力者，最可能參與政治。依麥克羅斯基 (Herbert McClosky) 之見，「做為公衆良心的主要泉源與信條傳承者的，非為民衆」，而是這為數較少的政治階層，「因此使得體系不斷運作的重責大任卽落在這些人身上。」❸ 簡言之，只要政治領袖與活躍分子對民主具有共識，就可使民主政治存續。然而，一般民衆具有共識，的確能加強民主的生機，尤其是社會陷於分裂與充滿危機時。只是過分強調與堅持共識的必要性，在民主國家中是不受歡迎的，因為這可能造成對於歧異與異議的壓制。❹ 因此，彌爾強調實施民主政治的社會心理基礎，雖然是一不太可能完全實現的條件，但是比強調共識更不具副作用，而更高明。

　　在民主的定義上，彌爾強調由全體人民管理全體人民，有平等的代表權，而反對多數代表制或多數統治的民主。雖然彌爾建議以比例代表制取代多數代表制，是比較符合民主政治的平等精神，但卽使透過比例代表制的實施，仍不能做到人人都有代表。因此，民主政治只可能盡量做到每一個人都有其代表，而不可能使人人都有代表。如此，彌爾對民主的界定似乎有些陳義過高，但是，彌爾認為理想上最好的政府形式就是代議政府，而代議政府的意義，是全體人民或一大部分人民，經由定期所選出的代表，行使對政府的最高控制權。此一觀念可謂開啓了現代民主強調受人民控制的代議政府，而使得古典的民主理論以民治政府做

❸ Herbert McClosky, "Consensus and Ideology in American Politics" *American Political Science Review*, Vol. LVIII (June 1964), p. 374. 並請參閱 Ian Budge, *Agreement and Stability of Democracy* (Chicago: Markham, 1970).

爲民主的界說在歷史上告終。⑩再者，彌爾認爲民主政治的來臨
是不可避免的趨勢，就他的時代而言是正確的，就吾人的時代而
言，則只有一半是正確的。因爲當今自由世界的領導者——美國
——一直在大力提倡乃至輸出民主，但是自由世界也正遭受着以
蘇聯爲主的共產極權的威脅。這是彌爾原盼由英國的代議民主推
展到世界的代議民主構想始料所未及的。

三、多數專制與精英統治

在論民主與多數專制方面，彌爾正確地指出由於民主與現代
文明社會的來臨，使得羣衆社會出現，而有了一致化與平等化的
趨勢。李普塞的研究便指出民主的平等主義帶來了文化水準降低
的問題。他說：「許多美國知識分子把美國想像成與歐洲相比之
下，低階層的平民文化是有很大的支配力……。但是近年來，由
於歐洲在經濟與階級結構上，已日愈接近美國，許多歐洲的知識
分子也已對他們自己國家中同樣的文化型態迅速增長，感到失望
已極。或許大衆文化在歐洲的成長，是下述的事實所產生的結
果，那就是下層階級首度有了足夠的金錢與時間，可以使他們
在文化市場上的需求被認識清楚。」⑫「一旦大衆接近社會精英
時，一旦精英必須考慮大衆的反應以決定他們自己的行動時，精
英（無論是政治界或藝術界的精英）的自由卽受到限制。誠如托
克維勒所說的：對於民主共和國『可以提出最嚴重的批評理由』，
就是它們『助長求取多數人歡心的習尙，並且迅卽將此習尙帶進

---

⑩ Herbert Waltzer, *op. cit.*, p. 208.

⑪ 關於「現代民主」的界說，請參閱 *Ibid.*, pp. 199-202.

⑫ S. M. Lipset, *op. cit.*, p. 156.

各階級』。」㊸再者，「目前仍困擾着許多美國人的順應主義問題，自 1830 年代的法國政治家托克維勒以來，至 1950 年代的美國社會學家賴思曼 (David Riesman, b. 1909) 時，一直被視爲美國文化主要的一面。……而由於美國人正趨於平等，較低階層的人獲得公民權，更多的人能夠參與地位競爭，而致他們也的確與其他民族一樣，變得更在乎其他人的意見……。」㊹顯然，民主所帶來的羣衆社會平等化與一致化的問題，至今仍值得現代知識分子深思解決之道。否則，久而久之，恐將形成彌爾所擔心的集體平庸問題。

　　然而，經驗研究也顯示彌爾所擔心的政治上多數專制問題，或階級立法的情況並未出現。現代政治科學家否認多數專制，因爲民主由一個階級擴展至另一個階級，由一個國家擴展至另一個國家，但是並未造成多數專制的結果。選舉的決定時常並非代表多數對候選人或特定問題的意見，即使選舉表達了多數人的意見，代表少數人的壓力團體也時常不受選舉的影響，促使政府制定有利於他們的決策。根據道爾的研究，民主政治運作的結果是「多重少數決」（或「多重少數統治」，minorities rule）。他認爲：在民主政治中，多數專制的問題較不重要，因爲「在特殊的問題上，多數很少統治」，而是若干少數團體在某一政策或特殊問題上，形成多數，促成政府做成決定。㊺況且，多數時常是站在被動的默認或漠不關心的立場。道爾指出：「我們期望選舉能顯示出：多數對一組問題的『意願』或喜好。但是除了在一些

㊸　*Ibid.*, p. 202.

㊹　*Ibid.*, pp. 201–202.

㊺　Robert A. Dahl, *A Preface to Democratic Theory*, p. 124.

幾乎無關緊要的形式外，這是一件選舉很少能做到的事情。拋開
這些限制，選舉過程畢竟還是社會控制的兩個主要方法之一。另
外一個社會控制的方法是在個人、政黨或二者間的政治競爭。這
兩個方法合在一起運作，使得政治領袖反應非領袖們的意見……，
選舉與政治競爭，在有任何重大意義的方面來說，並沒有助長多
數統治的政府，但是他們大大增加了『少數團體』的大小、數量
與種類，使少數們的喜好，在領袖做抉擇時，必須加以考慮。我
比較相信選舉在這方面的特性……是多重少數決。」⑯「多數統
治多半是一種秘思(myth)，……如果多數統治多半是一種秘思，
那麼多數專制多半也是一種秘思。因爲如果多數不能統治，多數
當然就不能專制。」⑰

　　就美國與英國的實例而言，在美國，政治上的多數專制較不
可能出現，因爲美國社會有人數日益增多的中產階級，因此沒有
一個階級可以永遠對其他階級施予專制。而彌爾認爲美國的多數
是指白人，但卽使美國有着種族歧視的問題，這也不是階級專制
或階級立法的問題。而在英國，階級立法的危機亦只是短暫的，
較持續的政治危機是來自宗教、政黨及種族間的敵對，但這些情
勢並未採取一般意義上的多數統治形式。多數並不常通過法律來
壓迫少數，而是在少數權利受到其他少數侵犯時，站在旁邊表示
默默的同情。⑱ 再者，李普塞的研究也指出：在現代的民主國家
中，不同團體間的衝突一般都是透過政黨來表現。因此在選舉時

⑯　*Ibid.*, pp. 131-132.

⑰　*Ibid.*, p. 133.

⑱　D. F. Thompson, *John Stuart Mill and Representative Government*, p. 72.

投票支持某一政黨，就具有重大的意義。通常，社會經濟地位不
同者會投票支持不同的政黨，而不同的政黨即分別以社會中不同
的階級爲基礎。但是，階級地位（以教育、收入、地位、權力、
職業或資產來衡量）與政治意見或政黨選擇的關係，並非一成不
變；如宗敎、種族、地方觀念、性別與年齡等因素，亦會影響政
治立場。如此，在民主社會中，階級利益顯然不是決定政治或投
票傾向的唯一因素。這主要也是由於在民主政治的政黨競爭中，
政黨必須配合歷史或社會的情況而有所調適，才能獲勝。任何一
個民主政黨均不能以僅代表某一社會階層，而取得政權。❹ 顯然，
彌爾所擔心多數專制會帶來階級立法的惡夢，並未成眞。

　　在精英統治方面，摩斯卡 (Gaetano Mosca, 1858～1941) 的
「統治階級」、柏瑞圖 (Vilfredo Pareto, 1848～1923)的「優秀
人羣」，以及米雪爾 (Robert Michels, 1876～1936) 的「寡頭政
治鐵律」等理論，都指出：在任何時代，任何社會，任何組織，
必有一個由少數人組合而成的統治階級，而民主政治所假定的全
體統治或多數作主，以及專制政體或獨裁政治中號稱一人掌握全
權，均爲虛構與誇張，絕非事實。❺ 然而，這三位學者的精英統
治理論中的精英是指權力精英，而彌爾所強調精英統治中的精英
則是指知識精英；權力精英未必是知識精英。再者，彌爾雖然主
張精英民主，但非精英主義者。彌爾的精英民主是到參與民主的
過渡，而知識精英具有敎育民衆的作用與任務。

　　彌爾認爲有知識、有才能或受過高等敎育者，應具有統治

❹ S. M. Lipset, *op. cit.*, pp. 81–132.

❺ 參閱浦薛鳳著，《現代西洋政治思潮》（臺北，國立編譯館，民國
五十七年臺二版），頁八一～九六。

權，知識與權力應該合一。他假定知識精英會具有大公無私的精神，關切公衆利益。但他忽略了下列因素的影響：①受教育的精英在競爭取得地位與權力時，可能削弱或破壞了他們大公無私的追求客觀解決公共問題的心理或精神；②爲了獲得普遍的認同與影響力，精英可能降格採取公衆的思考水平等心態，而變成特殊利益與壓力團體的代言人；③由於前二個因素的影響，自由交換觀念的市場，亦即自由討論以形成不偏不倚的正確決定與眞正的知識領導的過程，可能變質爲競相推銷觀念的舞臺。❺ 況且，知識精英本身是否必然爲善，也是一個問題。彌爾的知識精英不像柏拉圖的哲君或盧梭的立法家是超然於利益之外，而是可能具有與公益衝突的私利與成見。經驗證明知識精英間一樣會傾軋相爭，即或沒有明顯的利益之爭，也還有學派與意氣之爭。而教育是否會使人免除自私自利的心理、偏見與階級意識，仍然是有爭論的問題。❺ 然而，在彌爾的觀念中，知識似乎代表着善，而應賦予較多的權力與價值。此因彌爾認爲知識程度較高者，較有保障與促進社會福利之能力，因而品格較佳，價值較高。惟較有能

---

❺ A. L. Harris, "John Stuart Mill's Theory of Progress", *Ethics*, Vol. LXVI, No. 3 (April 1956), pp. 172-173.

❺ 史卡比羅 (J. S. Schapiro) 與丹肯 (G. Duncan) 認爲教育不可能除去私人與階級的偏見與利益，李普塞則指出：教育可能有助於增長見識，增加寬容性，乃至化解極端主義的心態等。參閱 J. S. Schapiro, "J. S. Mill, Pioneer of Democratic Liberalism", *Journal of the History of Ideas*, Vol. IV, No. 2 (April 1943), p. 139；G. Duncan, "John Stuart Mill and Democracy", *Politics*, Vol. IV, No. 1 (May 1969), p. 79; and S. M. Lipset, *op. cit.*, chap. 2.

力爲善者，並不必然爲善；一個知識或教育程度高者，亦不必然表示其爲善的程度高。何況，修身與求知並非同一範疇，亦不一定相互含蘊。知識的獲取不是倫理善的來源，而是對事物的了解增加。因此，少數才智之士本身是否能憑其知識發揮善的力量，節制多數專制的弊病，是屬未定之天。

至於精英與民衆的關係，彌爾似乎一廂情願的認爲精英可以統治、領導與教育羣衆，但忽略了在民主時代，民衆與精英間的互動關係。精英固然可以影響民衆，民衆亦可影響精英，而影響有好的一面，也有壞的一面。精英固然可以以身作則的影響民衆，但也可以鼓動民衆，造成有利自己的風潮。因此，孔豪色（William Kornhauser）在《羣衆社會的政治》一書中，便指出：精英與民衆的接觸應該透過中介團體來運作，最好是民衆可以直接接觸精英，而精英必須透過中介團體才能接觸民衆，以避免造成羣衆運動，這才是精英民主的精義；設若精英與民衆可相互直接接觸，則會造成大衆民主。❸ 就此而言，彌爾亦高估了精英對民衆的教育作用，而忽略了精英旣有教育民衆的能力，亦會有操縱民衆的能力，同時也忽略了民衆對精英的負面影響。

四、民主政府的設計

在民主政府的設計方面，彌爾首重參與原則與才能原則，因此在制度的設計上，儘量力求同時實現這兩個原則，但是除對選舉權的擴大與資格限制外，他並沒有平衡地運用參與原則與才能原則。

---

❸ 參閱 W. Kornhauser, *The Politics of Mass Society* (New York: The Free Press, 1959).

就參與原則而言，彌爾希望民衆透過參與地方政府、陪審、自由討論與工作場所的管理，學習到處理公共事務的智能，甚至認爲經由參與全國性的選舉投票，亦能夠培養民衆的心智。他指出：「人們認爲：期望從看來微不足道的事因中獲得許多事物——亦卽認爲手工勞動者運用政治上的投票權很有可能改善心智狀態——是種幻想。但是，除非實質培養民衆的心智成爲純粹是鏡花水月，否則這就是必經之路。」㊿雖然誠如彌爾所指出的上述民衆參與並非毫無意義，但是畢竟有限，民衆除了參與選擇代表與政治討論外，就與全國政治絕緣。再者，彌爾雖然仔細研究過托克維勒的民主著作，却未注意到托克維勒強調參與自願性社團，也是健全的民主政治所不可或缺的。因此，彌爾除了提到工業民主的雛型外，並未將參與原則擴大至民衆對利益團體、自願性組合與生活團體的參與。

在參與的教育效果上，彌爾認爲參與可增進公民感、政治知識與公益精神。根據經驗研究顯示：「……將選舉制度描述爲『公共精神的學校』(a school of public spirit) 可能是言過其實。就此而言，彌爾的比喻似乎並不適當。這至少有兩個理由可言：第一、選舉參與的社會化效果很小，當代的研究者經過電腦對此問題的模擬分析與分組分析，已獲致此一結論；……第二、關於觀察到的選舉參與效果的意義產生了一些問題。先前的研究顯示出，此種參與方式是與投票義務感、政治效能感與堅強的黨性相關連。除了黨性算是例外之外，上述的態度都未曾經過……動態分析，因而也不可能說，在生活過程中投票次數的增加，象徵着

㊿ J. S. Mill, *On Liberty and Considerations on Representative Government* (Oxford: Basil Blackwell, 1946), p. 210.

如彌爾所了解到的公共義務感的增強。」❺ 依據古典與現代的民主理論家而言，選舉參與的效果都是比其他參與方式小得多。湯普森卽回應彌爾的話，評論說：「政治參與只有在變成公民日常生活的一部分時，才有可能教育公民。」❺ 然而，「非選舉參與方式雖然會有較大的效果，但是却被很少參與抵銷掉。不同的參與方式或許不僅產生不同的預期中的政治教育效益，而且使得參與者必須負擔相同的代價。政治教育不是免費商品，而大多數公民發現學費貴得負擔不起。」❺ 例如：在美國、英國、德國、義大利、墨西哥與丹麥，只有不到百分之四的公民花費不少休閒時間於非選舉的政治參與上。❺

迄今爲止，經驗研究所能證實彌爾有關政治參與具有效果的論點是：參與經驗增強公民效能感。❺ 孔豪色對於《公民文化》（*The Civic Culture*）一書中有關美國部分的資料加以分析，亦指出說：政治參與誠如彌爾所說，可能帶來廣大的公民意識。關於政治參與程度與地域觀念指標的關係，有關資料明白顯示：參

---

❺ Johannes T. Pedersen, "On the Educational Function of Political Participation: A Comparative Analysis of John Stuart Mill's Theory and Contemporary Survey Research Findings", *Political Studies*, Vol. XXX, No. 4 (December 1982), pp. 562-563.

❺ D. F. Thompson, *op. cit.*, p. 43.

❺ J. T. Pedersen, *op. cit.*, pp. 563-564.

❺ 參閱 G. A. Almond and S. Verba, *The Civic Culture* (Boston: Little, Brown, 1965), pp. 209-211.

❺ Carole Pateman, *op. cit.*, pp. 45-50.

與者比非參與者較不會有地域傾向。⑩ 此外， 有些證據試圖指
出： 參與可能喚起「公益」感。尤其是如果可將對民主價值與程
序的支持， 視爲有關公益的事務， 那麼經驗研究卽明白顯示：
政治參與是與某種類型的公益感——亦卽民主價值與程序——相
關。⑪ 而「目前可採信的結論是傾向於認同組織理論家所發現
的， 在政治方面， 參與制定決策通常有其效果，亦卽參與促成效
忠。」⑫

佩德生 (Johannes T. Pedersen) 在比較分析彌爾的參與理論
與當代調查研究的發現後，下結論說：

「選舉參與是否具有特殊的學習效果，尚未發現令人信服的
證據。彌爾要公民爲自己着想，變成更有道德的公民，而且他也
相信，政治參與將有助於這些目標的實現。但是，從選舉競爭所
獲得的證據顯示：主要的效果是一種社會化的效果——亦卽傾向
於增強早先存在的黨性。要證明彌爾的教育論證，看來必須依賴
非選舉參與方式。由於只有少數公民從事此類活動，這些活動不
能夠使得『大多數人獲得預期的實質精神陶冶』。同時，卽使能
夠敦促大多數公民都將政治參與變成日常生活的一部分，其可能
會有的教育效果亦由於缺乏有系統的證據，而仍爲不確定。彌爾
在《論代議政府》一書中所述的政治教育概念，或許是殘缺不全
的概念。他將公民的參與公共事務，視爲政治教育學校。但是參

---

⑩ 孔豪色（W. Kornhauser）指出：具有地域觀念的受訪者在政治參
與程度低者中占百分之七十，而在政治參與程度高者中只占百分之
二十九。參閱 J. T. Pedersen, *op. cit.*, p. 565.

⑪ *Ibid.*, pp. 565-566.

⑫ C. F. Cnudde and D. E. Neubaur, *op. cit.*, p. 521.

與當代民主政體中的公共事務，在性質上必然是重覆的，而持續的教育却需要有變化莫測的刺激。教育需要有訝異——已實現的事情與事先對它的期望有差距。誠如對於選舉參與的社會化效果所做的研究顯示，差距愈小，所獲得的教育效果愈小。公民在擔任公職時一般所獲得的種種刺激若深受限制，就有可能不會產生顯著的、持續的與特殊的學習效果。但是如果沒有這些效果，彌爾想要使公民經由政治參與爲自己着想，變得熱心公益與努力除惡的目標，將不可能實現。」[63]

如此，彌爾對政治參與的教育效果的期望，雖然有些已經證實，但大部分都過於理想化。專門研究性格發展的心理學家羅文格（Jane Loevinger）也指出說：「沒有人知道如何有效協助自我發展，也沒有一個倡導自我的更高發展者有辦法促進發展自我的制度。」[64] 依羅文格之見，性格發展的演變從科學觀點來說，仍爲神秘難解。因此，政治參與和彌爾所期望的主動積極性格的發展間的因果關係，必定仍爲一個信條，而非經驗通則。

如果彌爾對民主政府的設計，並未給予公民充分的參與範圍，以確保公民道德與才能的提昇，在才能原則的應用方面，彌爾也未給予有才能的少數在政治過程中擁有較多的權力以確保精英統治。「參與的淡化並未轉化爲有才能者的支配。」[65] 即使有着比例代表制或複票制的存在，也只是在保障少數精英有其代表，但是彌爾並未給予少數精英足以抗衡或超過多數民衆的選舉

---

[63] J. T. Pedersen, *op. cit.*, pp. 567-568.

[64] J. Loevinger, *Ego Development*: *Conceptions and Theories* (San Francisco: Iessey-Baos, 1977), pp. 426, 429, and 433.

[65] D. F. Thompson, *op. cit.*, p. 179.

權，在議會中少數精英的代表也未有超過多數選民代表的投票
權。有才能者似乎只有在討論的過程中，發生主導與公民教育的
作用，才能發揮超過其人數的力量。在彌爾的觀念中，精英的發
言立論宛若能發揮一言九鼎的影響力。但是，彌爾畢竟過於信賴
善意而理性的討論的直接影響。❻如此，彌爾所設計的權能區分
的中央機關與專家政府，似乎較能保障能者在位與精英統治。然
而，無論彌爾如何苦心設計立法委員會、政治家議院與專家政
府，在民主國家中，沒有立法機關與公衆的支持，這些制度仍然
發揮不了作用。顯然，儘管彌爾相當重視才能原則，但在制度的
設計上，最終亦未給予有才能者充分的權力。

更重要的是，彌爾並未明白指出參與原則與才能原則的優先
順序，而只是想求取這兩個原則的平衡與對等。但是，在採取
促進參與或提高才能的行動路線時，如果參與原則與才能原則衝
突，如何做選擇呢？彌爾也許會訴諸功利原則做爲最高的判斷標
準，而訂出參與原則與才能原則的優先順序。然而，彌爾的功利
主義原則是質量並重，如此由於彌爾並未明確指出質重於量，而
無法以其功利原則決定參與原則與才能原則的順序。舉例言之，
如果吾人面對一種將會實現增進參與的改革措施，以及另一種將
會實現提升才能的改革措施時，根據彌爾的功利原則，亦無從在
這兩種改革措施中做選擇。再者，若依彌爾對於快樂的質與才能
的重視，他可能以才能原則優先於參與原則，而容許在參與方面
的減少，以促使才能的提升。換言之，彌爾將會選擇改善領導才

---

❻ Carl L. Becker 著，趙雄飛譯，〈論現代民主政治〉，載於帕米爾
　書店編輯部編，《民主主義》（臺北，帕米爾書店，民國六十五
　年），第四篇，頁一六。

能而減少參與程度的改革，不會選擇將會對領導才能少有改善而
維持或擴增參與程度的改革。但是，在理論上，參與有助於培養
才能，才能却未必增進參與，如此，參與原則應優先於才能原
則。因此，彌爾的民主理論即出現了才能原則與參與原則何者應
當優先的矛盾。要避開此一矛盾，彌爾或許會期望必須在這二個
原則中選擇其一的情況不會或不常發生，但是一旦必須在兩個原
則間做選擇時，彌爾的理論即不能提供指導或幫助，甚或必須加
以修正。❻❼

　　在民主政府制度的設計上，彌爾主張比例代表制或在普遍選
舉權的基礎上實施複票制，顯示他想融合參與原則與才能原則。
但比例代表制與複票制除了如前所述不能保障精英統治外，比例
代表制是基於人人有平等的代表權的論據，而複票制是基於有才
能者或受過高等教育者價值較高的不平等論據，就此而言，這也
是彌爾民主思想的矛盾之一。奇怪的是，彌爾並未提出候選人教
育資格的限制，而只提出投票資格的限制。事實上，對候選人的
教育資格加以限制，可符合彌爾的才能原則，而確保知識精英的
代表權乃至統治權，而又不必斤斤計較於將選舉制度改變爲比例
代表制或複票制。

　　在改變政府結構方面，彌爾是以權能區分、專家政府、地方
自治與中央與地方分權爲其基本觀念，而勾勒出一個民主國家理
想的政治體制。在這方面，彌爾表現出相當高的設計才能與具有
先見之明。他預見到現代政府職能的日趨龐大複雜，而主張管理
與控制權分開（權能區分），政府的職能必須加以適當的擴大與

❻❼ D. F. Thompson, *op. cit.*, pp. 181–184.

限制，乃至中央與地方分權。而他主張知識或情報必須集中處
理，權力與行動必須地方化，在當前的資訊或電腦時代，比在十
九世紀更具可行性。只是，在資訊時代，資訊就是權力，如果
資訊都由中央政府控制，可能造成中央集權，彌爾指出的方向或
許頗值得當代思想家加以思考或修正。況且，在地方政府的問題
上，現代學者都同意彌爾所說不同的地方問題需要有相應的地方
政府單位來處理，中央集權與地方分權間必須保持適當的平衡，
而適當組織的地方政府亟待加強。❻❽ 如此，彌爾對代議政府結構
的思考，仍與現代民主國家具有密切的關聯，而非已陳腐無用。

　　然而，彌爾在代議政府的設計上，似乎低估甚至忽略了政
黨等政治團體，在政治體系與政治生活中的重要性。他不像現代
的政治科學家或民主理論家一樣，認為政黨是穩定而有活力的民
主政治所必需的。❻❾ 這可能是因為他過分重視知識精英的政治功
能，而且認為政黨會帶來階級立法與利益衝突的緣故。

　　再者，雖然彌爾在思考民主政府的架構時，腦中所浮現的都
是英國議會民主的模式，但是他所設計的民主政府却是試圖應用
於任何滿足維持民主政府所需最低條件的社會。他似乎假定任何
社會只要達到可以實施民主的程度，就可適用他所設計的民主政
府，而社會間的不同較不重要。簡言之，彌爾有推廣代議民主的
雄心壯志，但是他所設計的英國式議會民主，是否為唯一理想的
民主形式，適行於其他具有實施民主政治條件的國家，却是值得

---

❻❽ *Ibid.*, p. 187.

❻❾ 參閱 *Idem*; J. H. Burns, *op. cit.*, p. 293; and A. D. Lindsay,
　　"Introduction", J. S. Mill, *Utilitarianism, Liberty, Representative
　　Government*, p. xxiv.

商榷的。即使彌爾的論點符合他那時英國歷史的進程，但是否能
把十九世紀英國的經驗普遍化，却是個問題。⑩

五、總　評

　　整個言之，彌爾的民主思想雖非無懈可擊，但却蘊含着許多
重要而有價值的觀念，如代議民主的相對條件與階段論、參與原
則、才能原則、平等代表權、利益平衡、權能區分、中央與地方
分權，以及政治自由等。而彌爾最特出與最強有力的論點，是自
由民主制度對人民的性格與才智有良好的影響；民主政府帶來知
識活動而且發展道德意識，這是在專制政體下無可相比的。他指
出：「所謂好的專制，根本就是一種錯誤的觀念，實際上也是一
種最愚蠢最危險的幻想。一種好的專制在一個文化稍有進步的國
家，比壞的專制更爲有害；因爲它更能鬆懈和減弱人民的思想、
感情和努力。」⑪如此，彌爾是深切了解到自由民主的優越性。
然而，他亦深切了解到人類進步的不同階段，應有而且會有不同
的政治制度。

　　在彌爾的時代，民主政治的來臨已是不可避免的趨勢。首先
是中產階級的興起與取得參政權，繼之是勞工階級的興起與爭取
權益。十九世紀前半期各種社會主義的湧現，以及 1838 年至
1848 年，英國的「憲章運動」使彌爾印象深刻。同時，階級分
立的資本主義社會日愈明顯的剝削性質與勞工階級生活情況的惡
化乃至蠢蠢欲動，使得彌爾憂懼勞工階級走向革命社會主義路

---

⑩ D. F. Thompson, *op. cit.*, p. 188; and J. S. Schapiro, *op. cit.*,
　 p. 156.

⑪ *CRG, CW*, XIX, p. 403.

線，因此乃指引出人類和平走向自由平等社會的可能性，在政治上主張擴大選舉權及於勞工階級。這是彌爾試圖以政治方法解決社會經濟問題的高明處。但是，一般人民的教育水準低落，因此他擔心民主會帶來多數專制，而主張融合參與原則與才能原則，由精英民主過渡到自由民主或參與民主。衡量英國當時的時代環境與實際情況，他認為理想上最好的政治形式是代議民主，因而提出民主政府的設計。

對彌爾而言，代議制度不僅是民主的管道，而且是對民主的牽制。代議民主在其腦中，不僅是一種意識型態，而且是理性談判與討論的實際運作。彌爾對其時代社會、政治與經濟的敏銳觀察，使他相信相抗衡的利益與意見之存在是必需的，惟他過分寄望於不偏不倚，不受私利左右的少數知識精英聯合起來，產生制衡的力量，亦高估了言論自由，尤其是過於相信少數傑出代表之發表意見，可以調和多數統治與個人自由，乃至避免集體平庸與階級立法的弊病。

雖然彌爾的民主思想引發了其是否為民主主義者的爭論，但深入探究其思想後，可以發現彌爾從未反對民主的價值，只是指出民主可能產生的弊病，而思多方加以防範而已。他本人在《自傳》中亦明白自承是個民主主義者。⑫因此，這種爭論至多只是代表着對於民主，存在着不同的概念與價值評估，並不能深入而正確地指出彌爾民主思想的內涵與問題。如西伯里（Mulford Q. Sibley）所指出的：「彌爾能否稱為民主主義者？答案在於一個人如何界定此名詞，如民主指的是社會經由多數決，有道德權利

---

⑫ *Autob*, p. 103 and p. 183.

制定任何多數所欲求的政治決策，答案必然是否定的，因為彌爾認為……社會必須尊重近乎絕對的言論自由，少數應有其代表，而且具有某些快樂在質的方面高於其他快樂之類的價值觀念。另一方面，如果民主指的是社會的統治者基本上是可由代議機關撤換，則彌爾可被列為民主主義者。」❼❸ 究其實，彌爾民主思想最重要的內涵，是民主政治為人類社會進步之重要歷程，惟民主政治下必須慎防多數專制，因此，代議制度必須在少數才智之士的領導下運作，才最有益於個人與社會的福利與進步。簡言之，彌爾試圖以質制量，使得民主政治不致失去控制，而社會得以在動態的平衡下發展。

　　然而，彌爾崇理尚智，因此在代議制度的論述中設計出許多複雜乃至疊床架屋的措施，其用意亦無非在保障精英統治，節制多數專制，與促使社會進步。但是，即使依恃比例代表制或複票制，保障了少數才智之士的代表權，少數才智之士的代表如何能抗衡多數人的多數代表？而平庸的多數又是否能信任少數才智之士的獨立判斷？況且，如前所述，彌爾希望之所繫的少數才智之士是否必然為善，亦為一大問題。總之，彌爾尋求以才智之士擔任公職之種種方法，能否發生牽制多數與教育多數的作用，殊令人懷疑。再者，彌爾過分重視理智，而忽略了一個理智的知識分子，亦有感情與非理性的因素對其行為產生作用。而彌爾本身即曾因此遭遇重大的精神危機。如此，如何能期望以少數才智之士的力量解除多數專制的危害？更如何能期望其認為易受自利與近利影響的多數選民，在投票時做理性的選擇？況且，他視多數人

---

❼❸　Mulfard Q. Sibley, *Political Ideas and Ideologies: A History of Political Thought*, pp. 497–498.

民傾向平庸與愚昧，又如何寄望他們支持開明少數的領導？ 顯然，彌爾過分重視外在制度的牽制與精英的教育作用，而誠如林賽（A. D. Lindsay）所指出的：「彌爾的錯誤是過於深信社會可經由教育與政治機構來改善。」❼

　　終而，彌爾的民主思想雖然側重精英統治以節制多數專制，乃至在民主政府的設計上，有其問題存在，但是對他而言，所有制度的安排在永恆的歷史中都是暫時性、過渡性的。重要的是，政治觀念與結構必須隨一變遷中的社會而調整與改進。這種與時俱進的民主思想本身對於政治理論，就是一大卓見與貢獻。至於彌爾的民主思想能發揮多大的實際作用，端賴政治家與有識之士從其設計的制度所蘊含的觀念中，如何因時、因地，與因環境而制宜的加以選擇運用而定。

---

❼ A. D. Lindsay, *op. cit.*, p. xvii.

基本文獻略稱表

Autob   *Autobiography*, ed. by Jack Stillinger. Boston:
Houghton Mifflin Company, 1969.

CW   *Collected Works of John Stuart Mill*. Toronto:
University of Toronto Press, 1963–1984.

CRG   *Considerations on Representative Government*, in
CW, XIX.

DD   *Dissertations and Discussions*, vols. I–II. London:
John W. Parker and Son, 1859.

EL   *Earlier Letters, 1812–1848, CW*, XII and XIII.

Liberty   *On Liberty*, in *CW*, XVIII.

LL   *Later Letters, 1849–1873, CW*, XIV–XVII.

Logic   *A System of Logic: Ratiocinative and Inductive,
CW*, VII and VIII.

PPE   *Principles of Political Economy, CW*, II and III.

Utili   *Utilitarianism*, in *CW*, X.

年　表

1806 年　　5 月 20 日生於倫敦的班頓維爾 (Pentonville)，爲詹姆斯與賀麗葉彌爾 (James and Harriet Mill) 之長子。彌爾之父母於 1808 至 1825 年間又生了八個子女。

1809 年　　在家開始接受父親有計劃的嚴格教育，於三歲卽學習希臘文。

1814 年　　八歲時開始學習拉丁文，代數和幾何，並教導弟妹做功課。

1815 年　　九歲時研讀歷史方面的著作，到十歲時已能閱讀柏拉圖與狄摩西尼 (Demothenes) 的原文著作。

1818 年　　研習邏輯，熟讀亞里斯多德等人的邏輯著作。

1819 年　　攻讀政治經濟學。

1820 年　　5 月赴法國，居住於邊沁之弟弟(Sir Samuel Bentham)家中，學習化學、植物學、數學、法國文學等。

1821 年　　7 月自法返英後，從奧斯丁 (John Austin) 學習羅馬法，並且在父親指導下，研習心理學。

1822 年　　研讀杜蒙 (Dumont) 編譯，邊沁所著的《立法論》（法文版），深受影響，而開始以宣揚邊沁的功利主義爲職志，並且撰文發表。

1823 年　　成立「功利主義學社」（此學社於 1826 年解散）；

5 月開始進入「東印度公司」服務，擔任「對印度通訊檢查處」(The Examiner of India Correspondence) 的職員，隨後幾年卽升職，至 1856 年時升任至處長職。

1824 年 《西敏寺評論》創刊，彌爾經常撰文，而想做全世界的改造者。

1825 年 編輯邊沁的《司法證據論》(*Rationale of Judicial Evidence*, 共五册，於 1827 年出版)，並且成立「讀書會」、「思辨社」，與協助創立「倫敦辯論社」(London Debating Society)。

1826 年 陷入精神危機，思想開始轉變。

1828 年 結交聖西門主義者 (Saint-Simonians) 與浪漫派哲學家柯立芝的門徒 (Coleridgeans)，並且與史特林 (John Sterling) 建立友誼。

1829 年 在「倫敦辯論社」中，爲華兹華斯 (Wordsworth) 辯護，而與許多激進的朋友疏離，退出思辨團體；閱讀孔德 (Comte) 的著作。

1830 年 結識並迅卽愛上泰勒夫人 (Harriet Taylor, 爲 John Taylor 之妻)；七月法國發生革命，奔赴巴黎，結識法國革命份子，返國後，爲《檢查者》(*The Examiner*) 寫了許多有關法國的文章。

1831 年 發表了一連串有關〈時代精神〉("The Spirit of the Age") 的文章；會見卡萊爾 (Carlyle)。

1832 年 邊沁去世，英國國會通過第一次「選舉改革法案」(Reform Bill)；在許多雜誌上，發表文章，支持改革。

1833 年　繼續發表文章，並且撰寫詩評。

1835 年　主編《倫敦評論》（*London Review*）；閱讀與評論托
　　　　克維勒（Tocqueville）所著《美國的民主》一書上卷；
　　　　對激進主義重感興趣。

1836 年　其父親過世後患病數月；《倫敦評論》與《西敏寺評
　　　　論》合併爲《倫敦與西敏寺評論》，仍任主編。

1838 年　完成〈改革黨的重組〉（"Reorganization of the
　　　　Reform Party"）一文，發表論〈邊沁〉（"Bentham"）
　　　　的文章。

1840 年　發表論〈柯立芝〉（Coleridge）的文章；閱讀與評論
　　　　托克維勒著《美國的民主》下卷。

1843 年　出版《邏輯體系》（*The System of logic*, 在其有生之
　　　　年，共出了八版）；發表評米謝勒（Michelet）所著
　　　　《法國史》（*History of France*）一書的文章。

1844 年　出版《政治經濟學中一些未解決的問題論文集》
　　　　（*Essays on Some Unsettled Questions in Political
　　　　Economy*）。

1845 年　開始撰寫《政治經濟學原理》（*Principles of Political
　　　　Economy*）。

1848 年　出版《政治經濟學原理》（在其有生之年，共出了七
　　　　版）；撰文爲法國等歐洲國家發生的革命辯護；開始
　　　　徹底研究社會主義方面的著作。

1851 年　與賀麗葉泰勒結婚（泰勒夫人的先生於 1849 年過
　　　　世）。

1854 年　至希臘與義大利旅遊，決定撰寫《自由論》並繼續寫

作《自傳》。

1858 年　反對英國國會接管「東印度公司」，因此自「東印度公司」退休；其妻病逝於法國的亞威農 (Avignon)，此後每年有一半時間在亞威農渡過。

1859 年　出版《自由論》、《對國會改革的思考》與《論文集》第一册和第二册。

1861 年　出版《論代議政府》；在雜誌上以文章形式發表《功利主義》；修改《自傳》。

1862 年　發表評奧斯丁論法律學的文章。

1863 年　《功利主義》出版成書。

1865 年　當選代表西敏寺選區的國會議員；出版《漢彌爾頓哲學之檢驗》(*An Examination of Sir William Hamilton's Philosophy*) 與《孔德與實證主義》(*Auguste Comte and Positivism*)。

1866 年　在國會中，參與許多改革法案的辯論，迫使政府修改法案。

1867 年　獲選爲聖安德魯士大學校長，發表《就職演說辭》(*Inaugural Address at the University of St. Andrews*)；與幾位婦女組織「婦女參政社」；在國會中提議以海爾的比例代表制取代代表選舉法及給予婦女投票權，未獲通過；出版《論文集》第三册；英國國會通過第二次「選舉改革法案」。

1868 年　競選連任國會議員失敗；出版《英國與愛爾蘭》(*England and Ireland*)。

1869 年　出版《婦女的屈從》(*The Subjection of Women*) 與

詹姆斯彌爾的《人類心理現象之分析》(*Analysis of the Phenomena of the Human Mind*) 註解本；對《自傳》做最後的修正。

1870 年　出版《論愛爾蘭土地問題》的著述 (*Chapters and Speeches on the Irish Land Question*)；《自傳》定稿。

1873 年　五月七日逝世於法國的亞威農。死後，《自傳》才出版。

1874 年　《論宗教的三篇文章》 (*Three Essays on Religion*) 出版，這三篇文章是〈自然〉("Nature")、〈宗教的功用〉("The Utility of Religion") 與〈有神論〉("Theism")。

1875 年　《論文集》第四册出版。

參 考 書 目

中文書目（依作者姓氏筆劃順序排列）

王勇成著，《民主政治的起源與發展》，臺北，嘉新文化基金會，民國
　　六十五年。

朱堅章撰，〈穆勒的自由觀念之分析〉，國科會六十一年度補助研究論
　　文，**H–237.**

伊士頓著，李邁先譯，《西洋近世史》（二），臺北，幼獅文化事業公
　　司，民國五十八年。

托克維爾著，秦修明譯，《美國的民主》（上卷），香港，今日世界
　　社，民國五十五年。

托克維爾著，李宜培、湯新楣合譯，《美國的民主》（下卷），香港，
　　今日世界社，民國五十七年。

江金太著，《歷史與政治》，臺北，桂冠圖書公司，民國七十年。

余英時著，《民主制度之發展》，香港，亞洲出版社，民國四十四年。

沙比羅著，世界書局編譯所譯，《歐洲近代現代史》，上冊，臺北，世
　　界書局，民國四十九年。

屈勒味林著，錢叚森譯，《英國史》，下冊，臺北，臺灣商務印書館，
　　民國六十三年臺三版。

吳景宏著，《西洋近代史略》，臺北，雲天出版社，民國六十年。

帕米爾書店編輯部編，《民主主義》，臺北，帕米爾書店，民國六十五
　　年。

海斯著，曹紹濂譯，《近代歐洲社會政治史》，下卷之一，臺北，臺灣
　　商務印書館，民國四十九年臺一版。

浦薛鳳著，《現代西洋政治思潮》，臺北，國立編譯館，民國五十七年
　　臺二版。

浦薛鳳著，《西洋近代政治思潮》（四），臺北，中華文化出版事業委

員會，民國六十三年四版。

連戰著，《民主政治的基石》，臺北，正中書局，民國六十九年臺二版。

張金鑑編著，《西洋政治思想史》，臺北，三民書局，民國六十五年三版。

張翰書著，《西洋政治思想史》，上、下二冊，臺北，臺灣商務印書館，民國七十年臺七版。

逯扶東著，《西洋政治思想史》，著者自刊，民國五十九年增訂三版。

曾繁康、薩孟武、鄒文海編著，《民主論叢》，臺北，國民大會憲政研討會，民國七十年。

陳鴻瑜著，《約翰密爾的政治理論》，臺北，臺灣商務印書館，民國七十年。

彭懷恩著，《精英民主理論評介》，臺北，正中書局，民國七十年。

鄒文海遺著，《西洋政治思想史稿》，臺北，鄒文海先生獎學基金會，民國六十一年。

穆勒著，周兆駿譯，《穆勒自傳》，上、下二冊，臺北，臺灣商務印書館，民國五十四年臺一版。

John Stuart Mill 著，周憲文譯，《經濟學原理》，上、下二冊，臺北，臺灣銀行，民國五十五年再版。

密爾(John Stuart Mill) 著，《經濟學原理》，臺北，三民書局，民國五十五年。

John Stuart Mill 著，郭志嵩譯，《論自由及論代議政府》，臺北，協志工業叢書出版公司，民國五十五年再版。

穆勒・約翰著，唐鉞譯，《功用主義》，臺北，臺灣商務印書館，民國六十五年臺二版。

英文書目

WORKS OF JOHN STUART MILL

Mill, John Stuart. *Dissertations and Discussions, Political, Philosophical, and Historical*, in two Volumes (Vol. I—Vol. II). London: John W. Parker and Son, 1859.

Mill, John Stuart. *Autobiography and Literary Essays*, ed. John M. Robson and Jack Stillinger, *Collected Works of John Stuart Mill*, Vol. I. Toronto: University of Toronto Press, 1963 and 1981.

Mill, John Stuart. *Principles of Political Economy with Some of Their Applications to Social Philosophy*, ed. J. M. Robson with an Introduction by V. W. Bladen, *Collected Works of John Stuart Mill*, Vols. II–III. Toronto: University of Toronto Press, 1965.

Mill, John Stuart. *Essays on Economics and Society*, ed. J. M. Robson with an Introduction by Lord Robbins, *Collected Works of John Stuart Mill*, Vols. IV–V. Toronto: University of Toronto Press, 1967.

Mill, John Stuart. *Essays on England, Ireland and the Empire*, ed. J. M. Robson with an Introduction by Joseph Hamburger, *Collected Works of John Stuart Mill*, Vol. VI. Toronto: University of Toronto Press, 1963 and 1982.

Mill, John Stuart. *A System of Logic: Ratiocinative and Inductive, Being a Connected View of Principales of Evidence and the Method of Scientific Investigation*, ed. J. M. Robson with an Introduction by R. F. McRae, *Collected Works of John Stuart Mill*, Vols. VII–VIII. Toronto: University of Toronto Press, 1973.

Mill, John Stuart. *An Examination of Sir William Hamilton's Philosophy and of the Principal Philosophical Questions Discussed in his Writings*, ed. J. M. Robson with an Introduction by Alan Ryan, *Collected Works of John Stuart Mill*, Vol. IX. Toronto: University of Toronto Press, 1979.

Mill, John Stuart. *Essays on Ethics, Religion and Society*, ed. J. M. Robson with an Introduction by F. E. L. Priestley, *Collected Works of John Stuart Mill*, Vol. X. Toronto: University of Toronto Press, 1969.

Mill, John Stuart. *Essays on Philosophy and the Classics*, ed. J. M. Robson with an Introduction by F. E. Spanshot, *Collected Works of John Stuart Mill*, Vol. XI. Toronto: University of Toronto Press, 1978.

Mill, John Stuart. *The Earlier Letters of John Stuart Mill, 1812–1848*, ed. F. E. Mineka with an Introduction by F. A. Hayek, *Collected Works of John Stuart Mill*, Vols. XII–XIII. Toronto: University of Toronto Press, 1963.

Mill, John Stuart. *The Later Letters of John Stuart Mill, 1849–1873*, ed. F. E. Mineka and D. N. Lindley, *Collected Works of John Stuart Mill*, Vols. XIV–XVII. Toronto: University of Toronto Press, 1972.

Mill, John Stuart. *Essays on Politics and Society*, ed. J. M. Robson with an Introduction by Alexander Brady, *Collected Works of John Stuart Mill*, Vols. XVIII–XIX. Toronto: University of Toronto Press, 1977.

Mill, John Stuart. *Essays on French History and Historians*, ed. J. M. Robson, *Collected Works of John Stuart Mill*, Vol. XX. Toronto: University of Toronto Press, 1983.

Mill, John Stuart. *Essays on Law, Equality and Education*, ed. J. M. Robson, *Collected Works of John Stuart Mill*, Vol. XXI. Toronto: University of Toronto Press, 1984.

Mill, John Stuart. *On Liberty and Considerations on Representative Government*, ed. with an Introduction by R. B. McCallum, Oxford: Basil Blackwell, 1948.

Mill, John Stuart. "Letters on the French Revolution of 1830", ed. Francis E. Mineka, *Victorian Studies*, Vol. I, No. 2 (December 1957), pp. 136–154.

Mill, John Stuart. *Utilitarianism, Liberty, and Representative Government*, ed. with an Introduction by A. D. Lindsay, London: J. M. Dent & Sons, Ltd., 1957.

Mill, John Stuart. *On Liberty, Representative Government. The*

Subjection of Women: Three Essays by John Stuart Mill, edited with an Introduction by Millicent Garrett Fawcett. London: Oxford University Press, 1960.

Mill, John Stuart. *John Mill's Boyhood Visit to France: Being a Journal and Notebook Written by John Stuart Mill in France, 1820-21,* edited with an Introduction by Anna Jean Mill. Toronto: University of Toronto Press, 1960.

Mill, John Stuart. *On Bentham and Coleridge,* Introduction by F. R. Leavis. New York: Harper & Brothers, 1962.

Mill, John Stuart. *Essays on Politics and Culture,* edited with an Introduction by Gertrude Himmelfarb. Garden City, New York: Doubleday & Company, Inc., 1963.

Mill, John Stuart. *Mill's Essays on Literature and Society,* edited with an Introduction by J. B. Schneewind. New York: Collier Books, 1965.

Mill, John Stuart. *Mill's Ethical Writings,* edited with an Introduction by J. B. Schneewind. New York: Collier Books, 1965.

Mill, John Stuart. *Autobiography,* edited with an Introduction and noted by Jack Stillinger. Boston: Houghton Mifflin Company, 1969.

Mill, John Stuart. *Utilitarianism, On Liberty, Essay On Bentham,* edited with an Introduction by Mary Warnock. London: Collins, 1971.

Mill, John Stuart. *John Stuart Mill On Politics and Society,* selected and edited by Garraint L. Williams. Sussex, England: The Harvester Press, 1976.

BOOKS

Almond, Gabriel and Sidney Verba. *The Civic Culture: Political Attitudes and Democracy in Five Nations.* Boston:Little, Brown, 1965.

Anschutz, R. P. *The Philosophy of J. S. Mill.* Oxford: The Clarendon Press, 1953.

Bachrach, Peter. *The Theory of Democratic Elitism*: *A Critique*. Boston: Little, Brown and Company, 1967.

Bain, Alexander. *John Stuart Mill, a Criticism with Personal Recollections*. London: Longmans, Green, and Co., 1882.

Barker, Ernest. *Political Thought in England, 1848 to 1914*. London: Oxford University Press, 1959.

Bentley, Arthur F. *The Process of Government*: *A Study of Social Pressure*. Bloomington, Ind., Principia Press, 1949.

Berelson, Bernard R., Paul F. Lazarsfeld, and William N. Mcphee. *Voting*: *A Study of Opinion Formation in a Presidential Campaign*. Chicago: The University of Chicago Press, 1954.

Berger, Fred R. *Happiness, Justice and Freedom*: *The Moral and Political Philosophy of John Stuart Mill*, Berkeley: University of California Press, 1984.

Blackstone, William T. *Political Philosophy*: *an Introduction*. New York: Thomas Y. Crowell, 1973.

Bottomore, T. B. *Elites and Society*. London: Watts, 1964.

Bowle, John. *Politics and Opinion in the Nineteenth Century*. London: Farrold & Sons, Ltd., 1966.

Brinton, Grane. *English Political Thought in the Nineteenth Century*, 2nd ed. London: Ernest Benn, 1949.

Brown, Alfred Barratt, ed. *Great Democrats*. New York: Books for Liberaries Press, 1970.

Burns, Edward McNall. *Ideas in Conflict*: *The Political Theories of the Contemporary World*. New York: W. W. North & Company, Inc., 1960.

Butler, James: *A History of England* 1815-1939, 2nd ed. London: Oxford University Press, 1960.

Campbell, Angus, Philip E. Converse, Warren E. Miller and Donald E. Stokes. *The American Voter*: *An Abridgement*. New York: John Wiley, 1964.

Christenson, Reo M., Alan S. Engel, Dan N. Jacobs, Mostafa Rejai and Herbert Waltzer. *Ideologies and Modern Politics*, 2nd ed. New York: Harper & Row Publishers, Inc., 1976.

Cnudde, Charles F. and Deane E. Neubaur, eds. *Empirical Democratic Theory*. Chicago:Markham Publishing Company, 1969.

Cohen, Carl. *Democracy*. New York: The Free Press, 1971.

Coker, Francis W. *Recent Political Thought*. New York: Applenton-Century-Crofts, Inc., 1934.

Copleston, Frederick S. J. *Modern Philosophy: Bentham to Russell*, Part I, *British Empiricism and the Idealist Movement in Great Britain, A History of Philosophy*, Vol. 8. Taipei: Ma-Lin Press, 1972.

Cowling, M. *Mill and Liberalism*. London: Cambridge University Press, 1963.

Crozier, Micher J., Samuel P. Huntington, and Joji Watanuki. *The Crisis of Democracy: Report on the Governability of Democracies to the Trilateral Commission*. New York: New York University Press, 1975.

Cumming, Robert. *Human Nature and History*, Vol. I. Chicago: University of Chicago Press, 1969.

Dahl, Robert A. *A Preface to Democratic Theory*. Chicago: University of Chicago Press, 1956.

Dahl, Robert A. *Who Governs? Democracy and Power in an American City*. New Haven: Yale University Press, 1961.

Dahl, Robert A. *After the Revolution? Authority in a Good Society*. New Haven: Yale University Press, 1970.

Dahl, Robert A. *Polyarchy: Participation and Opposition*. New Haven: Yale University Press, 1971.

Dahl, Robert A. and Edward R. Tufte. *Size and Democracy*. Stanford, California: Stanford University Press, 1973.

Davies, Hugh S. and George Watson, eds. *The English Mind*. Cambridge, England: Cambridge University Press, 1964.

Davidson, William L. *Political Thought in England*: *the Utilitarians from Bentham to J. S. Mill*. London: Oxford University Press, 1957.

Dietz, Frederick C. *A Political and Social History of England*, 3rd ed. New York: The Macmillan Company, 1937.

Downs, Anthony. *An Economic Theory of Democracy*. New York: Harper, 1957.

Doyle, Phyllis. *A History of Political Thought*. London: Jonathan Cape, 1963.

Duncan, Graeme. *Marx and Mill*: *Two Views of Social Conflict and Social Harmony*. London: Cambridge University Press, 1973.

Dunning, N. A. *A History of Political Theories*: *From Rousseau to Spencer*. New York: The Macmillan Company, 1957.

Ebenstein, William. *Great Political Thinkers*: *Plato to the Present*, 4th ed. New York: Holt, Rinehart and Winston, Inc., 1969.

Ebenstein, William. *Today's Isms*: *Communism, Fascism, Capitalism, Socialism*, 7th ed. Englewood Cliffs, New Jersey: Prentice-Hall, Inc., 1973.

Fleisher, Martin, ed. *Machiavelli and the Nature of Political Thought*. New York: Atheneum, 1972.

Garforth, F. W. *Educative Democracy*: *John Stuart Mill on Education in Society*. New York: Oxford University Press, 1980.

Germino, Dante. *Modern Western Political Thought*: *Machiavelli to Marx*. Chicago: Rand McNally & Company, 1972.

Givertz, H. K. *Democracy and Elitism*. New York: Charles Scribner's Sons, 1967.

Graham, William. *English Political Philosophy*: *From Hobbes to Maine*. New York: Lenox Hill, 1971.

Gray, John. *Mill on Liberty*: *A Defence*. London: Routledge & Kegan Paul, 1983.

Gutmann, Amy. *Liberal Equality*. New York: Cambridge University

Press, 1980.

Hacker, Andrew. *Political Theory*: *Philosophy, Ideology, Science*. New York: The Macmillan Company, 1961.

Halevy, Elie. *The Growth of Philosophical Radicalism*, trans. by Mary Morris. Boston: Beacon Press, 1955.

Halliday, R. J. *John Stuart Mill*. London: George Allen & Unwin Ltd., 1976.

Hamburger, Joseph. *Intellectuals in Politics*: *John Stuart Mill and the Philosophical Radicals*. New Haven: Yale University Press, 1966.

Harrison, Wilfrid. *Conflict and Compromise*: *History of British Political Thought, 1593-1900*. New York: The Free Press, 1965.

Hayek. F. A. *John Stuart Mill and Harriet Taylor*. London: Routledge and Kegan Paul, 1951.

Hearnshaw, F. J. C., ed. *The Social and Political Ideas of Some Representative Thinkers of the Age of Reaction and Reconstruction (1818-1865)*. New York: Barnes & Noble, Inc., 1967.

Himmelfarb, G. *On Liberty and Liberalism*:*the Case of John Stuart Mill*. New York : Knopf, 1974.

van Holthoon, F. L. *The Road to Utopia*: *a Study of John Stuart Mill's Social Thought*. Assen: Van Gorcum, 1971.

Kamm, J. *John Stuart Mill in Love*. London: Gordon and Cremonesi, 1977.

Key, V. O. *Public Opinion and American Democracy*. New York: Alfred A. and Knopf, 1961.

Kornhauser, William. *The Politics of Mass Society*. New York: The Free Press, 1959.

Kramnick, Isaac and Frederick M. Watkins. *The Age of Ideology-Political Thought, 1750 to the Present*, 2nd ed. Englewood Cliffs, New Jersey: Prentice-Hall, Inc., 1979.

Lancaster, Lane W. *Masters of Political Thought*, Vol. III, *Hegel to Dewey*. Boston: Houghton Mifflin Company, 1966.

Lindsay, A. D. *The Modern Democratic State*. New York: Oxford University Press, 1955.

Lipset, Seymour Martin. *Political Man: The Social Bases of Politics*, expanded and updated edition. Baltimore, Maryland: The Johns Hopkins University Press, 1981.

Lipson, Leslie. *The Democratic Civilization*. New York: Oxford University press, 1964.

Lively, Jack. *Democracy*. New York: St. Martin's Press, 1975.

MacCunn, John. *Six Radical Thinkers: Bentham, J. S. Mill, Cobden, Corlyle, Mazzini, T. H. Green*, London: E. Arnold, 1910.

Mackinder, Halford J. *Democratic Ideas and Reality: A Study in the Politics of Construction*. New York: Henry Holt and Co., 1950.

Macpherson, C. B. *Democratic Theory*. London: Oxford University Press, 1973.

Macpherson, C. B. *The Life and Times of Liberal Democracy*. New York: Oxford University Press, 1977.

Mandelbaum, Maurice. *History, Man, & Reason: a Study in Nineteenth Century Thought*. Baltimore, Maryland: The Johns Hopkins Press, 1971.

Maxey, Chester C. *Political Philosophies*, rev. ed. New York: The Macmillan Company, 1948.

Mayo, H. B. *An Introduction to Democratic Theory*. New York: Oxford University Press, 1960.

Mazlish, B. *James and John Stuart Mill: Father and Son in the Nineteenth Century*. London: Hutchison, 1975.

McClosky, H. J. *John Stuart Mill: a Critical Study*. London: Macmillan, 1971.

Metz, Rudolf. *A Hundered Years of British Philosophy*, trans. by T. W. Harvey, T. E. Jessop, Henery Sturt, ed. by J. H. Muirhead. New York: The Macmillan Company, 1950.

Miller, S. T. *British Political History*: *1784-1939*. London: MacDonald & Evans, Ltd., 1977.

Murphy, Joseph S. *Political Theory*: *A Conceptual Analysis*. Homewood, Ill. : The Dorsey Press, 1968.

Niebuhr, Reinhold and Paul E. Sigmund Niebuhr. *The Democratic Experience*: *Past and Prospects*. New York: Praeger, 1969.

Packe, John. *The Life of John Stuart Mill*. London: The Macmillan Company, 1954.

Pappé, H. O. *John Stuart Mill and the Harriet Taylor Myth*. London: Cambridge University Press, 1960.

Parry. G. *Political Elites*. London: Allen and Unwin, 1969.

Pateman, Carole. *Participation and Democratic Theory*. Cambridge: Cambridge University Press, 1970.

Pennock, J. Roland. *Democratic Political Theory*. Princeton, New Jersey: Princeton University Press, 1979.

Plamenatz, John. *The English Utilitarians*. Oxford: Basil Blackwell, 1948.

Polsby, Nelson W. *Community Power and Political Theory*. New Haven: Yale University Press, 1963.

Rawls, John. *A Theory of Justice*. Cambridge, Mass.: Harvard University Press, 1971.

Rejai, Mostafa. *Democracy*: *The Contemporary Theories*. New York: Atherton, 1970.

Rendell, M. J. *An Introduction to Political Thought*: *Key Writings form the Major Political Thinkers*. London: Sidgwick & Jackson, 1978.

Robson, John M. *The Improvement of Mankind*: *The Social and Political Thought of John Stuart Mill*. Toronto: University of Toronto Press, 1968.

Robson, John M. and M. Laine. *James and John Stuart Mill*: *Papers of the Centenary Conference*. Toronto: University of Toronto Press, 1976.

Ryan, Alan. *The Philosophy of John Stuart Mill.* London: Macmillan, 1970.

Ryan, Alan. *John Stuart Mill.* London:Routledge and Kegan Paul, 1974.

Sabine, George H. *A History of Political, Theory,* 3rd ed. Taipei: Central Book Co., 1968.

Sartori, Giovanni. *Demoratic Theory.* New York: Frederick A. Praegers, Publishers, 1965.

Schumpeter, Joseph A. *Capitalism, Socialism and Democracy,* 3rd ed. New York: Harper & Brothers Publishers, 1950.

Semmel, Bernard. *John Stuart Mill and the Purswit of Virtue.* New Haven, Conn.: Yale University Press, 1984.

Shirley, R. Letwin. *The Pursuit of Certainty: David Hume, Jeremy Bentham, John Stuart Mill, Beatrice Webb.* Cambridge, England: Cambridge University Press, 1965.

Sibley, Mulford Q. *Political Ideas and Ideologies: A History of Political Thought.* New York: Harper & Row, 1970.

Somervell, D. C. *English Thought in the Nineteenth Century,* 6th ed. London: Methuen & Co., Ltd., 1950.

Stephen, J. F. *Liberty, Equality, Fraternity,* edited with an Introduction and noted by R. J. White. Cambridge: Cambridge University Press, 1967.

Stephen, L. *The English Utilitarians,* 3 Vols. London: Duckworth, 1900.

Strauss, Leo and Joseph Cropsey, eds. *History of Political Philosophy,* 2nd ed. Chicago:Rand McNally College Publishing Co., 1972.

Thompson, Dennis F. *The Democratic Citizen: Social Science and Democratic Theory in the Twentieth Century.* London: Cambridge University Press, 1970.

Thompson, Dennis F. *John Stuart Mill and Representative Government.* Princeton, New Jersey: Princeton University Press, 1976.

Tocqueville, Alexis de. *Democracy in America*, a new translation by G. Lawrence, ed. J. P. Mayer and M. Lerner. New York: Harper and Row, 1966.

Truman, David. *The Governmental Process: Political Interests and Public Opinion*. New York: Alfred A. Knopf, 1951.

Verba, Sidney, and Norman H. Nie. *Participation in American: Political Democracy and Social Equality*. New York: Haper & Row, 1972.

Wagner, Donald O., ed. *Social Reformers, Adam Smith to John Dewey*. New York. The Macmillan Company, 1934.

Wasserman, Louis. *Modern Political Philosophies and What They Mean*. New York: Halcyon House, 1941.

Watkins, Frederick M. *The Political Tradition of the West: A Study in the Development of Modern Liberalism*. Cambridge, Mass.: Harvard University Press, 1957.

Woods, T. *Poetry and Philosophy: a Study in the Thought of John Stuart Mill*. London: Hutchinson, 1961.

ARTICLES

Bouton, Clark W. "John Stuart Mill: On Liberty and History", *The Western Political Quarterly*, Vol. XVIII, No. 3(September 1965), pp. 569-578.

Burns, J. H. "J. S. Mill and Democracy, 1829-61", *Political Studies*, Vol. V, Nos. 3-4 (June and October 1957), pp. 158-175 and pp. 281-294.

Clor, Harry M. "Mill and Millians on Liberty and Moral Character", *The Review of Politics*, Vol. XLVII, No, 1 (January 1985), pp. 3-26.

Cumming, Robert D. "Mill's History of His Ideas", *Journal of The History of Ideas*, Vol. XXV, No. 2 (April-June 1964), pp. 235-256.

Duncan, Graeme. "John Stuart Mill and Democracy", *Politics,*

Vol. IV, No. 1 (May 1969), pp. 67–83.

Ewing, A. C. "Utilitarianism", *Ethics,* Vol. LVIII, No. 2 (January 1948), pp. 100–111.

Hall, Everett W. "The 'Proof' of Utility in Bentham and Mill", *Ethics,* Vol. LX, No. 1 (October 1949), pp. 1–18.

Halliday, R. J. "Some Recent Interpretations of John Stuart Mill", *Philosophy,* Vol. XLIII, No. 163 (January 1968), pp. 1–17.

Halliday, R. J. "J. S. Mill's Idea of Politics", *Political Studies,* Vol. XVIII, No. 4 (December 1970), pp. 461–477.

Harris, Abram L. "John Stuart Mill's Theory of Progress", *Ethics,* Vol. LXVI, No. 3 (April 1956), pp. 157–174.

Harris, "John Stuart Mill: Servant of the East India Company", *Canadian Journal of Economics and Political Science,* Vol. XXX, No. 4 (May 1964), pp. 185–202.

Harrison, F. "John Stuart Mill", *Nineteenth Century,* Vol. XL, No. 15 (July–December 1896), pp. 481–508.

Harsanyi, John C. "Cardinal Welfare, Individualistic Ethics and Interpersonal Comparisons of Utility", *Journal of Political Economy,* Vol. LXIII, No. 4 (August 1955), pp. 309–321.

Kendall, Willmoore, and George W. Carey. "The 'Roster Device': J. S. Mill and Contemporary Elitism", *Western Political Quarterly,* Vol. XXI, No. 1 (March 1968), pp. 20–39.

Kern, Paul B. "Universal Suffrage Without Democracy: Thomas Hare and J. S. Mill", *Review of Politics,* Vol. XXXIV, No. 3 (July 1972), pp. 306–322.

Magid, Henry M. "Mill and the Problem of Freedom of Thought", *Social Research,* Vol. XXI, No. 1 (Spring 1954), pp. 43–61.

Mandelbaum, Maurice. "On Interpreting Mill's Utilitarianism", *Journal of the History of Philosophy,* Vol. VI, No. 1 (January 1968), pp. 35–46.

Mayer, David Y. "John Stuart Mill and Classical Democracy", *Politics*, Vol. III, No. 2 (May 1968), pp. 55-64.

Pappé, H. O. "Mill and Tocqueville", *Journal of the History of Ideas*, Vol. XXV, No. 2 (April-June 1964), pp. 217-234.

Peardon, Thomas P. "Bentham's Ideal Republic", *The Canadian Journal of Economics and Political Science*, Vol. XVII, No. 2 (May 1951), pp. 184-203.

Pedersen, Johannes T. "On the Educational Function of Political Participation: A Comparative Analysis of John Stuart Mill's Theory and Contemporary Survey Research Findings", *Political Studies*, Vol. XXX, No. 4 (December 1982), 537-568.

Pratt, R. Cranford. "Benthamite Theory of Democracy", *The Canadian Journal of Economics and Political Science*, Vol. XXI, No. 1 (February 1955), pp. 21-29.

Rees, John C. "A Re-reading of Mill on Liberty", *Political Studies*, Vol. VIII, No. 2 (June 1960), pp. 113-129.

Rees, John C. "Was Mill for Liberty?", *Political Studies*, Vol. XIV, No. 1 (February 1966), pp. 72-77.

Rees, John C. "Mill, John Stuart: Political Contributions", *International Encyclopedia of the Social Sciences*, Vol. 10, New York: Macmillan, 1968, pp. 112-120.

Ring, Jennifer. "Mill's The Subjection of Women: The Methodological Limits of Liberal Feminism", *The Review of Politics*, Vol. XLVII, No. 1 (January 1985), pp. 27-44.

Sartori, Giovanni. "Democracy", *International Encyclopedia of the Social Sciences*, Vol. 4. New York: Macmillan, 1968, pp. 340-344.

Scanlan, James P. "J. S. Mill and The Definition of Freedom", *Ethics*, Vol. LXVIII, No. 3 (April 1958), pp. 194-206.

Schapiro, J. S. "John Stuart Mill, Pioneer of Democratic Liberalism in England", *Journal of the History of Ideas*, Vol. IV, No. 2 (April 1943), pp. 127-160.

Viner, Jacob, "Bentham and J. S. Mill: The Utilitarian Background", *The American Economic Review*, Vol. XXXIX, No. 2 (March 1949), pp. 360-382.

索　引

世界哲學家叢書（二）

書　　　　　名	作　　者	出　版　狀　況
孟　　　　　子	黃　俊　傑	撰　稿　中
朱　　　　　熹	陳　榮　捷	撰　稿　中
王　安　石	王　明　蓀	撰　稿　中
袾　　　　　宏	于　君　方	撰　稿　中
宗　　　　　密	冉　雲　華	撰　稿　中
方　以　智	劉　君　燦	撰　稿　中
吉　　　　　藏	楊　惠　男	撰　稿　中
玄　　　　　奘	馬　少　雄	撰　稿　中
龍　　　　　樹	萬　金　川	撰　稿　中
智　　　　　顗	霍　韜　晦	撰　稿　中
竺　道　生	陳　沛　然	撰　稿　中
慧　　　　　遠	區　結　成	撰　稿　中
奎　　　　　英	成　中　英	撰　稿　中
僧　　　　　肇	李　潤　生	撰　稿　中
西　田　幾　多　郎	廖　仁　義	撰　稿　中
伊　藤　仁　齋	田　原　剛	撰　稿　中
貝　原　益　軒	岡　田　武　彥	排　印　中
山　崎　闇　齋	岡　田　武　彥	撰　稿　中
山　鹿　素　行	劉　梅　琴	撰　稿　中
吉　田　松　陰	山　口　宗　之	撰　稿　中
休　　　　　靜	金　煐　泰	撰　稿　中
知　　　　　訥	韓　基　斗	撰　稿　中
元　　　　　曉	李　箕　永	撰　稿　中

世界哲學家叢書 (一)

書　　　　　名	作　　　者	出　版　狀　況
董　　仲　　舒	章　政　通	已　　出　　版
程顥、程頤	李　日　章	已　　出　　版
荀　　　　　子	成　中　英	撰　　稿　　中
王　　陽　　明	秦　家　懿	撰　　稿　　中
王　　　　　弼	林　麗　真	撰　　稿　　中
陸　　象　　山	曾　春　海	撰　　稿　　中
陳　　白　　沙	姜　允　明	撰　　稿　　中
劉　　蕺　　山	張　永　儁	撰　　稿　　中
黃　　宗　　羲	盧　建　榮	撰　　稿　　中
周　　敦　　頤	陳　郁　夫	撰　　稿　　中
王　　　　　充	林　麗　雪	撰　　稿　　中
莊　　　　　子	吳　光　明	撰　　稿　　中
老　　　　　子	傅　偉　勳	撰　　稿　　中
張　　　　　載	黃　秀　璣	撰　　稿　　中
王　　船　　山	戴　景　賢	撰　　稿　　中
韓　　非　　子	王　曉　波	撰　　稿　　中
顏　　　　　元	楊　慧　傑	撰　　稿　　中
墨　　　　　子	王　讚　源	撰　　稿　　中
邵　　　　　雍	趙　玲　玲	撰　　稿　　中
顧　　炎　　武	古　偉　瀛	撰　　稿　　中
李　　退　　溪	尹　絲　淳	撰　　稿　　中
賈　　　　　誼	沈　秋　雄	撰　　稿　　中
李　　栗　　谷	宋　錫　球	撰　　稿　　中

書　　　　名	作　　者	出 版 狀 況
狄　爾　泰	張 旺 山	已　出　版
哈 伯 馬 斯	李 英 明	已　出　版
巴　克　萊	蔡 信 安	撰　稿　中
呂　格　爾	沈 清 松	撰　稿　中
柏　拉　圖	傅 佩 榮	撰　稿　中
休　　　謨	李 瑞 全	撰　稿　中
胡　塞　爾	蔡 美 麗	撰　稿　中
康　　　德	關 子 尹	撰　稿　中
海　德　格	項 退 結	撰　稿　中
洛　爾　斯	石 元 康	撰　稿　中
史　陶　生	謝 仲 明	撰　稿　中
卡　納　普	林 正 弘	撰　稿　中
奧　斯　汀	劉 福 增	撰　稿　中
洛　　　克	謝 啓 武	撰　稿　中
馬　塞　爾	陸 達 誠	撰　稿　中
約 翰 彌 爾	張 明 貴	已　出　版
卡 爾 巴 柏	莊 文 瑞	撰　稿　中
赫　　　爾	馮 耀 明	撰　稿　中
漢 娜 鄂 蘭	蔡 英 文	撰　稿　中
韋　　　伯	陳 忠 信	撰　稿　中
謝　　　勒	江 日 新	撰　稿　中
馬　克　思	許 國 賢	撰　稿　中
雅　斯　培	黃 　 藿	稿　撰　中